Economía ambiental

Economia ambiental

Ronaldo Seroa da Motta

ISBN 85-225-0544-6

Copyright © 2006 Ronaldo Seroa da Motta

Direitos desta edição reservados à
EDITORA FGV
Rua Jornalista Orlando Dantas, 37
22231-010 — Rio de Janeiro, RJ — Brasil
Tels.: 0800-021-7777 — 21-3799-4427
Fax: 21-3799-4430
e-mail: editora@fgv.br — pedidoseditora@fgv.br
web site: www.fgv.br/editora

Impresso no Brasil / *Printed in Brazil*

Todos os direitos reservados. A reprodução não autorizada desta publicação, no todo ou em parte, constitui violação do copyright (Lei nº 9.610/98).

Os conceitos emitidos neste livro são de inteira responsabilidade do autor.

1ª edição — 2006
1ª e 2ª reimpressões — 2007
3ª reimpressão — 2008
4ª e 5ª reimpressões — 2009
6ª reimpressão — 2010
7ª reimpressão — 2011
8ª reimpressão — 2012
9ª reimpressão — 2013
10ª reimpressão — 2015
11ª reimpressão — 2017

Revisão de originais: Sandro Gomes dos Santos
Editoração eletrônica: FA Editoração
Revisão: Aleidis de Beltran e Marco Antonio Corrêa
Capa: aspecto:design

Ficha catalográfica elaborada pela Biblioteca
Mario Henrique Simonsen/FGV

Motta, Ronaldo Seroa da
  Economia ambiental / Ronaldo Seroa da Motta — Rio de Janeiro : Editora FGV, 2006.
  228p.

  Inclui bibliografia.

  1. Economia ambiental — Estudo de casos. 2. Gestão ambiental — Aspectos econômicos — Estudo de casos. 3. Política ambiental — Aspectos econômicos — Estudo de casos. I. Fundação Getulio Vargas. II. Título.

CDD — 363.7

Sumário

Introdução 9

Valoração ambiental 11
    Natureza e classificação dos valores ambientais 11
    Fundamentos teóricos e metodológicos da valoração econômica
      do meio ambiente 13
    Principais vieses estimativos dos métodos de valoração ambiental 22

Estudo de caso 1
Estimativa do custo econômico do desmatamento na Amazônia 31
    Introdução 31
    Revisão da literatura 35
    Metodologia adotada e estimativas 41
    Resumo das estimativas e conclusões 55

Estudo de caso 2
Estimativas da disposição a pagar para conservação: o caso do Parque
Estadual do Morro do Diabo 59
    Introdução 59
    Tratamento da base de dados 60
    Análise preliminar dos dados 61
    Regressões 66
    Conclusão 72

Instrumentos econômicos 75
    A natureza do IE 75
    Os IEs precificados 78
    Criação de mercado de direitos 79
    O dividendo duplo 81
    Questões de implementação 84
    O uso dos instrumentos econômicos no Brasil 88
    Iniciativas recentes 91
    Orientando o uso de instrumentos econômicos 99
    Conclusões 105

Estudo de caso 3
Utilização de critérios econômicos para a valorização da água no Brasil 107
    Introdução 107
    Os princípios econômicos da cobrança de água 108
    Recomendações para a valorização econômica da água no Brasil 131

Estudo de caso 4
Propostas de instrumentos econômicos ambientais para a redução do lixo urbano e o reaproveitamento de sucatas no Brasil 137
    Introdução 137
    A economia do reaproveitamento de sucatas 139
    Os critérios de formulação monetária do IE 147
    O caso da gestão de resíduos sólidos 149
    Conclusões 170

Fundamentos e conceitos microeconômicos 177
    Equilíbrio de mercado 177
    Bens públicos e externalidades 180
    Valorando variações de bem-estar 186

Referências bibliográficas 189

Anexo 1 199

Anexo 2 201

Anexo 3   203

Anexo 4   213
Benefício líquido social do reaproveitamento (BLSR)   213
Cálculo de GCD   213
Cálculo de CA   215
Cálculo de GMI   216
Cálculo do GAR   218
Cálculo do BLSR   219
Preço da lata de alumínio   220
As alíquotas de Siva, ISE e depósito/retorno   220
Alumínio   222
Vidro   223
Plástico   224
Papel   225

Introdução[*]

As restrições orçamentárias impõem à sociedade a necessidade de responder duas perguntas fundamentais relativas à proteção ambiental:

❑ quais os recursos ambientais em que devemos centralizar esforços?
❑ quais os instrumentos que devemos utilizar para atingir os objetivos desejados?

Resumindo, há que se definir prioridades quanto ao que queremos conservar e onde. Até agora, a abordagem predominante tem se baseado nos critérios ambiental, biológico ou geográfico.

Nesta obra, analisamos como podemos aumentar a eficiência da gestão ambiental (isto é, a capacidade de atingir os objetivos desejados) com a utilização complementar de um critério econômico, ou seja, reforçando a dimensão humana da gestão ambiental.

Para tal, em "Valoração ambiental" discutimos como utilizar técnicas de valoração econômica para estimar os valores sociais dos recursos ambientais e, assim, obter mais um indicador de priorização.

Enfatizamos que o critério econômico está fundamentado, em grande medida, nas abordagens ecológicas de modo a tornar-se útil. Portanto, o conhecimento ecológico será um pré-requisito para a aplicação do critério econômico.

---

[*] O autor agradece a Carolina Dubeux pela revisão do capítulo "Valoração ambiental" e a Rodrigo Padilha e Rafael Durães pela revisão dos estudos de casos.

Para uma análise técnica mais detalhada da parte metodológica e de aplicações específicas de valoração apresentamos nos estudos de casos 1 e 2, respectivamente, a valoração do custo econômico do desmatamento da Amazônia e a de unidades de conservação.

Como atingir os objetivos priorizados? A política ambiental é uma ação governamental que intervém na esfera econômica para atingir objetivos que os agentes econômicos não conseguem obter atuando livremente. Um instrumento de política ambiental seria, então, um mecanismo utilizado para atingir um objetivo de caráter ambiental. Estes instrumentos têm sido na sua maioria direcionados para o controle direto no qual são estabelecidas normas técnicas que devem ser seguidas por todos os agentes econômicos. Outra forma, que vem sendo crescentemente adotada, são os instrumentos econômicos que são flexibilizados via mecanismos de mercado.

Em "Instrumentos econômicos" discutimos como os instrumentos econômicos atuam nos custos de produção e consumo dos agentes econômicos que estão direta e indiretamente associados aos objetivos da política. Instrumentos econômicos contemplam, assim, uma gama muito ampla de ferramentas de política que requerem condições especiais de aplicação.

Procuramos, assim, apresentar os vários modos de formulação desses instrumentos, dando destaque para aqueles que estão mais articulados com questões de custo-efetividade e de equidade. Para tal, também identificamos as condições necessárias para a sua aplicação apresentando de forma sumária algumas experiências nacionais e internacionais.

Para uma análise técnica mais detalhada da parte teórica e aplicações específicas dos instrumentos econômicos, apresentamos os estudos de casos 3 e 4, respectivamente, para a cobrança do uso da água e para o controle de resíduos sólidos.

Em seguida, apresentamos de forma bastante sucinta alguns fundamentos e conceitos da teoria microeconômica utilizados nos capítulos iniciais e nos estudos de caso. Para os não iniciados em teoria econômica, sugerimos a abordagem desse capítulo antes de iniciar a leitura desta obra.

Esperamos, assim, que os leitores possam encontrar aqui uma análise completa e didática dos princípios e aplicações da economia ambiental.

Valoração ambiental

Neste capítulo discutiremos os principais aspectos metodológicos da valoração ambiental. A primeira seção apresenta a taxonomia dos valores ambientais. Em seguida são abordados os principais métodos de valoração. Por último, são examinados os principais vieses estimativos de cada método.[1]

Para uma análise técnica mais detalhada da parte metodológica e aplicações específicas no caso do desmatamento da Amazônia e de unidades de conservação, remetemos o leitor para os estudos de casos 1 e 2. Para os conceitos econômicos aqui utilizados, ver o capítulo "Fundamentos e conceitos microeconômicos".

Natureza e classificação dos valores ambientais

O valor econômico ou o custo de oportunidade dos recursos ambientais normalmente não é observado no mercado por intermédio do sistema de preços. No entanto, como os demais bens e serviços presentes no mercado, seu valor econômico deriva de seus atributos, com a peculiaridade de que estes atributos podem ou não estar associados a um uso.

O valor econômico dos recursos ambientais (VERA) pode ser decomposto em valor de uso (VU) e valor de não uso (VNU) e se expressa da seguinte forma:

---

[1] As seções são baseadas em Seroa da Motta, 1998c.

12 • Economia ambiental

$$VERA = (VUD + VUI + VO) + VE$$

onde:

valor de uso direto (VUD) – valor que os indivíduos atribuem a um recurso ambiental pelo fato de que dele se utilizam diretamente, por exemplo, na forma de extração, de visitação ou outra atividade de produção ou consumo direto;

valor de uso indireto (VUI) – valor que os indivíduos atribuem a um recurso ambiental quando o benefício do seu uso deriva de funções ecossistêmicas, como, por exemplo, a contenção de erosão e reprodução de espécies marinhas pela conservação de florestas de mangue;

valor de opção (VO) – valor que o indivíduo atribui em preservar recursos que podem estar ameaçados, para usos direto e indireto no futuro próximo. Por exemplo, o benefício advindo de terapias genéticas com base em propriedades de genes ainda não descobertos de plantas em florestas tropicais;

valor de não uso ou valor de existência (VE) – valor que está dissociado do uso (embora represente consumo ambiental) e deriva de uma posição moral, cultural, ética ou altruística em relação aos direitos de existência de outras espécies que não a humana ou de outras riquezas naturais, mesmo que estas não representem uso atual ou futuro para ninguém. Um exemplo claro deste valor é a grande mobilização da opinião pública para salvamento dos ursos pandas ou das baleias mesmo em regiões em que a maioria das pessoas nunca poderá estar ou fazer qualquer uso de sua existência.

Há, ainda, na literatura, uma certa controvérsia com relação ao fato de o valor de existência representar o desejo do indivíduo de manter certos recursos ambientais para que seus herdeiros (gerações futuras) possam usufruir de seus usos diretos e indiretos (*bequest value*). Esta é uma questão conceitual que de certa forma é irrelevante na medida em que, para a valoração ambiental, o desafio consiste em admitir que os indivíduos atribuem valor a recursos mesmo que deles não façam qualquer uso.

Os valores do meio ambiente podem ser classificados de acordo com o quadro 1.

Os usos e não usos dos recursos ambientais encerram valores que precisam ser mensurados para se fazerem opções entre usos e não usos diversos e até mesmo conflitantes, ou seja, quando um tipo de uso ou de não uso exclui, necessariamente, outro tipo de uso ou não uso. Por exemplo, o uso da baía de Guanabara para diluição de esgoto exclui (ou pelo menos limita) seu uso para recreação.

Quadro 1
Taxonomia do valor econômico do meio ambiente:
valor econômico do recurso ambiental

Valor de uso			Valor de não uso
Valor de uso direto	Valor de uso indireto	Valor de opção	Valor de existência
Bens e serviços ambientais apropriados diretamente da exploração do recurso e consumidos hoje.	Bens e serviços ambientais que são gerados de funções ecossistêmicas e apropriados indiretamente hoje.	Bens e serviços ambientais de usos diretos e indiretos a serem apropriados no futuro.	Valor não associado ao uso atual ou futuro e que reflete questões morais, culturais, éticas ou altruísticas.

Verificados estes usos e não usos, pode-se, então, proceder à sua valoração, cuja metodologia será apresentada a seguir.

Fundamentos teóricos e metodológicos da valoração econômica do meio ambiente[2]

Os métodos de valoração econômica do meio ambiente são parte do arcabouço teórico da microeconomia do bem-estar e são necessários na determinação dos custos e benefícios sociais quando as decisões de investimentos públicos afetam o consumo da população e, portanto, seu nível de bem-estar.

O leitor poderá agora avaliar, com mais clareza, o grau de dificuldade para encontrar preços de mercado (adequados ou não) que reflitam os valores atribuídos aos recursos ambientais. Esta dificuldade é maior à medida que passamos dos valores de uso para os valores de não uso. Nos valores de uso, os usos indiretos e de opção apresentam, por sua vez, maior dificuldade que os usos diretos.

Conforme procuramos demonstrar até agora, a tarefa de valorar economicamente um recurso ambiental consiste em determinar quanto melhor ou pior estará o bem-estar das pessoas devido a mudanças na quantidade de bens e serviços ambientais, seja na apropriação por uso ou não.

Dessa forma, os métodos de valoração ambiental corresponderão a este objetivo à medida que forem capazes de captar essas distintas parcelas de valor econômico do recurso ambiental. Todavia, conforme será discutido a seguir, cada método apresentará limitações nesta cobertura de valores, a qual estará quase

---

[2] Ver Freeman (1979), para textos seminais sobre valoração ambiental.

sempre associada ao grau de sofisticação (metodológica e de base de dados) exigido, às hipóteses sobre comportamento do indivíduo consumidor e aos efeitos do consumo ambiental em outros setores da economia.

Tendo em vista que tal balanço será quase sempre pragmático e decidido de forma restrita, cabe ao analista explicitar, com exatidão, os limites dos valores estimados e o grau de validade de suas mensurações para o fim desejado. Conforme será discutido, a adoção de cada método dependerá do objetivo da valoração, das hipóteses assumidas, da disponibilidade de dados e conhecimento da dinâmica ecológica do objeto que está sendo valorado.

Os métodos de valoração aqui analisados são assim classificados: *métodos da função de produção* e *métodos da função de demanda*.

Métodos da função de produção – métodos da produtividade marginal e de mercados de bens substitutos (reposição, gastos defensivos ou custos evitados e custos de controle).

Se o recurso ambiental é um insumo ou um substituto de um bem ou serviço privado, estes métodos utilizam-se de preços de mercado deste bem ou serviço privado para estimar o valor econômico do recurso ambiental. Assim, os benefícios ou custos ambientais das variações de disponibilidade destes recursos ambientais para a sociedade podem ser estimados.

Com base nos preços destes recursos privados, geralmente admitindo que não se alteram diante destas variações, estimam-se indiretamente os valores econômicos (preços-sombra) dos recursos ambientais cuja variação de disponibilidade está sendo analisada. O benefício (ou custo) da variação da disponibilidade do recurso ambiental é dado pelo produto da quantidade variada do recurso vezes o seu valor econômico estimado. Por exemplo, a perda de nutrientes do solo causada por desmatamento pode afetar a produtividade agrícola. Ou a redução do nível de sedimentação numa bacia, por conta de um projeto de revegetação, pode aumentar a vida útil de uma hidrelétrica e sua produtividade.

Métodos da função de demanda – métodos de mercado de bens complementares (preços hedônicos e do custo de viagem) e método da valoração contingente.

Estes métodos assumem que a variação da disponibilidade do recurso ambiental altera a disposição a pagar ou aceitar dos agentes econômicos em relação àquele recurso ou seu bem privado complementar. Assim, estes métodos estimam diretamente os valores econômicos (preços-sombra) com base em funções de demanda para estes recursos derivadas de mercados de bens ou serviços privados complementares ao recurso ambiental ou mercados hipotéticos construídos especificamente para o recurso ambiental em análise.

Utilizando-se de funções de demanda, estes métodos permitem captar as medidas de disposição a pagar (ou aceitar) dos indivíduos relativas às variações de disponibilidade do recurso ambiental. Com base nestas medidas, estimam-se as variações do nível de bem-estar pelo excesso de satisfação que o consumidor obtém quando paga um preço (ou nada paga) pelo recurso abaixo do que estaria disposto a pagar. Estas variações são chamadas de variações do excedente do consumidor em face das variações de disponibilidade do recurso ambiental. O excedente do consumidor é, então, medido pela área abaixo da curva de demanda e acima da linha de preço. Assim, o benefício (ou custo) da variação de disponibilidade do recurso ambiental será dado pela variação do excedente do consumidor, medida pela função de demanda estimada para este recurso. Por exemplo, os custos de viagem em que as pessoas incorrem para visitar um parque nacional podem determinar uma aproximação da disposição a pagar destes em relação aos benefícios recreacionais do parque.

Essas medidas de disposição a pagar podem também ser identificadas em uma pesquisa que questiona, junto a uma amostra da população, valores de pagamento de um imposto para investimentos ambientais na proteção da biodiversidade. Identificando estas medidas de disposição a pagar, podemos construir as respectivas funções de demanda.

Note que estes dois métodos gerais podem, de acordo com suas hipóteses, estimar valores ambientais derivados de funções de produção ou de demanda com base na realidade econômica atual. Na medida em que estes valores (custos ou benefícios) possam ocorrer ao longo de um período, então, será necessário identificar estes valores no tempo. Ou seja, identificar valores resultantes não somente das condições atuais, mas também das condições futuras. A prospecção das condições futuras poderá ser feita com cenários alternativos para minimizar o seu alto grau de incerteza. De qualquer forma, os valores futuros terão que ser descontados no tempo, isto é, calculados seus valores presentes e, para tanto, há que se utilizar uma taxa de desconto social. Esta taxa difere daquela observada no mercado devido as imperfeições no mercado de capitais e sua determinação não é trivial, embora possa afetar significativamente os resultados de uma análise de custo-benefício.

No contexto ambiental a complexidade é ainda maior. Por exemplo, devido a sua possibilidade de esgotamento, o valor dos recursos ambientais tende a crescer no tempo se admitimos que seu uso aumenta com o crescimento econômico. A maneira de estimar esta escassez futura e traduzi-la em valor monetário é uma questão complexa que exige um certo exercício de futurologia. Assim sendo, alguns especialistas sugerem o uso de taxas de desconto menores para os projetos onde se verificam benefícios ou custos ambientais significativos ou adicionar os investimentos necessários para eliminar o risco ambiental. Na análise metodológica a ser desenvolvida neste capítulo, considera-se que os custos e benefícios ambientais serão adequadamente valorados e que cenários com valores distintos para a taxa de desconto devem ser utilizados para avaliar sua indeterminação.

A escolha de um ou outro método de valoração econômica do meio ambiente depende do objetivo da valoração, das hipóteses consideradas, da disponibilidade de dados e do conhecimento científico a respeito da dinâmica ecológica do objeto em questão, conforme será vista mais adiante.

Métodos da função de produção

Os métodos de valoração mais adotados por serem de maior simplicidade são os métodos da função de produção. Permitem se observar o valor do recurso ambiental R em razão de sua contribuição como insumo ou fator de produção de um produto P qualquer, ou seja, permite o cálculo do valor de sua contribuição em determinada atividade econômica.

Neste sentido, em uma função de produção $P = f(Y,R)$, onde Y corresponde aos insumos privados e R a recursos ambientais com preço zero, calcula-se a variação do produto de P em razão da variação da quantidade do recurso ambiental R utilizada para produzir P. Dessa forma, é possível medir quanto do lucro ou receita líquida da atividade, estimada pela variação do produto de P, é resultante de uma variação de R. Esta receita líquida é também chamada de excedente do produtor. Assim sendo, quando se adota o método de função de produção que estima a produção sacrificada relacionada com uma variação de R, estamos na verdade medindo apenas as perdas no processo produtivo.

A adoção desses métodos depende também da possibilidade de obterem--se os preços de mercado para variações na quantidade do produto P ou de seus produtos substitutos S (estes serão vistos mais adiante).

Método da produtividade marginal

Classificado como um dos métodos de função de produção, o método da produtividade marginal assume que, dada a função de produção $P = f(Y,R)$, o valor econômico de R é um valor de uso dos bens e serviços ambientais e que para calculá-lo é necessário conhecer a correlação de R em f e, ainda, a variação do nível de estoque e de qualidade de *R* em razão da produção do próprio *P* ou de outra função de produção, por exemplo de *T*. Para tanto, estimam-se as funções de dano ambiental (funções dose-resposta – DR), onde:

$$R = DR(x_1, x_2, ..., Q)$$

sendo $x_1, x_2, ...$ as variáveis que, junto com o nível de estoque ou qualidade Q do recurso natural, afetam a disponibilidade de *R*. Assim,

$$DR = DDR/DQ$$

As funções *DR* relacionam a variação do nível de estoque ou qualidade de *R*, com o nível de danos físicos ambientais provocados com a produção de *P* ou *T* para identificar o decréscimo da disponibilidade de *R* para a produção de *P*. Por exemplo, em um estudo econômico sobre produtividade agrícola, a "dose" seria a erosão do solo e a "resposta" seria a correspondente perda de safra.

Outro exemplo claro de *DR* é quando a indústria de produção de álcool *T* aumenta o nível de poluição da água *Q* que afeta a qualidade da água *R* que, por sua vez, afeta a produção do setor pesqueiro *P*. Se a água é utilizada para produzir *P*, determinada a *DR* da água pela produção de *T* e conhecendo-se a função de produção de *P*, determina-se a perda em *P*.

Há que se ressaltar que as funções de dano nem sempre são de fácil utilização, tendo em vista que a complexidade da dinâmica dos ecossistemas ainda não é suficientemente conhecida para que se possam estabelecer relações precisas de causa e efeito, tornando complexa a estimação da função de dano.

Métodos de mercado de bens substitutos

A receita líquida de uma atividade pode ser afetada pela variação de *R* não só pela redução da produção, mas também pelo aumento dos custos. Ou seja, produtores podem evitar a redução do nível de produção adotando substitutos a *R* que encerram custos mais elevados.

Considerando-se ainda variações de quantidade de *P* devido a variações de quantidade ou qualidade de *R*, pode-se empregar métodos de mercado de bens substitutos, tanto de *P* quanto de *R* para valorar *R*. Assim, diante da eventual impossibilidade de se calcular diretamente as perdas com *P* ou *R*, por inexistência de respectivos preços de mercado, calculam-se as perdas com bens substitutos perfeitos *S*.

Substitutos perfeitos são bens ou serviços que podem ser utilizados em substituição a outros bens ou serviços sem provocar perda de bem-estar. Por exemplo, o gás liquefeito de petróleo (GLP) pode substituir o gás natural quando há escassez deste último mantendo-se, assim, o nível de bem-estar.

Se, em uma função de produção $P = f(Y,R)$, R tem em S seu substituto perfeito, então a função de produção pode ser expressa em $P = f(Y,R+S)$, onde a perda de uma unidade de R pode ser compensada por uma quantidade constante de S. Para manter P constante, uma unidade a menos de R será compensada por uma quantidade a mais de S e a variação de R será valorada pelo preço de S observável no mercado. O próprio P, sendo um bem ou serviço ambiental sem preço de mercado, poderia ser substituído por S caso não houvesse função de produção ou dose-resposta disponível.

Três métodos, com base em mercados de bens substitutos, podem ser considerados de fácil aplicação:

- ❏ *custo de reposição* – quando o custo de S representa os gastos incorridos pelo consumidor ou usuário para garantir o nível desejado de P ou R. Por exemplo, custos de construção de muros de contenção de encostas para evitar desabamentos provocados por desmatamentos ou custos de adubação para manter a produtividade agrícola constante;
- ❏ *custos evitados* – quando o custo de S representa os gastos incorridos pelo consumidor ou usuário para não alterar o produto P que depende de R. Por exemplo, gastos com aquisição de produtos químicos para tratamento de água quando há despejos de esgotos em cursos d'água utilizados para abastecimento ou gastos da população com reposição de bens danificados em situações de enchentes provocadas por assoreamento dos rios devido a desmatamentos às suas margens;
- ❏ *custos de controle* – quando o dano ambiental pode ser também valorado pelos custos de controle em que empresas ou consumidores incorrem para evitar a perda de qualidade ou quantidade de R. Por exemplo, gastos com disposição adequada de lixo industrial para evitar a degradação dos corpos hídricos.

Há que se ressaltar que o uso dos métodos de mercados de bens substitutos pode levar a uma subvaloração do recurso natural pela dificuldade de se encontrarem bens substitutos perfeitos, quando se trata de bens naturais.

Método do custo de oportunidade

O método do custo de oportunidade não valora diretamente o recurso natural. Pelo contrário, estima o custo de preservá-lo pela não realização de uma atividade econômica concorrente. Ou seja, é o custo de oportunidade da renda sacrificada em prol da preservação do recurso ambiental.

O custo de oportunidade de um parque florestal, por exemplo, seria o valor da extração da madeira e da exploração de gado naquela área, atividades que não serão desenvolvidas para que o parque seja preservado.

Métodos de mercado para bens complementares

Os métodos de mercado para bens complementares, da mesma forma que os métodos da função de produção, estimam o valor dos recursos naturais por intermédio do valor de outros bens e serviços com preço no mercado.

Para tanto, utilizam o valor dos bens complementares que são aqueles consumidos em proporções constantes entre si. Neste sentido, dada uma função de utilidade $U = f(Q,X)$, onde Q corresponde ao recurso natural sem valor de mercado, complementar a X que é um vetor de quantidades de bens que estão no mercado, Q influi na demanda de X, e Q poderá ser calculado a partir da estimativa da demanda de X para vários níveis de Q.

Com base nesses fundamentos teóricos, dois métodos podem ser utilizados, quais sejam, método dos preços hedônicos e método do custo de viagem.

Método dos preços hedônicos

Este método baseia-se no pressuposto de que há bens privados A cujo valor varia em função do valor de outros bens ou serviços B, complementares a A. Identificando-se a variação de valor de um bem privado A em função dos atributos de outro bem ou serviço B, fica identificado assim o valor deste outro bem ou serviço B.

Assim, um bem privado A que tenha uma oferta perfeitamente inelástica (a oferta não varia quando o preço varia), se a demanda por seu bem ou serviço complementar B aumenta, então a demanda por A também aumenta. Dada a inelasticidade da oferta de A, o aumento de oferta é devido a B e o valor adicional corresponde ao valor de B. Variações de B alteram preços do bem A e não quantidades.

No caso da valoração ambiental, o exemplo mais frequentemente encontrado na literatura está relacionado aos preços de propriedades. Distintas propriedades de mesmas características apresentam diferentes preços de mercado em função de seus atributos ambientais. Como exemplo pode-se citar a proximidade da praia ou o nível de ruído do local como diferenciais de preço de uma propriedade em relação a outra de mesmas características. A quantificação deste diferencial indica a disposição a pagar dos indivíduos pelo valor dos atributos ambientais.

Por intermédio de uma função denominada função hedônica de preço pode-se estimar o valor dos atributos de um ou vários bens e serviços ambientais implícitos no valor de um bem privado. Se P é o preço de uma propriedade, a função hedônica de seus atributos ambientais será dada por

$$P_i = F(a_{i1}, a_{i2}, a_{i3}, ..., R_i)$$

onde:
a_i = atributos da propriedade i;
R_i = nível do bem ou serviço ambiental R da propriedade i.

O preço de R será então dado por DF/DR e PR a disposição a pagar por uma variação de R.

Método do custo de viagem

O método do custo de viagem estima a demanda por um sítio natural R com base nos custos incorridos pelos usuários de R para acessar R. Representa, portanto, o custo de visitação a um sítio natural específico que pode ser considerado a máxima disposição a pagar do usuário pelos serviços ambientais de R.

Para calcular o valor recreacional do sítio em questão, utilizam-se procedimentos econométricos. Por intermédio de uma pesquisa de campo realizada no próprio sítio natural são identificados, por amostragem, seus visitantes, frequência e custo de viagem das visitas, idade, zona residencial, renda, escolaridade etc.

A partir destes dados, estima-se a taxa de visitação V_i (visitantes por mil habitantes por ano, por exemplo) de cada zona residencial da amostra para correlacioná-la em termos estatísticos com os dados de custo médio de viagem de cada zona residencial CV da amostra e as outras variáveis socioeconômicas (usadas como próxis para indicar preferências) da zona em questão S_i, conforme abaixo:

$$Vi = f(CV, S_1, S_2, ..., S_n)$$

onde:
Vi = taxa de visitação;
CV = custo de viagem;
S = variáveis socioeconômicas.

Derivando-se f em relação à variação de CV para cada zona, estima-se a curva de demanda f' pelas atividades recreacionais do sítio natural, medindo-se a redução (ou aumento) do número de visitantes quando se aumenta (ou diminui) CV. A curva f' é, portanto, a disposição a pagar pelos serviços ambientais de R, onde a área abaixo da curva f' é a medida do excedente do consumidor.

Método da valoração contingente

Os métodos anteriormente descritos baseiam-se em preços de mercado de bens privados que têm sua produção afetada pela disponibilidade de bens e serviços ambientais, sejam eles substitutos ou complementares aos bens ou serviços ambientais que se pretende valorar.

Os métodos descritos captam valores de uso (direto ou indireto) ou mesmo valores de opção. No entanto, não podem captar valores de existência na medida em que estes não estão associados ao consumo de outros bens ou serviços privados, não se revelando, portanto, por complementaridade ou substituição. Na realidade, o valor de existência, por definição, é um valor que a sociedade atribui ao não consumo presente ou futuro do próprio bem ambiental por reconhecer seu direito intrínseco de existir.

O método de valoração contingente (MVC) procura mensurar monetariamente o impacto no nível de bem-estar dos indivíduos decorrente de uma variação quantitativa ou qualitativa dos bens ambientais.

Utiliza dois indicadores de valor, quais sejam: disposição a pagar (DAP) e disposição a aceitar (DAA) que vêm a ser, respectivamente, o quanto os indivíduos estariam dispostos a pagar para obter uma melhoria de bem-estar, ou quanto estariam dispostos a aceitar como compensação para uma perda de bem-estar. Ou seja, o MVC pretende de alguma maneira quantificar a mudança no nível de bem-estar percebida pelos indivíduos, resultante de uma alteração no suprimento de um determinado bem ou serviço ambiental.

O MVC estima os valores da DAP e da DAA com base em mercados hipotéticos que são simulados por intermédio de pesquisas de campo que perguntam ao entrevistado sua DAP ou sua DAA por alterações na disponibilidade quantitativa ou qualitativa do meio ambiente.

Simulam-se cenários ambientais os mais próximos possíveis das características da realidade de modo que as preferências reveladas nas pesquisas reflitam decisões que os agentes tomariam de fato, caso existisse um mercado para o bem ambiental descrito no cenário hipotético.

22 • Economia ambiental

O cálculo e a estimação dos benefícios obedecem a diferentes modalidades em razão da forma de obtenção do valor. Para lances livres (*open-ended*) que produzem uma variável contínua de lances, o valor da DAP ou da DAA pode ser estimado diretamente por técnicas econométricas. Para as escolhas dicotômicas ou com mais de um valor (*referendum*) que produzem um indicador discreto de lances, a DAP ou DAA é estimada por uma função de distribuição das respostas afirmativas e correlacionada com uma função de utilidade indireta, geralmente logística.

Pela função DAP_i (ou DAA_i) = $f(Q_{ij}, Y_i, S_i, E_j)$
onde:
Q_{ij} = visitas;
Y_i = renda;
S_i = fatores sociais (ou outras variáveis explicativas);
E_j = parâmetro de qualidade ambiental do bem a ser valorado,
pode-se verificar os determinantes das respostas de DAP ou DAA. A curva permite estimar mudanças nos lances de DAP_i ou DAA_i em função de variações em E_j se as demais variáveis permanecerem estáveis.

A partir da média ou mediana dos valores DAP ou DAA obtidos, multiplicada pelo total da população (indivíduos ou famílias etc.), obtém-se o valor econômico total do bem ambiental ou, mais precisamente, da alteração de sua disponibilidade.

Esta técnica é de extrema valia para a análise econômica do meio ambiente, principalmente porque é a única que tem potencialmente a capacidade de captar o valor de existência do bem ambiental. De acordo com Hanemann (1995), "requer, no entanto, procedimentos muito rigorosos na formulação das pesquisas para produzir resultados confiáveis".

Principais vieses estimativos dos métodos de valoração ambiental

Vieses estimativos dos métodos da função de produção: métodos da produtividade marginal, de mercado de bens substitutos e do custo de oportunidade

O valor de R quando insumo consegue apenas refletir as variações de produção de P dadas as variações de R. Desta forma, somente valores de uso (diretos e indiretos) de R para a produção de P são captados. O método da produtividade marginal, bem como o método do custo de oportunidade subestimam o valor total de R nos casos onde valores de opção e existência são significativos.

A utilização de mercados de bens substitutos quando há possibilidade de perfeita substituição permite a cobertura das parcelas do valor de opção, embora o valor de existência não possa ser captado já que se admite substituição.

Quando a variação de R altera preços de forma tal que ocorrem ajustes em outros setores os quais resultam em variação no excedente do consumidor de P e seus bens substitutos ou complementares, e no excedente do produtor que utiliza Y e seus bens substitutos ou complementares, tais ajustes em outros mercados somente podem ser identificados por intermédio de modelos de equilíbrio geral de alta sofisticação estatística e que requerem enorme base de dados.

No caso de evidências de alterações significativas de preço, o método de produtividade determina valores incorretos de R em termos de variação de bem- -estar, que podem estar muito ou pouco subestimados ou superestimados.

Ainda com relação a vieses estimativos dos métodos da função de produção, estes dependerão do nível de distorção existente na formação de preços de mercado de P e Y. Neste caso devem ser usados preços de eficiência.

Vieses estimativos dos métodos de mercado de bens complementares

Os métodos de mercado de bens complementares em termos gerais, da mesma forma que os métodos da função de produção, captam apenas valores de uso direto, indireto e de opção.

Preços hedônicos

Este método capta valores de uso direto, indireto e de opção. Requer um levantamento de dados minucioso, como informações sobre os outros atributos, além dos ambientais, que influenciam o preço da propriedade, tais como as próprias características da propriedade (tamanho, grau de conservação, benfeitorias etc.), as facilidades de serviços (comerciais, transporte, educação), a qualidade do local (vizinhança, taxa de criminalidade etc.), bem como informações socioeconômicas dos proprietários sobre uma amostra representativa das propriedades de uma região.

O bem ou serviço ambiental em questão tem que estar precisamente defi-nido, pois o consumidor somente irá valorar com base em uma qualidade geral do ambiente. Por exemplo, qualidade do ar, proximidade de bosque ou praia, proximidade de aterro sanitário etc. e dificilmente em razão de poluentes isolados, a não ser em casos particulares de poluição crônica quando se pode identificar exatamente as perdas econômicas decorrentes da presença destes poluentes.

Há, ainda, a possibilidade de que preços de propriedade estejam subestimados por questões fiscais, como, por exemplo, para reduzir o valor do imposto de transmissão da propriedade ou para reduzir variações patrimoniais. Uma alternativa para contornar este viés é a utilização de valores de aluguel em lugar dos preços de transferência de propriedade.

Método do custo de viagem

Este método capta valores de uso direto e indireto, os quais estão associados a um determinado sítio natural. Não considera os valores de opção e existência daquelas pessoas que, apesar de atribuírem estes valores ao sítio em questão, não o frequentam.

O método estima o excedente do consumidor, dados os serviços ambientais oferecidos pelo sítio natural, e depende de que a oferta destes serviços e a de serviços de outros sítios próximos se mantenham constantes.

No caso de ocorrerem variações da oferta dos serviços de R, então deve-se calcular uma função f para todos os sítios naturais com distintos serviços ambientais que possam ser frequentados pelos visitantes do sítio sendo valorado.

No entanto, a curva de demanda estimada através de f assume que indivíduos de todas as zonas residenciais têm a mesma função de renda e utilidade. Assim, há que se derivarem curvas de demanda por classes de renda que permitam a agregação de diferentes excedentes do consumidor, requerendo esforços de pesquisa e de transformações econométricas.

De qualquer forma, mesmo sem tais procedimentos, a especificação dos serviços ambientais do sítio em questão é fator primordial de modo a bem refletir o valor do que se está buscando identificar.

Uma grande dificuldade na aplicação deste método refere-se à mensuração do próprio custo de viagem. Locomoções por certos meios de transporte podem ter custos mais baixos que outros para o mesmo local, mas podem, ao mesmo tempo, ser mais demoradas. Do mesmo modo, o tempo que se gasta na visitação também está relacionado diretamente com a distância.

Assim, verifica-se na literatura a utilização de medidas de custo do tempo associadas aos custos de transporte e outros gastos que espelhem o consumo dos serviços ambientais, como, por exemplo, o que se economiza em custos domésticos ao se visitar um sítio natural.

A valoração do tempo também é tarefa bastante sofisticada. Um indicador que pode ser utilizado é a taxa de salário para o custo de oportunidade do lazer. No entanto, distorções no mercado de trabalho indicam que salários podem superavaliar o custo do lazer e afetar consideravelmente as estimativas deste método.

Outra questão a ser considerada diz respeito à possibilidade de o visitante aproveitar a viagem para visitar outros locais, o que torna fundamental a detecção deste comportamento na pesquisa para a implementação dos ajustes necessários.

Apesar das restrições mencionadas, o método do custo de viagem é um instrumento valioso para definir e justificar ações de investimentos em sítios naturais, principalmente para definir valores de cobrança de ingressos e outras formas de contribuição para utilização de serviços recreacionais específicos.

Vieses estimativos e validade do método de valoração contingente

Vieses estimativos

Alguns vieses afetam a confiabilidade do método de valoração contingente, mas podem ser minimizados pelo desenho do questionário e da amostra. Ocorrem quando os entrevistados não apresentam sua verdadeira DAP/DAA, quando o questionário induz a determinadas respostas ou quando há compreensão equivocada dos cenários apresentados. Os principais são descritos a seguir.

Viés estratégico

Diz respeito à percepção do entrevistado quanto à verdadeira cobrança pelo bem ou serviço ambiental que se está oferecendo em função da sua DAP. Se o entrevistado achar que de fato pagará o valor a que se comprometer com a pesquisa, poderá responder valores abaixo de sua verdadeira DAP. Isto decorre do fato de que, dado que o consumo de um bem ambiental pelo que paga não exclui o consumo por aquele que não paga, o entrevistado pode concluir que os valores apresentados pelos outros consumidores serão suficientes para garantir o suprimento do bem, tendo assim um comportamento de *free rider*. O mesmo problema de credibilidade na cobrança apresenta-se quando o entrevistado acha que o valor de sua DAP não será de fato cobrado mas que influenciará na decisão sobre a oferta do bem, apresentando, então, valores acima do que estaria de fato disposto a pagar.

Questionários bem montados, que apresentam ao entrevistado uma situação em que ele não poderá esquivar-se do pagamento, bem como questionários do tipo *referendum* reduzem, significativamente, este viés.

Viés hipotético

Mercados hipotéticos podem gerar valores que não correspondem a reais preferências individuais, tendo em vista que se tratam de simulações. No entanto, de acordo com Pearce e Moran (1994), encontram-se valores muito próximos entre DAP de mercados hipotéticos e simulações de mercado onde há transações reais em dinheiro. O mesmo não ocorre com DAA, cujos testes revelaram menor similitude entre DAA hipotética e DAA real, atribuindo-se tal diferença à pouca experiência dos entrevistados com mecanismos de compensação por reduções em seu padrão de bem-estar.

Recomenda-se, para minimização do viés hipotético, a utilização sempre que possível de DAP e não de DAA, além da construção de cenários plausíveis que inspirem credibilidade.

Viés da parte-todo (embedding bias)

Este viés pode ser verificado quando o somatório da DAP para cada bem ou serviço ambiental ofertado supera a DAP para a totalidade destes mesmos bens e serviços quando ofertados em conjunto. Os entrevistados podem sobrestimar sua DAP ao considerar que estejam resolvendo problemas ambientais globais (todo) e não somente problemas ambientais específicos (parte), do ponto de vista geográfico (*geographic part-whole bias*), de benefício (*benefit part-whole bias*) ou de abrangência institucional (*policy package part-whole bias*). Tal comportamento decorre do fato de que questões ambientais estão ligadas sentimentalmente às pessoas, seja por crenças religiosas, seja por posturas morais ou filosóficas.

Viés da informação

A forma de apresentação e o nível de precisão da informação afetam as respostas de DAP e DAA dos cenários hipotéticos. Algumas evidências empíricas, de acordo com Pearce e Moran (1994), sugerem a ocorrência deste viés em maior monta, outras em menor, tendo alguns autores argumentado que a informação sempre afetará a DAP, independentemente de o bem ser público ou privado.

Viés do entrevistado e do entrevistador

O entrevistado pode sentir-se compelido a oferecer uma DAP maior em razão da presença física do entrevistador, que pode inibir o entrevistado. Alternativas como, por exemplo, pesquisas por telefone ou por correio resultam em outros problemas, tais como viés hipotético ou baixo retorno dos questionários, respectivamente. Portanto, recomenda-se a utilização de entrevistadores profissionais que, por treinamento e experiência, podem apresentar-se de forma neutra mais facilmente, atendo-se ao estritamente apresentado no questionário, o qual, inclusive, deverá oferecer ao entrevistado alternativas de respostas previamente preparadas.

Viés do veículo de pagamento

Este viés pode ocorrer em razão da escolha do veículo de pagamento. Por exemplo, os indivíduos podem preferir pagar uma taxa X para entrar em um parque, a um aumento X em impostos. A alternativa é escolher uma forma que tenha semelhança com sistemas utilizados em situações similares reais.

Viés do ponto inicial ou do "ancoramento"

A apresentação dos valores pelos questionários tende a induzir o entrevistado a optar pelo primeiro valor apresentado, considerado-o o valor "correto". Este viés está associado ao uso do método *referendum*, podendo ser minimizado por intermédio do uso de cartões de pagamento, situação em que o entrevistado escolhe um lance entre vários apresentados numa escala de valores dada. Este método pode, no entanto, resultar no chamado "ancoramento" (vinculação *a priori*) da resposta à escala sugerida no cartão.

Para minimizar este viés, há que se estimar da forma mais precisa possível os pontos máximos e mínimos da DAP ou DAA de forma tal que o menor lance apresentado seja aquele que será aceito por todos e o maior seja rejeitado por todos.

Viés da obediência (ou caridade)

Os indivíduos tendem a manifestar sua intenção em pagar por algo que consideram justo ou correto, embora não se disponham a pagar de fato caso lhes

28 • Economia ambiental

seja cobrado. Uma forma de contornar este viés é forçar a assinatura de um termo de compromisso ou outro documento qualquer que o faça crer na efetividade da cobrança.

Viés da subatividade

Este viés ocorre quando a DAP para o conjunto de serviços ambientais é inferior à DAP para os mesmos serviços se apresentados em separado, e decorre das possibilidades de substituição entre os vários serviços em questão. Este viés pode ser superado por um questionário que explicite tais possibilidades de substituição, quando a decisão for favorável à mensuração de valores relativos às variações de disponibilidade em separado.

Viés da agregação

A DAP ou DAA pode variar em função da ordem de valoração em que for apresentada, quando o questionário se refere a vários bens que podem ser substitutos. Neste caso, devem-se estabelecer critérios que definam a sequência de mensuração de acordo com a possibilidade de ocorrência dos bens no caso de DAP ou desenhar questionários que especifiquem com clareza que bens ambientais substitutos continuarão disponíveis no caso de DAA.

Validade do método de valoração contingente

A validade diz respeito ao grau de veracidade dos resultados da pesquisa de valoração contingente. Há três categorias de testes de validade em pesquisas de valoração contingente: do conteúdo, do critério e do construto.

Validade do conteúdo

Afere se a DAP estimada corresponde ao objeto em questão (construto). Não há uma metodologia a ser utilizada com este fim, o que requer uma avaliação subjetiva por parte do pesquisador.

Validade do critério

Verifica se a DAP obtida pela pesquisa é "verdadeira". Experimentos comparando a DAP hipotética com a DAP real (realizada com transações monetárias efetivas) demonstram que a DAP hipotética tem validade.

VALIDADE DO CONSTRUTO

Consiste em verificar se o valor obtido com a valoração contingenciada está correlacionado com os valores obtidos por outros métodos para o mesmo objeto.

A validade do construto pode ser teórica ou de convergência. A primeira refere-se à verificação do atendimento às expectativas teóricas, como, por exemplo, a significância estatística das variáveis explicativas nas funções de distribuição e de regressão da DAP ou da DAA, bem como seu sinal.

A segunda diz respeito à comparação dos resultados desta técnica com os resultados da utilização de outras técnicas para o mesmo fim, como, por exemplo, o método do custo de viagem ou de preços hedônicos. A dificuldade reside na mensuração de valores de não uso, já que somente o método da valoração contingente é capaz de fazê-lo. Além do mais, a valoração contingente realiza-se *ex ante* (desejo) enquanto os demais métodos *ex post* (fato).

Considerando todas essas possibilidades de vieses, a literatura indica uma série de procedimentos-padrão para evitá-los. Estes procedimentos foram inicialmente desenvolvidos quando da avaliação dos danos causados no Alasca pelo derramamento do petroleiro *Exxon Valdez* em 1989. O National Oceanic and Atmospheric Administration (Noaa), órgão americano designado para definir critérios e procedimentos para mensuração dos danos ambientais causados por derramamento de óleo, estabeleceu um painel composto de reconhecidos economistas e outros especialistas ambientais para indicar como o método de valoração contingente poderia ser usado para medir perdas de bem-estar.[3]

O painel reconheceu a validade do método da valoração, mas incluiu diversas recomendações para sua elaboração. As mais importantes são:[4]

- ❑ amostra probabilística é essencial;
- ❑ evitar respostas nulas;
- ❑ usar entrevistas pessoais;
- ❑ treinar o entrevistador para ser neutro;
- ❑ os resultados devem ser apresentados por completo com desenho da amostra, questionário, método estimativo e base de dados disponível;
- ❑ realizar pesquisas piloto para testar questionário;

---

[3] Este painel foi liderado por dois prêmios Nobel de Economia, Robert Solow e Keneth Arrow. Ver Arrow et al. (1993).
[4] De acordo com Willis et al. (1995) e Arrow et al. (1993).

- ser conservador, adotando opções que subestimem a medida monetária a ser estimada;
- devido a recomendação anterior, usar DAP ao invés de DAA;
- usar método referendo;
- oferecer informação adequada sobre o que está se medindo;
- testar o impacto de fotografias para avaliar se não estão gerando impactos emocionais que possam enviesar respostas;
- identificar os possíveis recursos ambientais substitutos que permanecem inalterados;
- identificar com clareza a alteração de disponibilidade do recurso;
- administrar tempo de pesquisa para evitar perda de acuidade das respostas;
- incluir qualificações para respostas sim ou não;
- incluir outras variáveis explicativas relacionadas com o uso do recurso ambiental;
- checar se as informações do questionário são aceitas como verdadeiras pelos entrevistados;
- entrevistados devem ser lembrados da sua restrição orçamentária, isto é, que sua DAP resulta em menor consumo de outros bens;
- o veículo de pagamento deve ser realista e apropriado às condições culturais e econômicas;
- questões específicas devem ser incluídas para minimizar o problema da parte--todo;
- evitar o uso do ponto inicial em jogos de leilão e no cartão de pagamento;
- ter cuidado no processo de agregação para considerar a população relevante;
- os resultados devem ser apresentados por completo com desenho da amostra, questionário, método estimativo e base de dados disponível.

Conforme podemos observar, estas recomendações requerem um esforço de pesquisa significativo. A violação destes procedimentos, segundo o painel, coloca em dúvida a validade dos resultados.

Estudo de caso 1

Estimativa do custo econômico do desmatamento na Amazônia[5]

Introdução

O valor econômico dos recursos ambientais geralmente não é observável no mercado através de preços que reflitam seu custo de oportunidade. Entretanto, eles têm atributos de consumo associados ao seu uso e à sua existência que afetam tanto a produção de bens e serviços privados quanto diretamente o consumo dos indivíduos. Assim, é comum na literatura desagregar o valor econômico total do recurso ambiental (VET) em valores de uso (VU) e de não uso (VNU).[6]

O valor de uso pode ser, por sua vez, desagregado em:

□ valor de uso direto (VUD) – quando se utiliza atualmente um recurso, por exemplo, na forma de extração, visitação ou outra atividade de produção ou consumo direto;

---

[5] Esta seção foi inicialmente publicada como texto para discussão 910 do Ipea (Seroa da Motta, 2002) e faz parte do projeto "Causas e dinâmica dos desmatamentos na Amazônia", do Banco Mundial, coordenado por Sérgio Margulis. O autor reconhece a participação de Ramon Ortiz (doutorando da Universidade de Bath) na revisão da literatura de bioprospecção, Walter Beluzzo Jr. (USP-Ribeirão Preto) na de valor de existência e Yann Alves (Ipea) na revisão dos estudos da seção "Revisão da literatura". Alexia Rodrigues, Luiza Camaret e Rodrigo Padilha apoiaram o levantamento e tratamento dos dados. Agradecemos a Márcia Gonzaga Rocha, do Sebrae-MS, pelas informações gentilmente cedidas sobre ecoturismo.

[6] Ver capítulo anterior para uma explicação detalhada da taxinomia.

32 • Economia ambiental

❏ valor de uso indireto (VUI) – quando o benefício atual do recurso deriva-se indiretamente das funções ecossistêmicas;
❏ valor de opção (VO) – valor de usos diretos e indiretos que poderão potencialmente existir em futuro próximo.

O valor de não uso (ou valor passivo) representa o valor de existência (VE) que está dissociado do uso (embora represente consumo ambiental) e deriva-se de uma posição moral, cultural, ética ou altruística em relação aos direitos de existência de espécies não humanas ou preservação de outras riquezas naturais, mesmo que estas não representem uso atual ou futuro para o indivíduo.[7] Há, contudo, uma controvérsia na literatura quanto ao VE representar o desejo do indivíduo de manter certos recursos ambientais para que seus herdeiros, isto é, as gerações futuras, usufruam de usos diretos e indiretos (*bequest value*). É uma questão conceitual considerar até que ponto um valor assim definido está mais associado ao valor de opção do que ao de existência. O que importa para o desafio da valoração é admitir que os indivíduos podem assinalar valores independentemente do uso que fazem hoje ou pretendem fazer amanhã.

Assim, uma expressão para o valor econômico total (VET) seria:

$$VET = (VUD + VUI + VO) + VE$$

O quadro 2 identifica os casos específicos dos recursos ambientais associados à biodiversidade das florestas que se perdem no processo de desmatamento, quando da conversão do solo florestal para atividades agropecuárias.

Note-se, entretanto, que um tipo de uso do recurso ambiental pode excluir outro. Por exemplo, o uso de uma área para agricultura exclui seu uso para conservação da floresta que cobria este solo. Assim, o primeiro passo na determinação do VET será identificar esses conflitos de uso e, portanto, há que se conhecer as relações ecológicas que determinam a exclusão de usos. Somente a partir desse conhecimento do dano biológico ou físico é que será possível a determinação desses valores econômicos. Esta dificuldade é maior à medida que passamos dos valores de uso direto para valores de não uso. Nos valores de uso, os usos indiretos e de opção apresentam, por sua vez, maior dificuldade que os usos diretos.

---

[7] Bens privados também podem apresentar esses atributos, que se expressariam no que as pessoas chamam de valor de estimação.

Quadro 2
Exemplos de valores econômicos dos recursos florestais

Valor de uso			Valor passivo ou de não uso
Valor direto	Valor indireto	Valor de opção	Valor de existência
Provisão de recursos extrativos madeireiros e não madeireiros e uso não consumptivo como, por exemplo, o ecoturismo.	Fornecimentos de suportes para as atividades econômicas e o bem-estar humano, como, por exemplo, proteção dos corpos d'água, do solo, do fogo e controle de cheias e microclima.	Uso futuro do patrimônio genético, como, por exemplo, para descoberta de novos fármacos.	Valor intrínseco, existência de espécies não humanas ou preservação de valores culturais, religiosos e históricos.

A quantificação monetária desses impactos também é complexa e depende da aplicação adequada de alguns métodos. Nos métodos da função de produção (produção sacrificada ou custos evitados), o recurso ambiental é um insumo de um bem ou serviço privado. Assim, quando a disponibilidade deste recurso ambiental é afetada (para melhor ou pior, tanto em termos quantitativos como em qualidade), ocorre também um impacto na produção do bem ou serviço privado. Se o impacto altera a quantidade produzida do bem privado, o valor econômico desse impacto pode ser mensurado pela variação de receita líquida (receita bruta menos custos de produção ou excedente do produtor) desta alteração de produção. Por exemplo, ao desmatar uma área elimina-se a produção extrativa e, portanto, perde-se a receita líquida desta atividade.

Para evitar uma variação de produção poderá ocorrer uma variação no custo de produção para compensar a alteração na disponibilidade do insumo ambiental. De qualquer forma, esta variação do custo de produção significará também uma variação na receita líquida da atividade que produz o bem ou serviço privado. Por exemplo, o desmatamento pode indiretamente aumentar a probabilidade de cheias e, assim, causar prejuízos com enchentes. O valor desse prejuízo seria, assim, um custo ambiental associado ao desmatamento.

Dito de outra forma, o método da função de produção estima como varia a receita líquida (excedente do produtor) de atividades econômicas que dependem de um insumo ambiental, seja pela produção sacrificada ou pela variação de custo. Essas perdas de receita podem ser assim estimadas com base nos preços de mercado dos recursos privados. Para tal, geralmente se admite que a magnitude do impacto causa apenas uma variação marginal nesses preços, de forma que somente se observam perdas na produção na forma de receita líquida. Caso se admitam variações nos preços de mercado do bem ou serviço privado afetado, então também variações no excedente do consumidor teriam de ser medidas e, em alguns casos, considerados também os efeitos de dependência entre mercados num contexto de equilíbrio geral.

Já os métodos da função de demanda (preços hedônicos, custos de viagem da valoração contingente) mensuram o valor dos recursos ambientais que são consumidos diretamente pelo indivíduo estimando, assim, a variação do excedente do consumidor diante de uma variação da disponibilidade do recurso ambiental. Esses métodos estimam funções de demanda para estes recursos derivadas de mercados de bens ou serviços privados complementares ao recurso ambiental, ou mercados hipotéticos, construídos especificamente para o recurso ambiental em análise.

O benefício (ou custo) da variação de disponibilidade do recurso ambiental será dado pela variação do excedente do consumidor medida pela função de demanda estimada para este recurso. Por exemplo, os custos de viagem em que as pessoas incorrem para visitar um parque nacional podem determinar uma aproximação da disposição a pagar destes em relação aos benefícios recreativos do parque. Tal método é denominado custo de viagem.

Os imóveis podem agregar valor associado a uma característica ambiental da sua localização; logo, através de modelos de preços hedônicos, podemos inferir quanto as pessoas estão dispostas a pagar por essa característica. Tanto o método dos preços hedônicos como o do custo de viagem estimam valores de uso.

Valores de existência, como não são associados a nenhum tipo de uso, geralmente não encontram um bem ou serviço privado comercializado no mercado que da sua função de demanda possamos derivar uma função de demanda ambiental. As perdas de bem-estar associadas à existência que podem ser medidas podem, contudo, ser identificadas diretamente em uma pesquisa que questiona, junto a uma amostra da população, a sua disposição máxima de pagar (ou aceitar) por uma variação na disponibilidade de um recurso ambiental – por exemplo, uma pesquisa que, ao explicar a importância da existência de um sítio natural, pergunta quanto o entrevistado pagaria para a sua conservação sem que o indivíduo tivesse usufruído de qualquer benefício de uso direto ou indireto. Este é o método da valoração contingente. Identificando diretamente estas medidas de disposição a pagar/aceitar, podemos construir as respectivas funções de demanda.

Embora intuitivamente simples, as estimativas de funções de demanda ambiental – tanto as derivadas indiretamente de preferências reveladas em mercados privados complementares ou substitutos ao recurso ambiental, quanto as estimadas diretamente de preferências associadas a uma contingência hipotética –, além de serem muitas das vezes teórica e econometricamente complexas, exigem também um amplo esforço de coleta de dados.

Tendo em vista todas as dificuldades já mencionadas, o exercício de valoração será quase sempre limitado, e o seu grau de validade dependerá do objetivo da valoração, das hipóteses assumidas, da disponibilidade de dados e do conhecimento da dinâmica ecológica do objeto que está sendo valorado.

Note-se que qualquer que seja o método adotado, estimam-se valores ambientais derivados de funções de produção ou de demanda com base na realidade econômica atual. Na medida em que esses valores (custos ou benefícios) possam ocorrer ao longo de um período, será necessário identificar sua evolução no tempo. No caso do desmatamento, isto significaria identificar valores resultantes do estoque futuro de floresta que, em última instância, determinaria a escassez futura dos recursos ambientais perdidos e, assim, seu valor futuro.

Dessa forma, seria necessário incluir parâmetros dinâmicos para determinar uma curva de custo econômico do desmatamento no tempo e não um valor deste custo em um determinado ponto no tempo. Mas a identificação desta curva seria, então, repleta de incerteza. Mais ainda, os valores futuros teriam de ser descontados no tempo, isto é, calculados nos seus valores presentes, e, para tanto, haveria a necessidade de se utilizar uma taxa de desconto social. Essa taxa difere da taxa de juros privada, devido às imperfeições no mercado de capitais, e sua determinação não é trivial, pois significa estimar a taxa pela qual o consumo presente deve ser trocado por consumo futuro sem a possibilidade de consultar as gerações futuras. Assim sendo, cenários para esses valores econômicos futuros e com distintas taxas de desconto devem ser utilizados para avaliar a sensibilidade dessas indeterminações.

O exercício de valoração aqui desenvolvido apresentará um esforço de mensuração do VET associado ao desmatamento da Amazônia. As estimativas serão referenciadas ao ano de 2000. Conforme será visto adiante, as dificuldades anteriormente apontadas, tal como ocorreu em outros estudos similares, serão apenas parcialmente superadas.

O item a seguir apresenta essa revisão da literatura. Em seguida serão apresentados os aspectos metodológicos e os resultados da valoração. Posteriormente, serão analisadas essas estimativas diante das considerações de políticas que visam ao controle do desmatamento.

Revisão da literatura

Com base nos princípios e métodos de valoração já analisados, existem inúmeros estudos que procuraram estimar certas parcelas do valor econômico (uso ou não uso) associado aos recursos florestais que foram perdidos no processo de desmatamento das florestas tropicais. No decorrer da apresentação da nossa metodologia, iremos visitar a maioria deles que julgarmos relevante para o nosso exercício de valoração.

Entretanto, os três estudos que tentaram estimar o valor econômico total do desmatamento na Amazônia serão aqui analisados em detalhes. Como o desmatamento para conversão da floresta elimina para sempre alguns valores econômicos, a perda total deve ser medida pelo valor presente das perdas anuais resultantes. Esses estudos também apresentam essas estimativas adotando uma ou, em alguns casos para mostrar cenários distintos, mais de uma taxa de desconto.

Para evitar valores presentes afetados por escolhas distintas de taxa de desconto, decidimos comparar as estimativas anuais que são apresentadas com valores por hectare/ano.

Fearnside (1997) estima o dano ambiental causado pelo desmatamento dos pequenos agricultores com o objetivo de avaliar a magnitude de compensações internacionais que deveriam ser pagas a esses agricultores para evitar o desmatamento. O *rationale* do estudo é que os serviços ambientais globais da floresta que se perdem com o desmatamento indicariam o benefício da comunidade internacional com a redução do desmatamento e, portanto, a magnitude dessas compensações. Dessa forma, as estimativas não incluem os valores de uso produtivo da floresta que são capturados exclusivamente pelos agentes econômicos locais, tais como os derivados da produção extrativa sustentável.

Esse autor estima, também, os valores dos serviços ambientais de uso indireto (ciclo hídrico e estocagem de carbono) e os valores de opção e de existência em termos de preservação da biodiversidade. No primeiro caso, utiliza uma estimativa de reciclagem da água fundamentada na hipótese de que a água da região representaria 10% do produto agrícola nacional, que daria um valor de US$ 19 por hectare e para o carbono adota parâmetros de 191 t por hectare de estudos de sua própria autoria, e um preço médio de carbono de US$ 7,3 tC com base na literatura. Valores de opção e existência teriam, juntos, a magnitude de US$ 20 por hectare/ano com apoio em Cartwrigth (1995) que faz uma estimativa *ad hoc* de quanto seria necessário para induzir os países detentores de florestas tropicais a se absterem de desmatar.

As estimativas são realizadas em relação à taxa de desflorestamento de 1990. O custo "médio" por hectare/ano foi estimado em US$ 1.338 por hectare/ano e o seu valor presente, com uma taxa de 5% a.a., em US$ 5.423 por hectare. O valor total "médio" do dano, e, portanto, das compensações, referente ao ano de 1990 seria de US$ 2.498 milhões, dos quais US$ 552 milhões para biodiversidade, US$ 1.920 milhões para estocagem de carbono e US$ 26 milhões para ciclo hídrico.

Torras (2000) estima a renda sustentável na região amazônica. Tenta inserir nas medidas de PIB da região uma medida de consumo do capital natural da floresta. Para tal, estima o valor econômico total de um hectare representativo da área da floresta amazônica que foi desmatada para sua inserção nas contas nacionais e regionais para cálculo da medida de renda sustentável, ou seja, o produto interno líquido dos custos econômicos do desmatamento.

As estimativas se referem ao ano de 1993 e foram calculadas com base na média aritmética dos valores encontrados na literatura para cada caso. Esses valores de 1993 foram então ajustados anualmente até o ano de 1978 com base numa relação linear, com estoque remanescente de floresta. O custo do desmatamento para o ano de 1993 seria de US$ 1.175 por hectare/ano, dos quais US$ 549 por hectare/ano para uso direto, US$ 414 por hectare/ano para uso indireto, US$ 18 por hectare/ano para valor de opção e US$ 194 por hectare/ano para valor de existência. Em relação ao PIB regional esse custo varia de 80,7% a 192,2%, partindo de 80,7% em 1978, chegando ao máximo de 192,2% em 1986, mas caindo para 21% em 1993.

Andersen e coautores (2002) apresentam uma análise de custo-benefício do desmatamento na Amazônia dos pontos de vista privado, nacional e global. Estimam o valor econômico total para um hectare representativo da área da floresta amazônica desmatada comparando-o com os benefícios do desmatamento representados pelos valores da produção agropecuária e madeireira que foram gerados na área desmatada e pelos seus impactos de geração de renda na área urbana.

Os procedimentos estimativos levantados por esses autores foram mais detalhados e serão analisados quando da apresentação, na seção seguinte, da nossa metodologia.

Seus resultados apresentam um valor muito abaixo dos estudos anteriores[8] e indicam um custo de desmatamento para o ano de 1995 de US$ 87,7 por hectare/ano, dos quais o valor de uso direto local seria de US$ 28,5 por hectare/ano, o valor de uso indireto nacional de US$ 12,6 por hectare/ano e o valor de opção e existência global de US$ 46,6 por hectare/ano. O valor presente do custo do desmatamento é calculado às taxas de 2%, 6% e 12% a.a. O valor "médio",

---

[8] Na verdade, Andersen e coautores (2002) revisam estimativas de Andersen (1997) que calculou um custo total bastante menor de US$ 184 por hectare/ano. Aqui optamos por apenas rever o trabalho mais recente, já que este trata de estimativas revisadas e, portanto, das que a autora considera mais realistas.

38 • Economia ambiental

à taxa de 6%, seria de US$ 1.418 por hectare, dos quais o valor de uso direto local seria de US$ 475 por hectare, o valor de uso indireto nacional de US$ 163 e os valores de opção e de existência, ditos globais, juntos seriam de US$ 790.

O valor dos benefícios do desmatamento, determinados pelo produto gerado na agricultura, na pecuária e na extração de madeira e seus efeitos multiplicadores na economia urbana da região, quando descontados à taxa de 6% a.a., seriam de US$ 802, dos quais US$ 553 por hectare de benefícios rurais e US$ 249 por hectare de impactos positivos urbanos. O resultado da análise de custo-benefício revela que os custos do desmatamento somente excedem os seus benefícios quando incluem os custos globais de opção e de existência.

Conforme pode ser observado, embora as estimativas de custo econômico do desmatamento difiram em larga proporção, os três estudos concluem que o custo estimado está abaixo do benefício do desmatamento. E essa diferença é, em grande parte, devida aos valores associados aos usos indiretos, de opção e de existência.

Em que pese ao aspecto de inovação e difusão tecnológica que pode estar impedindo o surgimento de atividades financeira e ecologicamente sustentáveis, esses resultados, considerando o padrão de produção atual, confirmam que a manutenção da floresta, na ótica puramente privada do agente econômico local, não geraria rendimentos superiores a sua conversão para fins agropecuários ou de extração madeireira.

O quadro 3 resume os principais aspectos metodológicos desses três estudos. Analisando este quadro podemos observar que:

- cada estudo tem um objetivo distinto e assume hipóteses distintas sobre as relações ecológicas entre o processo de desmatamento e seu impacto em atividades econômicas que são sacrificadas e que, portanto, originam os valores econômicos estimados;
- todos os três estudos, embora tentem realizar estimativas próprias, na maioria das vezes acabam utilizando valores médios ou limites dos já disponíveis na literatura;
- o estudo de Fearnside (1997), que objetiva medir uma magnitude para compensações internacionais, se restringe à aplicação de uma estimativa *ad hoc* para valores de opção e existência e de uma estimativa do valor de estoque de carbono;
- o estudo de Torras (2000), que estima uma medida de renda sustentável, utiliza-se de médias de outros estudos anteriores sem realizar estimativas próprias;
- o estudo de Andersen e coautores (2002) também utiliza a literatura para indicar seus valores monetários, adotando quase sempre uma estimativa conservadora que represente um limite inferior na justificativa de representarem valores marginais;

Estimativa do custo econômico do desmatamento na Amazônia • **39**

❑ nenhum dos três estudos estima valores econômicos futuros em relação ao aumento de escassez com a redução do estoque de floresta.

Quadro 3
Resenha dos estudos publicados sobre custo do desmatamento na Amazônia: aspectos metodológicos

Aspectos metodológicos	Fearnside (1997)	Torras (2000)	Andersen et al. (2002)
Objetivo	Estimativa de dano ambiental causado pelo desmatamento dos pequenos agricultores para fins de compensações internacionais. Para tal, estima valores dos serviços ambientais de uso indireto, de opção e de existência (biodiversidade, estocagem de carbono e ciclo hídrico) para estimar o dano ambiental anual da taxa de desflorestamento de 1990 e a parcela desse dano causada pelos pequenos agricultores.	Estimativa de renda sustentável na Amazônia. Estima o valor econômico total (TEV) para um hectare representativo da área da floresta amazônica que foi desmatada para sua inserção nas contas nacionais e regionais de renda para cálculo da medida de renda sustentável.	Análise de custo-benefício do desmatamento na Amazônia dos pontos de vista privado, nacional e global. Estima o valor econômico total (TEV) para um hectare representativo da área da floresta amazônica desmatada para sua comparação com os benefícios do desmatamento dados pela produção agropecuária e madeireira que foi gerada na área desmatada e de seus impactos na renda urbana.
Região estudada	Amazônia rural	Floresta amazônica como um todo e desagregação para nove estados da região.	Amazônia Legal
Escopo do custo de desflorestamento	Considera apenas os valores de uso indireto para estimar os serviços ambientais considerados. Atribui um valor estimado para o dano causado com desflorestamento e o estoque de floresta remanescente. Estimativas são determinadas para cenários de alto, médio e baixo impactos.	Considera valores de uso direto e indireto, de opção e de existência para estimar os serviços ambientais considerados. Atribui um valor estimado para TEV para um hectare representativo da floresta amazônica e para perda econômica atribuível ao desflorestamento.	Considera valores de uso direto (classificados como benefícios privados locais) e indireto (classificados como benefícios públicos locais), de opção e de existência (classificados como benefícios globais) para estimar os serviços ambientais considerados. Estimativas são determinadas para taxas de desconto de 2%, 6% e 12% a.a.
Período de análise	Resultados para o ano de 1990.	Resultados para o período de 1993 interpolados até 1978.	Resultados para o ano de 1995.

continua

40 • Economia ambiental

Aspectos metodológicos	Fearnside (1997)	Torras (2000)	Andersen et al. (2002)
Procedimentos estimativos	Utiliza estimativas da literatura para valores de existência/opção e realiza a sua própria para reciclagem da água e estocagem de carbono.	Utiliza valores médios da literatura calculados como uma simples média aritmética.	Adota procedimentos próprios em quase todos os itens para estimar receitas líquidas sacrificadas nos valores de uso. Nos valores de opção e de existência utiliza estimativas *ad hoc* balizadas pela literatura.
Resultados finais	1. Valor total "médio" de dano estimado para o desmatamento do ano de 1990 de US$ 2.498 milhões (US$ 552 milhões para biodiversidade, US$ 1.920 milhões para estocagem de carbono e US$ 26 milhões para ciclo hídrico).	1. Custo do desmatamento dado para o ano de 1993 seria de US$ 1.175 por hectare/ano (US$ 549 por hectare/ano para uso direto, US$ 414 por hectare/ano para uso indireto, US$ 18 por hectare/ano para valor de opção e US$ 194 por hectare/ ano para valor de existência).	1. Custo do desmatamento para o ano de 1995 seria de US$ 87,7 por hectare/ano (valor de uso direto local de US$ 28,5 por hectare/ano, valor de uso indireto nacional de US$ 12,6 por hectare/ano e valor de opção e existência global de US$ 46,6 por hectare/ano).
	2. O valor "médio", para 1990, por família de pequeno agricultor seria de US$ 1.551 (US$ 22 para biodiversidade, US$ 1.508 para estocagem de carbono e US$ 21 para ciclo hídrico).	2. Estimativa de 1993 ajustada para o período até 1978 com base numa relação linear com estoque remanescente de floresta que gerou, por exemplo, para o ano de 1978, um valor de US$ 1.088 por hectare/ano.	2. Valor presente do custo do desmatamento é calculado às taxas de 2%, 6% e 12%. O valor "médio", à taxa de 6%, seria de US$ 1.418 por hectare (valor de uso direto local de US$ 475 por hectare, valor de uso indireto nacional de US$ 163 e valor de opção e existência global de US$ 790).
	3. Valor presente líquido dessa perda de 1990 à taxa de desconto de 5% a.a. foi de US$ 9.761 milhões.	3. O valor presente líquido dessas perdas anuais, taxa de desconto de 5%, é comparado com medidas de renda em termos percentuais. Em relação ao PIB brasileiro variou de 7,9% em 1978, chegando ao máximo de 18,5% em 1986 e voltando para 9% em 1993.	3. Valor dos benefícios do desmatamento descontada a taxa de 6% a.a. seria de US$ 802 (US$ 553 por hectare de benefícios rurais e US$ 249 por hectare de impactos positivos urbanos).

continua

Aspectos metodológicos	Fearnside (1997)	Torras (2000)	Andersen et al. (2002)
	4. Valor total "médio" do estoque remanescente de floresta em 1990 à taxa de desconto de 5% a.a. foi de US$ 736 bilhões (US$ 135 bilhões para biodiversidade, US$ 471 bilhões para estocagem de carbono e US$ 130 bilhões para ciclo hídrico).	4. Em relação ao PIB regional varia de 80,7% a 192,2%, partindo de 80,7% em 1978, chegando ao máximo de 192,2% em 1986, mas descendo para 21% em 1993.	4. O resultado da análise de custo-benefício mostra que os custos do desmatamento somente excedem os seus benefícios quando incluem os custos de opção e de existência de abrangência global.
	5. O custo "médio" por hectare/ano seria de US$ 1.338 por hectare/ano e o seu valor presente à taxa de 5% de US$ 5.423 por hectare.		

Fontes: Fearnside (1997), Torras (2000) e Andersen et al. (2002).

Metodologia adotada e estimativas

Nesta seção, apresentamos os aspectos metodológicos a serem adotados para medir o valor econômico do custo do desmatamento na Amazônia. Embora acreditemos que nosso esforço metodológico, ao realizar algumas estimativas próprias, ofereça resultados mais consistentes, algumas das imperfeições dos estudos anteriores quanto ao conhecimento das relações ecológicas e de indicadores de valores futuros permanecerão.

Nossas estimativas também se restringiram a algumas parcelas de valor nas quais o conhecimento ecológico a nossa disposição permitia uma inferência dos danos ambientais e, consequentemente, também um exercício de estimação monetária. Dessa forma, usos indiretos de controle de erosão do solo e cheias e de reciclagem da água não foram estimados, como também proteção contra o fogo.[9] O ano de referência das estimativas será o de 2000.

Em resumo, as parcelas estimadas foram relativas aos:

---

[9] O fogo, para abertura de áreas de agropecuária, além de desmatar uma área, permite avanço do fogo rasteiro na floresta aumentando o risco do fogo natural, que pode se espalhar por grandes áreas. Entretanto, a magnitude do uso do fogo nas pastagens pode causar acidentalmente danos às benfeitorias, mas esses prejuízos são externalidades da atividade pecuária e não do desmatamento. Para uma estimativa de danos de fogo acidental, ver Mendonça et al. (2004).

42 • Economia ambiental

❑ valores de uso associados ao extrativismo madeireiro e não madeireiro e ao ecoturismo;

❑ valores de uso indireto associados à estocagem de carbono;

❑ valores de opção relativos à bioprospecção;

❑ valores de existência associados à preservação da biodiversidade.

No caso dos valores de uso (direto e indireto), que estão associados a atividades econômicas já transacionadas em mercado, utilizamos medidas que refletem variações no excedente do produtor (produção sacrificada medida por receitas líquidas) com base em preços observados ou projetados. Já nos valores de opção e existência, ainda sem mercados atuantes, e que refletem consumo direto dos indivíduos, recorremos a medidas de excedente do consumidor com base em estimativas de disposição a pagar. Sempre que possível, em todos os casos, adotaremos medidas conservadoras que reflitam limites inferiores.

Extrativismo madeireiro

Peters, Gentry e Mendelshon (1989) foram os pioneiros ao realizarem uma análise econômica do potencial econômico de extrativismo *versus* as atividades convencionais de agropecuária que incentivam o desmatamento. Sua análise se focou na Amazônia peruana, mas os autores usaram dados do manejo de florestas de estudos da região amazônica brasileira. Suas conclusões eram de que o extrativismo madeireiro e o não madeireiro seriam até mais rentáveis que as práticas convencionais. Os estudos mais recentes, que foram aplicados na Amazônia brasileira, encontram resultados que não garantem essa viabilidade.

O desmatamento sanciona a perda de receita líquida da produção de madeira que poderia ser extraída com técnicas de manejo de baixo impacto ambiental. Essas técnicas diferem das atuais por terem como objetivo um fluxo sustentável de produção na medida em que a madeira é extraída em ciclos longos e rotativos que permitem o crescimento da floresta ao seu nível original. Quer dizer, a extração não é total e sim manejada de forma que os outros serviços ambientais da floresta possam também ser garantidos.

Tal procedimento também exige práticas de corte seletivo e de transporte da madeira cortada na floresta, que reduzem o impacto ambiental. Se, por um lado, aumentam o custo em termos de imobilização de terra, equipamentos e operação, por outro, aumentam a produtividade ao minimizarem perdas.

O único estudo que analisa o fluxo de caixa dessa prática é o realizado com experimentos na região de Paragominas, ao sul do Pará, publicado em Almeida e Uhl (1995). Nesse estudo os autores estimam que seria possível gerar uma receita líquida de US$ 28 por hectare/ano com essas práticas. Nesse cálculo não estão incluídos os custos de oportunidade da terra que é deixada após o corte para crescimento natural até o fim do ciclo. Se esses custos fossem incluídos, tal receita seria negativa e isso seria razão para que tal prática raramente fosse adotada. Entretanto, para nosso objetivo de estimação, este valor líquido do custo da terra é o adequado, uma vez que queremos justamente utilizar as nossas estimativas em comparação com o custo de oportunidade da terra na região que movimenta o processo de desmatamento.

Tal como em Andersen e coautores (2002), adotaremos esse valor para a perda de receita líquida da produção madeireira sustentável. Como se trata de um valor estimado para o ano de 1994, decidimos atualizá-lo monetariamente. Uma vez que não dispomos de índices específicos para a receita e custos dos quais sua estimativa derivou, utilizaremos, além das respectivas taxas de câmbio, a razão entre a variação dos preços médios da madeira extraída da região amazônica da pesquisa extrativa vegetal (PEV) do IBGE para o período 1992-2000 que foi de apenas 17%, percentual muito próximo ao da variação da taxa de câmbio real. Logo, o valor ajustado para 2000 diferiu muito pouco do valor anteriormente estimado para 1994. Esse valor foi de US$ 28,5 por hectare que será adotado no nosso exercício de valoração.

Note-se, contudo, que seria plausível admitir que essa seria uma subestimativa para projeções de valores futuros porque existe uma tendência de esgotamento dos atuais mercados exportadores de madeira do Sudeste asiático que, assim, permitiria uma apreciação da madeira amazônica, inclusive com introdução de espécies hoje pouco comercializadas.

Extrativismo não madeireiro

Admitindo que as atividades de extrativismo não madeireiro (por exemplo: látex, piaçava, juta etc.) já são praticadas de forma sustentável na região, o desmatamento para conversão agropecuária ocasionará a perda da produção dessas atividades existentes na área desmatada. Essa perda, quando calculada por densidade de área, valor da produção dividido pela área total, é reconhecidamente muito pequena se comparada com atividades associadas (extração, lenha e carvão). Seroa da Motta e May (1992) já haviam aplicado essa metodologia com dados da década de 1980 e encontrado valores muito baixos, em torno de 0,5% e 1% do valor da madeira. Wunder (1999), ao utilizar dados do Censo Agropecuário de 1995/96, estimou o valor de R$ 0,22 por hectare para toda a produção extrativa não madeireira na Amazônia Legal.

Em nossas estimativas para o ano de 2000 utilizamos os dados de valor municipal de produção extrativa da pesquisa da produção extrativa vegetal municipal do IBGE. A receita líquida foi calculada igual à receita bruta, considerando serem essas atividades de baixa intensidade de capital. Dividindo o agregado da região pela sua área total, convertido pela taxa de câmbio médio de 2000, calculou-se o potencial de perda extrativa não madeireira por hectare de floresta. Essa estimativa ficou em apenas US$ 0,20 por hectare/ano que será adotado em nosso exercício de valoração. Este é um valor mais baixo do que o de US$ 0,50, adotado por Andersen e colaboradores (2002) que aplicaram a mesma metodologia com dados de 1995, embora esse estudo tenha ainda deduzido 50% na forma de custo.

Ao contrário da madeira, o mercado futuro de extrativismo não madeireiro é menos promissor, principalmente considerando uma produção na escala territorial da região. Dessa forma, não seria razoável admitir que essa magnitude de benefícios por hectare seria sensivelmente crescente no futuro.

Ecoturismo

Inúmeros estudos avaliam o valor de uso turístico de sítios naturais com visitação, tais como os parques nacionais.[10] Todavia, esse valor recreativo está concentrado em áreas legal e publicamente protegidas com ameaça de desmatamento quase nula. Todavia, o ecoturismo em áreas privadas tem se expandido em todo o mundo e o governo brasileiro já está iniciando seu fomento na região amazônica com o programa Proecotur.

Não existem ainda informações sistematizadas sobre ecoturismo na Amazônia, até porque esta atividade ainda é incipiente na região. Dessa forma, mesmo com um grande potencial, diferentemente do extrativismo, não foi possível obter dados sobre ecoturismo na região.

---

[10] Entre muitos, ver Ortiz, Seroa da Motta e Ferraz (2000) para o Parque Nacional de Iguaçu no Brasil e Echeveria, Hanrahan e Solórzano (1995) para um caso na Costa Rica.

Mais ainda, devido à dimensão da atual área ainda preservada da Amazônia, é plausível supor que o potencial da atividade possa ser assegurado mesmo com um estoque menor de floresta que o atualmente existente.

Assim, qualquer estimativa de perda de receita líquida terá de levar em conta essas limitações. Nossos procedimentos estimativos optaram por considerar que o potencial da atividade na Amazônia seria no máximo equivalente ao atual potencial da região do Pantanal, posto que nesta região já existe um setor de ecoturismo consolidado num bioma quase que integralmente preservado, além de ter também uma riqueza de biodiversidade e intensidade hídrica atrativas para essa atividade.

Em que pese à possibilidade de competição entre as regiões na atração de turistas, admitimos que a demanda crescente por esse tipo de turismo permitiria que ambas as regiões alcançassem a mesma dimensão sem se afetarem mutuamente.

Para tal, utilizamos os dados do estado do Mato Grosso do Sul que, por ser o estado pantaneiro mais avançado no setor, mantém um sistema de informações da atividade. A receita líquida média da atividade por hectare foi calculada como a receita líquida total dos municípios mais dinâmicos na atividade de ecoturismo, dividida pela área territorial do estado. Essa estimativa será usada para medir a perda da atividade de ecoturismo por desmatamento na Amazônia. O quadro 4 resume essas estimativas.

Quadro 4
Receita anual de ecoturismo no Pantanal do Mato Grosso do Sul
(US$ por hectare/ano)

Municípios	1995	1999	2000
Aquidauana	6	5	6
Corumbá	5	4	4
Miranda	23	17	20
Porto Murtinho	3	3	3
Coxim	23	15	17
Campo Grande	-	22	17
Bonito	-	-	70
Total do estado	6	6	9

Fonte: Sebrae-MS.

Considerando o maior potencial observado em 2000, utilizaremos o valor US$ 9 por hectare/ano como a receita líquida a ser sacrificada em ecoturismo.

Estoque de carbono

O estoque de carbono das florestas é perdido quando a cobertura vegetal é retirada. Mesmo quando convertida em produtos processados de madeira (móveis, por exemplo), sua transformação em carbono livre é mais demorada, mas ainda é considerada temporalmente curta para efeitos climáticos e, portanto, contabilizada como perda.

O estoque de carbono de florestas é de difícil quantificação, principalmente na floresta amazônica onde existem diversas paisagens. Estudos divergem e as estimativas de densidade variam de 70 a 120 tC/ha (ver Róvere, 2000). Dessa forma, vamos utilizar uma densidade média de 100 tC/ha. Embora seja um valor muito abaixo dos utilizados por Fearnside (1997) de 191 tC/ha e Andersen e colaboradores (2002) de 150 tC/ha, pode representar melhor a densidade média da região se considerarmos que é nas áreas de transição, de baixa biomassa, onde ocorre um avanço maior do desmatamento.

Multiplicando esse parâmetro de 100 tC/ha de intensidade de carbono por hectare pela área anual desmatada na região, obtém-se uma perda de aproximadamente 520 milhões de tC. Esse montante representa, contudo, um pouco mais da totalidade das necessidades dos países que têm obrigações de controle de gases do efeito estufa, de acordo com os termos do Protocolo de Kyoto para o período de cumprimento 2008-12.

A Unctad (2001) apresenta os modelos mais atuais que estimam o preço de equilíbrio do comércio de carbono, utilizando os instrumentos do protocolo (mecanismo de desenvolvimento limpo e quotas transferíveis) e curvas de custo de controle de cada país apontam um intervalo de preço entre US$ 3 e US$ 10 por tC. Nordhaus (1999 e 2000) revê estudos que utilizam modelos mundiais de equilíbrio geral para estimar o custo de oportunidade da tonelada de carbono poupada e oferece uma estimativa plausível em torno de US$ 10 a US$ 15.[11] Esses dois tipos de modelos não consideraram as opções florestais nem uma possível ausência de certos países com obrigações de controle na ratificação do protocolo, como recentemente aconteceu com os Estados Unidos.

Mais ainda, a conservação de florestas é uma atividade poupadora de carbono vedada para o comércio nos termos do protocolo.[12] Mesmo assim, tal

---

[11] Essas estimativas seriam preços-sombra que emergiriam caso as metas de controle de carbono fossem atingidas por opções energéticas considerando as curvas de custo de controle de gases de efeito-estufa de cada país.

[12] Não a atividade de reflorestamento, segundo Seroa da Motta (2002a).

comércio está ocorrendo externamente ao protocolo, seja por um valor de opção de carbono futuro, a ser realizado além da dimensão temporal do protocolo, seja por uma questão ecológica mais ampla do que exclusivamente a da questão climática. Dessa forma, optamos por considerar o valor inferior desses modelos, US$ 3 por tC, para estimar o valor do carbono que é liberado no desmatamento da floresta amazônica.

Considerando a densidade média de carbono de 100 tC/ha e o preço de US$ 3 por tC, o valor associado ao carbono seria de US$ 300 por hectare. Note-se que o valor aqui é um valor presente na medida em que o custo de oportunidade do carbono seria um pagamento pela sua imobilização perpétua. Utilizando uma taxa de desconto de 6% a.a., teríamos um valor anual de US$ 18. Essa estimativa é bastante inferior às adotadas por Andersen e coautores (2002) de US$ 45 por hectare/ano e Fearnside (1997) de US$ 70 por hectare/ano, pois estes adotaram estimativas superiores de densidade e de custo de oportunidade da tC que prevaleciam na época desses estudos.

Nossas estimativas estariam mais próximas de uma magnitude da receita líquida sacrificada com o comércio de carbono e, portanto, passíveis de ser internalizadas na economia local, caso venha a surgir tal mercado. Mais ainda, admitindo que as necessidades de controle de gases do efeito estufa sejam crescentes no futuro, essas estimativas poderiam ser consideradas conservadoras.

Bioprospecção

A possibilidade de que a biodiversidade da floresta permita a descoberta de fármacos e seus princípios ativos, para o avanço da medicina, tem sido considerada uma das principais motivações para a conservação da Amazônia.

Entretanto, a estimação desse potencial é difícil posto que requer não só o conhecimento dessa biodiversidade como também da atividade econômica de bioprospecção. Conforme observado na tabela 1, existe uma variação muito grande nos valores estimados.

Os estudos de Mendelsohn e Balick (1995) e Simpson e Craft (1996) calculam o valor esperado do pagamento dos serviços de bioprospecção como o produto de uma probabilidade de descoberta pelo valor do *royalty* a ser pago ao país detentor do direito de propriedade da floresta. As estimativas variam de US$ 2,4 a US$ 32 por hectare/ano não só por conta da magnitude dessa probabilidade como também pela forma como o *royalty* é calculado.

48 • Economia ambiental

Tabela 1
Estimativas do custo de oportunidade da bioprospecção em florestas tropicais

Referência	USS/hectare/ano	USS/hectare	Taxa de desconto adotada (% a.a.)
Simpson e Craft (1996)	10,90	363,00	3,0
Mendelsohn e Balick (1995)	2,40	48,00	5,0
Pearce (1993) – *minimum*	0,01	-	-
Pearce (1993) – *maximum*	21,00	420,00	5,0

Esses *royalties* são estimados com base na desagregação dos custos das empresas farmacêuticas com a comercialização de drogas que utilizam princípios obtidos da biodiversidade das florestas tropicais. Dependendo da base de dados e do tipo da desagregação adotados para deduzir os custos de operação e comercialização, a estimativa do *royalty* pode variar significativamente.[13]

Em suma, da receita líquida da venda de produtos farmacêuticos, desenvolvidos com princípios da biodiversidade tropical, esses estudos estimam a parcela que deveria ser paga aos países que detêm o direito dessa biodiversidade, ponderado pela probabilidade da descoberta.

Simpson e colaboradores (1996), entretanto, advogam que o valor, assim calculado, representa um valor médio e não a disposição marginal de pagar que os laboratórios teriam para uma nova descoberta. A disposição de pagar pela conservação de uma espécie seria com base na sua contribuição para novas descobertas. Assim sendo, no caso dos recursos abundantes que se observam em largas extensões de floresta, o valor marginal seria muito menor que esses valores médios. Rausser e Small (1999) advogam que esse valor marginal cresce com o nível de competição entre os laboratórios, uma vez que estes teriam de competir também por opções de conservação.[14]

Pearce (1993), por outro lado, realiza estimativas tanto com base em dados de produção, como aplicando o valor estatístico de uma vida salva nos países da Organização de Cooperação e Desenvolvimento Econômico (OCDE) com os remédios desenvolvidos a partir de princípios da biodiversidade tropical. No primeiro caso, estima a variação do excedente do produtor no qual um valor mínimo

---

[13] A base de dados de receitas e despesas de fabricação de drogas inclui diferentes laboratórios farmacêuticos. Mais ainda, a forma como as despesas de investimento e comercialização são definidas de maneiras distintas.

[14] Para uma pequena resenha do tema, ver Barrett e Lybbert (2000).

é calculado, enquanto, no segundo, obtém uma medida mais próxima à variação do excedente do consumidor que indicaria um valor máximo.

O intervalo de Pearce (1993), por exemplo, de US$ 0,01 a US$ 21 por hectare/ano, representa também, exceto por Adger e colaboradores (1994), o intervalo das estimativas da literatura. Conforme podemos observar, a agregação de valor da bioprospecção varia de quase nulo para um montante relativamente significativo. Andersen e colaboradores (2002) optaram por um valor inferior de US$ 0,6 por hectare/ano orientado pelas estimativas de excedente do produtor.

Adger e colaboradores (1994) usam a mesma metodologia de Pearce (1993), especificamente para as florestas tropicais do México, e estimam valores no intervalo de US$ 0,51 a US$ 90,21 por hectare/ano.

Neste estudo adotaremos o valor superior de Pearce (1993) – de US$ 21,00 por hectare/ano –, visto entendermos que a medida do excedente do consumidor, nesse caso, se aproxima mais do ganho de bem-estar das populações beneficiadas.

Este seria o limite superior das estimativas disponíveis na literatura que tratam as florestas tropicais como um todo, embora, conforme indicamos, Adger e colaboradores (1994) chegam a valores extremos ainda maiores para o caso mexicano. Não vamos, contudo, ajustar monetariamente o valor de US$ 21 para o ano de 2000 nem adicionar, conforme seria teoricamente correto, os ganhos de bem-estar que populações dos países em desenvolvimento também estariam usufruindo.[15] Até porque, conforme será discutido, esses ajustes não seriam significativos.

Valor de existência

As estimativas relativas ao valor de existência (ou não uso), associadas à preservação das florestas tropicais, também apresentam valores bastante díspares na literatura.

Pearce (1991) se baseia em estudos realizados na década de 1980 de valoração contingente em países ricos onde se identificou a disposição a pagar pela preservação de espécies e sítios naturais. Nessa resenha encontram-se valores variando de

---

[15] De qualquer forma, a disparidade de renda entre ricos e pobres (e também de acesso a esses fármacos) mais do que anularia a disparidade no tamanho das populações e, portanto, o acréscimo acabaria sendo equivalente a uma pequena proporção, conforme se constatará no valor de existência a seguir.

50 • Economia ambiental

US$ 1 a US$ 22 por adulto. Esse autor considera, então, US$ 8 por adulto um valor conservador que a população dos países ricos poderia estar disposta a pagar pela conservação da Amazônia. Sendo essa população em torno de 400 milhões e a área da Amazônia de 362 milhões de hectares, a estimativa de Pearce seria equivalente a US$ 8,9 por hectare/ano.

Ruitenbeek (1992) estima o valor implícito de um hectare protegido em acordos realizados no sistema de troca de dívidas por projetos ambientais (*debt for nature swap*) em Costa Rica, Equador, Nigéria e Filipinas. Os valores encontrados variavam de US$ 0,20 a US$ 20 por hectare/ano.

Andersen e colaboradores (2002) assumem um valor *ad hoc* de US$ 1 por hectare/ano (a uma taxa de 6% a.a.) ao considerar que todas as estimativas da literatura se referiam a áreas delimitadas e não a toda a extensão das florestas existentes, tal como adotou Fearnside (1997) ao atribuir um valor de US$ 20 por hectare/ano.

Os estudos que verificaram diretamente a disposição a pagar pela preservação de áreas de florestas tropicais foram os de Kramer e Mercer (1997) e Horton e colaboradores (2002). Kramer e Mercer (1997) aplicam uma pesquisa de valoração contingente nos Estados Unidos na qual se indagou, no período abril-junho de 1992, a disposição a pagar por uma contribuição para um fundo hipotético das Nações Unidas para proteção das florestas tropicais que conservaria 5% dessas florestas (aproximadamente 45 milhões de hectares) acima dos atuais 5% já conservados. Os resultados dessa pesquisa determinaram uma disposição a pagar média por família de US$ 24 a US$ 31 feita num pagamento único. No entanto, este é um valor associado a apenas 5% da área total de florestas tropicais. Considerando os atuais 5% já conservados, tal como informa a pesquisa, as pessoas entrevistadas estariam valorando a conservação de 10% de um estoque de floresta.

Recentemente Horton e colaboradores (2002) realizaram estudo similar de valoração contingente, só que específico para manutenção de unidades de conservação na Amazônia, em uma amostra de residentes do Reino Unido e Itália no período de julho/agosto de 1999. Para tal, apresentam um cenário de conservação de 5% da Amazônia (aproximadamente 20 milhões de hectares) e outro de 20% (aproximadamente 80 milhões de hectares) e para ambos identifica a disposição a pagar. Ao contrário de Kramer e Mercer (1997), este estudo identifica um valor anual na forma de uma taxação adicional no seu país e não um valor fixo único para um fundo internacional.

O valor médio estimado, combinando as amostras dos dois países, foi de US$ 50 para 5% da área da Amazônia e US$ 67 para 20%, quando perguntado primeiro 5% depois 20%. Invertendo a ordem dos percentuais no questionamento, primeiro 20% depois 5%, as estimativas médias de WTP são, respectivamente, US$ 36 e US$ 50.[16]

Note-se que os valores anuais estimados por Horton e coautores (2002) de US$ 36-67 por ano são para uma área conservada entre 20 milhões e 80 milhões de hectares, enquanto os pagamentos únicos de US$ 24-31 do estudo de Kramer e Mercer (1997) são para uma área aproximada de 45 milhões de hectares. Dessa forma, os valores por hectare das estimativas anuais de Horton e coautores (2002) serão muito maiores que os de Kramer e Mercer (1997), seja qual for a taxa de desconto.

O estudo de Horton e coautores (2002) pergunta as razões que os entrevistados teriam para fazer o pagamento anual. Os resultados mostram que quase 60% revelavam que o futuro da Amazônia era um problema global, 50% apontaram a preocupação com as mudanças climáticas, 33% estavam preocupados com a proteção das gerações futuras e somente 17% por questões de manutenção da biodiversidade.

Logo, os autores sugerem que esse valor estimado engloba tanto o uso indireto quanto o de existência. Quanto ao valor de bioprospecção, eles acham que este não está englobado porque somente 1% admite que seria beneficiado diretamente com a preservação, e 2,5% citam a preservação da biodiversidade genética para fazer o pagamento.

O estudo de Kramer e Mercer (1997) não permite essa verificação de conjugação de fontes de valor, embora à época de sua investigação, no ano de 1991, a percepção científica e pública da dimensão do problema global de aquecimento fosse menor. É difícil analisar as razões dessas diferenças gritantes em mensuração que podem estar associadas tanto a aspectos metodológicos (amostra, escopo, veículo de pagamento etc.) quanto aos câmbios de preferências dos indivíduos, motivando uma apreciação do valor de não uso ao longo dos anos que separam a realização das duas pesquisas.

Além da possível conjugação de valores de uso indireto e não uso, note-se que em ambos os estudos apenas uma parcela da área de floresta é valorada e, portanto, o valor medido não pode ser aplicado ao desmatamento de um hectare. Na verdade, esses estudos valoram um estoque mínimo de floresta e, assim,

---

[16] As estimativas originais em libras esterlinas foram convertidas em dólares americanos à taxa de 1,57.

52 • Economia ambiental

precisamos isolar o valor de não uso e projetá-lo para um hectare desmatado da área total existente. Mais ainda, as estimativas são relativas apenas às populações dos países pesquisados, enquanto o valor de não uso poderia estar presente nas preferências de toda a população mundial.

Dado que o estudo de Horton e coautores (2002), além de recente, é dirigido especificamente para a Amazônia, optamos por adotar suas estimativas em nosso exercício.[17] Para sermos conservadores, vamos trabalhar com o limite inferior de US$ 36 para 5% de conservação e US$ 50 para 20%.[18]

Entretanto, para ajustar essas estimativas aos nossos propósitos, teremos que:

❑ estimar seus equivalentes para o restante da população mundial;
❑ isolar o valor de não uso;
❑ projetá-lo para o estoque total de floresta;
❑ agregá-lo para a população mundial.

O valor de existência está correlacionado com o estoque na medida em que as pessoas querem garantir um estoque mínimo que garanta a existência e, assim, a disposição a pagar por estoques maiores seria reduzida mais do que proporcionalmente a variação de estoque até atingir valores quase nulos num nível sustentável de estoque. Quer dizer, o total da disposição a pagar da população seria igual tanto para o estoque total quanto para esse estoque sustentável.[19]

O estudo de Horton e coautores (2002), ao variar o escopo de 300% (de 5% para 20% de área conservada), estimou uma variação de valor de apenas 34% a 38%. Logo se observa que o valor por hectare cai drasticamente quando aumenta a área a ser conservada. Vamos admitir que essa queda se dê por conta de que esses 15% a mais de conservação não capturam o valor de existência e sim somente engloba a disposição a pagar por precaução às mudanças climáticas.

Isso quer dizer que o valor total de existência para 100% da área atual existente seria igual ao valor total de 5% da área total existente.[20] Sendo assim, a

---

[17] O fato de ser recente reflete também a aplicação mais evoluída do método de valoração contingente. Ver Horton et al. (2002) para validar os resultados obtidos.

[18] Essas diferenças por conta da ordenação (*ordering effects*) não podem ser analisadas observando somente médias, mas também variâncias. De qualquer forma, para uma estimativa de valor de existência, a utilização de uma valoração com escopo decrescente é a mais conservadora, pois a ancoragem não afeta estoques menores.

[19] Para uma discussão teórica desse argumento, ver Hanemann (1995).

[20] Isto é, o benefício marginal, associado a não uso de um hectare acima dos 5% de conservação, seria zero.

diferença de pagamento entre 20% e 5% de conservação, equivalente a US$ 14 anual por família, seria somente relacionada com o valor de estocagem de carbono da área adicional de aproximadamente 60 milhões de hectares. Isso equivale a uma disposição a pagar anual por família de US$ 0,23 por milhão de hectares para estocagem de carbono. Para 5% de conservação, equivalente a 20 milhões de hectares, o valor anual associado ao carbono seria de US$ 4,6 anual por família.

Deduzindo esse valor associado ao carbono do da disposição a pagar total pelos 5% de conservação, de US$ 36, teríamos que o valor de não uso anual por família seria de US$ 31,4.

Então, o valor médio por hectare desmatado hoje seria dado pelo valor total para estes 5% de área protegida dividido pela área total. Logo, multiplicando esse resultado pela população pagante, teríamos uma estimativa do valor de existência anual total a ser pago pela preservação de toda a floresta amazônica.

Todavia, um valor de existência associado à floresta tropical não seria exclusivo dos países amostrados. Populações de outros países também derivariam utilidade da existência da floresta. Como só dispomos de estimativas que se referem à população dos países amostrados, temos que ajustá-las para outras regiões com níveis de renda e estrutura de preferência distintos. A forma mais simples de realizar esse ajuste é ponderar o valor da medida de uma região pela razão de renda entre as regiões, compensada pela elasticidade marginal da renda[21] com a seguinte expressão:

$$DAP_D = DAP_O (PPPY_D / PPPY_O)^e$$

onde DAP_O é a disposição a pagar na região onde originalmente foi calculada; DAP_D é a disposição a pagar para a região que se destina ajustar; e é a elasticidade marginal da renda; e $PPPY_D$ e $PPPY_O$ são as rendas médias *per capita* de cada região medidas com paridade de poder de compra.

Em nosso exercício, assumiremos um valor conservador de $e = 1$ e, tendo em vista a disponibilidade de dados, ajustaremos o valor DAP para três grupos de países de acordo com os níveis de renda classificados conforme os critérios adotados pelo Banco Mundial nos seus relatórios de desenvolvimento econômico, a saber: renda alta, renda média e renda baixa.

---

[21] Para um tratamento mais sofisticado, ver Seroa da Motta, Ortiz e Freitas (2000), para o caso de ajustes em valores de disposição a pagar por redução no risco de doenças.

Aplicando a expressão anterior, que utiliza valores de renda média ajustada pela paridade do poder de compra de cada moeda, ponderamos o valor de não uso, de US$ 31,4 por família, para cada grupo de país. Em seguida, agregamos os valores ponderados pelo número de domicílios de cada grupo de país. Os resultados, conforme mostra a tabela 2, revelam que para os países de renda alta o valor por hectare/ano é de US$ 31, enquanto para os países de rendas média e baixa seriam, respectivamente, de US$ 4,4 e US$ 0,3. O valor mundial seria, então, de US$ 35,8 por hectare/ano. Note-se que, devido às disparidades de renda, a participação dos países ricos corresponde a quase 90% do valor agregado total.

Tabela 2
Estimativas do valor de existência da floresta amazônica (US$)

Valor	Total mundial	Países de renda alta	Países de renda média	Países de renda baixa
Anual por hectare	31,2	27,0	3,9	0,3
Por hectare (taxa de desconto 2%)	1.560	1.532	193/ha	14
Por hectare (taxa de desconto 6%)	520	451	64	5
Por hectare (taxa de desconto 10%)	312	270	39	3

Obs.: Valores estimados com base em Horton e coautores (2002) de acordo com metodologia apresentada no texto; desconto realizado em perpetuidade e arredondamentos explicam inconsistências da proporcionalidade entre os valores estimados.

Se adotarmos a contribuição única, a estimativa será calculada por hectare e depois convertida para valores por hectare/ano utilizando uma taxa de desconto em perpetuidade. Admitindo uma taxa de desconto de 6% em perpetuidade, teremos o equivalente a um valor aproximado de US$ 520 por hectare. Isto é, um valor muito acima dos propostos por Andersen e coautores (2002), Pearce (1993) e Fearnside (1997).

Para finalizar, vale analisar a consistência dessas estimativas examinando o preço implícito do carbono, o qual surge da separação do valor de não uso acima apresentado. Diferentemente do valor de não uso, cada hectare adicional de floresta gera benefícios positivos em termos de proteção de clima. Logo, cada família teria uma disposição a pagar por hectare de floresta amazônica de US$ 0,23. Se, então, novamente ponderarmos esse valor pela renda entre os países e o agregarmos para todas as famílias do mundo, obteremos o valor total associado ao serviço de proteção climática equivalente a US$ 91 por hectare.

Esse valor é cinco vezes maior que os US$ 18 por hectare/ano que estimamos com base em dados de conteúdo médio de carbono e preços de carbono transacionados entre firmas. Significaria dizer que o preço implícito da tonelada de carbono seria US$ 15 e não US$ 3 como admitimos anteriormente e, portanto, muito próximo das estimativas dos modelos de maximização já citados. Em que pese à fraqueza metodológica dos procedimentos adotados para separar o valor associado ao carbono da disposição a pagar, essa coincidência é muito plausível na medida em que o valor derivado de Horton e coautores (2002) é uma expressão das preferências individuais em termos de ganhos de bem-estar, enquanto a estimativa anterior emergiu de custos de produção.[22]

Todavia, considerando que existirão mecanismos de comercialização de carbono entre firmas que ditarão seu valor de mercado, optamos por manter nossa estimativa de US$ 18 anteriormente apresentada.

Resumo das estimativas e conclusões

A tabela 3 resume nossas estimativas do custo econômico do desmatamento na Amazônia tanto em valores por hectare/ano como seus respectivos valores presentes descontadas as taxas de 10%, 6% e 2% a.a. em perpetuidade.

Tabela 3
Resumo das estimativas

| Parcela de custo | US$ por hectare/ano | US$ por hectare | | |
		Taxa de desconto 10% a.a.	Taxa de desconto 6% a.a.	Taxa de desconto 2% a.a.
Valor de uso direto	37,7 (35%)	377	628,3	1.885
Produtos madeireiros	28,5	285	475	1.425
Produtos não madeireiros	0,2	2	3,3	10
Ecoturismo	9	90	150	450
Valor de uso indireto	18 (17%)	180	300	900
Estocagem de carbono	18	180	300	900
Valor de opção	21 (19%)	210	350	1.050
Bioprospecção	21	210	350	1.050
Valor de existência	31,2 (31%)	312	520	15.600
Total	108,1	1.081,0	1.801,7	19.445,0

[22] Quer dizer, mais próxima ao excedente do produtor.

Nossas estimativas de valor total foram de US$ 108,1 por hectare/ano. Este é um valor que, uma vez internalizado ao proprietário local de terra, poderia viabilizar um uso sustentável a uma grande parte da região amazônica.

Considerando os outros três estudos similares analisados anteriormente, nossa estimativa é um pouco superior ao valor estimado por Andersen e coautores (2002), de US$ 87,7, mas ainda muito abaixo das estimativas de Fearnside (1997) e Torras (2000). Todavia, algumas das nossas parcelas de valor estimadas são absoluta e proporcionalmente muito distintas das estimadas por Andersen e coautores (2002) e que, conforme será discutido adiante, oferecerão uma versão um pouco diferenciada na discussão do financiamento do uso sustentável da floresta.

Embora não tenhamos resolvido todas as restrições metodológicas dos estudos já citados, acreditamos que tivemos a oportunidade, em alguns casos, de tratar certos aspectos metodológicos de forma mais consistente e adotar procedimentos estimativos mais robustos. Essa é uma avaliação que talvez não seja tão relevante ante os inúmeros problemas de estimação que não conseguimos superar.

Em que pesem essas considerações, nossas estimativas permitem esboçar algumas orientações de política. Observa-se que os valores de uso direto, que seriam percebidos diretamente pela ótica da população local, seriam de US$ 37,7 por hectare/ano ou 35% do valor total. Destes, apenas US$ 28,7 por hectare/ano seriam de atividades extrativas.

Não cabe aqui fazer comparações de preços da terra na região com as nossas estimativas de valor presente do custo econômico do desmatamento, pois esses preços da terra, além de carregarem incertezas no mercado de ativos reais da economia, refletem uma taxa de desconto privada conceitualmente distinta das taxas sociais adotadas nas nossas estimativas.

Entretanto, desde que o desmatamento seja financiado pela madeira extraída, a terra desmatada pode ser usada para pasto. Os valores de arrendamento de áreas de pastagem na região representariam, então, o quanto de renda o produtor local abriria mão pela simples cessão das suas terras para fins pecuários, uma vez removida a floresta e constituído o pasto.

Conforme mostra a tabela 4, esses valores de arrendamento para o ano de 2000 estariam variando entre US$ 33,4 e US$ 49,5 por hectare/ano, isto é, com valores quase sempre superiores aos estimados para os valores de uso direto de US$ 28,7 a US$ 37,7 por hectare/ano. Dessa forma, considerando as incertezas e os custos de transação de adoção de práticas novas de exploração florestal, as atividades sustentáveis aqui consideradas não seriam suficientes para criar um incentivo eficaz para que os produtores locais as adotassem.

Tabela 4
Valor do arrendamento da terra na Amazônia Legal: 1998-2001
(US$ por hectare/ano)

Arrendamentos de terras para explorações animais/estados da Amazônia Legal	Rondônia	Acre	Amazonas	Pará	Tocantins	Maranhão	Mato Grosso
Jun. 1998	43,2	-	77,6	84,2	30,6	44,3	49,0
Jun. 1999	31,1	50,8	50,6	37,6	28,3	33,8	30,8
Jun. 2000	40,1	49,5	-	41,0	33,4	34,0	32,6

Fonte: Fundação Getulio Vargas.
Obs.: Valores convertidos à taxa de câmbio comercial do mês; Roraima não disponível.

Sem considerar outros valores associados aos valores indiretos, somente a estocagem de carbono poderia agregar mais US$ 18 por hectare/ano (23% do total estimado) à renda do produtor local, viabilizando, assim, o uso sustentável da floresta quando comparamos os preços de arrendamento para o ano 2000. Entretanto, esses pagamentos pelos usos indiretos ainda não estão incorporados aos mercados que beneficiam os produtores locais.

Note-se que os valores em dólares da tabela 4 decrescem de 1998 para 2000. Essa redução se deve unicamente à desvalorização cambial de janeiro de 1999. Os valores em reais, na verdade, crescem na maioria dos estados durante o período analisado.[23] Todavia, como a taxa de câmbio de 2000 se aproximava bastante da taxa de câmbio real, os valores de 2000 não carregam um viés cambial.

Já os valores das nossas estimativas do custo de uso direto e indireto foram estimados considerando os preços relativos e o estoque de floresta atuais. Conforme salientado ao longo das seções anteriores, é plausível supor que os valores madeireiro, de ecoturismo e de carbono se apreciem ao longo do tempo quando fontes de geração desses bens e serviços forem mais escassas.

Caso as políticas de desenvolvimento para a região se orientem com instrumentos que permitam capacitação tecnológica, preços relativos favoráveis e expansão dos mercados de serviços ambientais, a internalização desses valores no

---

[23] Para 2001 os valores em reais crescem um pouco em quase todos os estados.

processo produtivo local, tanto por iniciativas nacionais como internacionais, poderia gerar produtivamente uma receita líquida anual de quase US$ 56 por hectare evitado de desmatamento e, assim, viabilizar as atividades produtivas sustentáveis na região.

Os incentivos ao uso sustentável da floresta seriam ainda maiores quando se incorporassem os valores de opção. Estes foram estimados como ganhos de bem--estar gerados pelo efeito medicinal de cura dos fármacos originários da floresta e representariam US$ 21 por hectare/ano ou 19% do valor total. Essa magnitude é justificável, uma vez que sua determinação foi baseada na disposição a pagar dos indivíduos dos países ricos para evitar riscos de saúde. Todavia, este é um valor que não é transmitido através de preços de mercado dos medicamentos, e um mecanismo de compensação internacional para viabilizar sua internalização na economia local teria de ser ainda desenvolvido.

O valor de existência, de acordo com as nossas estimativas, é proporcionalmente o maior de todos – em torno de US$ 31,2 por hectare/ano ou quase 30% do valor total. Dessa forma, se essas estimativas forem realistas, instrumentos de compensação internacional voltados unicamente para objetivos de preservação da floresta amazônica, por meio, por exemplo, da imobilização de áreas, seriam capazes de gerar incentivos monetários significativos para controle do processo de desmatamento.

Em suma, nossas estimativas do valor econômico do custo do desmatamento na Amazônia brasileira parecem confirmar que existem importantes *trade-offs* entre o uso atual e o uso sustentável da floresta. Entretanto, para que as perdas desse balanço não sejam totalmente assimiladas pela comunidade local e possam estimular uma mudança de padrão de uso, será necessária a criação de mecanismos de mercado ou de compensações internacionais que valorizem os serviços ambientais da floresta que são capturados pela população mundial como um todo.

A implementação desses mecanismos, todavia, não é trivial. Mesmo superando as óbvias barreiras políticas para articular um concerto internacional no sentido de viabilizar tais mecanismos, ainda existiriam inúmeras questões práticas, tais como os custos potencialmente altos de administração e monitoramento e os problemas de identificação e focalização. O desafio está assim colocado.

Estudo de caso 2

Estimativas da disposição a pagar para conservação: o caso do Parque Estadual do Morro do Diabo[24]

Introdução

O Parque Estadual do Morro do Diabo (Pemd), última grande área de mata atlântica existente no interior do estado de São Paulo, situa-se na região do Pontal do Paranapanema. É a maior reserva de árvores de peroba-rosa do estado e também um local onde existem animais ameaçados de extinção, como o mico--leão-preto, a onça-pintada, a onça-parda e a anta. O parque tem uma área de 360 km², representando cerca de 2% da Mata Atlântica no estado de São Paulo.

Uma pesquisa de avaliação contingente foi conduzida entre residentes de São Paulo com o objetivo de levantar o valor de existência do Parque Estadual do Morro do Diabo e também da Mata Atlântica. Foram utilizados questionários estruturados para o levantamento dos dados socioeconômicos dos entrevistados,

---

[24] Os autores deste estudo de caso são Ronaldo Seroa da Motta e Ramon Ortiz e seus resultados foram originalmente publicados em Adams (2003). Os autores agradecem os comentários de Cristina Adams, Cristina Azar e John Reid e o apoio no tratamento da base de dados e nas estimações econométricas de Luiza Camaret. Cristina Adams, Cristina Azar e Ronaldo Seroa da Motta junto com Marisol Recaman, da Criterium, desenharam o questionário que foi aplicado pela Criterium. Agradecem também a Rita Dias, da Criterium, pelo apoio na construção da base de dados. Este estudo de caso foi realizado com financiamento da Conservation Strategy Fund e contou com o contínuo e decisivo apoio de John Reid.

60 • Economia ambiental

suas posições em relação a questões ambientais e suas disposições a pagar para a preservação do parque e da Mata Atlântica.

Este trabalho tem o objetivo de apresentar algumas análises estatísticas dos dados obtidos através da aplicação dos questionários e, principalmente, estimar a disposição a pagar (DAP) média individual mensal para a preservação dos ativos ambientais avaliados. Inicialmente, são descritos alguns procedimentos primários utilizados no tratamento da base de dados e algumas estatísticas descritivas. Em seguida, são apresentadas as regressões e as respectivas análises. Finalmente, a disposição a pagar (DAP) média individual mensal é calculada e alguns comentários finais são apresentados.

Tratamento da base de dados

A base de dados obtida através da aplicação dos questionários apresentou 648 registros (ver questionário no anexo 3) e foram criadas novas variáveis para facilitar a estimação econométrica da DAP e a análise das variáveis importantes[25] para a explicação da disposição a pagar informada pelo entrevistado.

A variável *DAPp* representa a disposição a pagar pela preservação do Parque Estadual do Morro do Diabo utilizando a variável *p11*.[26]

O mesmo procedimento foi utilizado para a criação da variável *DAPm* (disposição a pagar pela preservação da Mata Atlântica), utilizando-se como variável base *P13a*. Em alguns casos onde o entrevistado modificou os valores apresentados para a disposição a pagar (variáveis *P13b* e *P13c*), estes foram utilizados para substituir os valores da *DAPp* e *DAPm*.

As variáveis socioeconômicas analisadas foram *Idade1* (idade do entrevistado em anos), *Sexo*, *Escola* (código representando a escolaridade do entrevistado) e *Renda* (renda familiar). A variável *Escola* obedece a uma escala proporcional à escolaridade, ou seja, quanto maior o código maior a escolaridade. A variável *RendaR* foi criada utilizando o ponto médio dos intervalos de renda apresentados aos entrevistados, como descrito a seguir:

---

[25] Em geral, as variáveis socioeconômicas do entrevistado são utilizadas em estudos de valoração contingente como determinantes da DAP.

[26] Para valores codificados utilizou-se o seguinte: $P11 = 444 => DAPp = (P7f \times 0,05)$, onde *P7f* é o valor da conta de água; $P11 = 555 => DAPp = (P7f \times 0,10)$; $P11 = 777 => DAPp = $ *missing value*; $P11 = 888 => DAPp = 0$; $P11 = 999 => DAPp = 0$.

❑ faixa de renda 1 => rendaR = R$ 100,00;
❑ faixa de renda 2 => rendaR = R$ 300,00;
❑ faixa de renda 3 => rendaR = R$ 700,00;
❑ faixa de renda 4 => rendaR = R$ 1.500,00;
❑ faixa de renda 5 => rendaR = R$ 3.000,00;
❑ faixa de renda 6 => rendaR = R$ 5.000,00;
❑ faixa de renda 7 => rendaR = R$ 0,00;
❑ faixa de renda 8 => rendaR = *missing value*.

Foi criada a variável *dummy Chefe*, que apresenta valor positivo (1) caso o entrevistado seja o chefe de família, e nulo (0) caso o entrevistado não seja o chefe de família. Para tal, foi utilizada a variável *P5* que estabelece o vínculo do entrevistado com o chefe da casa. O objetivo foi testar se esse atributo do entrevistado poderia ser fator importante no valor estabelecido para as DAPs.

Finalmente, as variáveis de avaliação da relação do entrevistado com as questões ambientais (*P15, P16, P17, P18, P27*) e a variável de controle da compreensão do questionário (*P29*) receberam *missing value* nos casos onde estas continham valores fora do intervalo possível de respostas.

Foram também criadas variáveis *dummies* com o objetivo de isolar o efeito de cada parcela do valor econômico total informado pelo entrevistado, ou seja, testar se foi capturado o valor de existência do Pemd e da Mata Atlântica ou apenas o valor de uso ou uso futuro (opção). Foram criadas as variáveis *dummyVE, dummyVO, dummyVU, dummyVEm, dummyVOm* e *dummyVUm* a partir das respostas das variáveis *p11b* e *p13ba* que indagam ao respondente sobre a principal motivação para assinalar um valor de cada DAP.

Análise preliminar dos dados

Inicialmente, são apresentadas na tabela 5 algumas das principais estatísticas descritivas das variáveis socioeconômicas e de percepção constantes no questionário. Essas estatísticas indicam as medidas de tendência central e uma medida de dispersão para cada variável. Em seguida, na tabela 6, são apresentadas as distribuições de frequência das variáveis de avaliação do entrevistado com relação às questões ambientais (*P15, P16, P17, P18, P27*) e da variável de controle da compreensão do questionário (*P29*).

Tabela 5
Estatísticas descritivas de variáveis socioeconômicas

Variável	Média	Mediana	Moda	DP	Mínimo	Máximo
DAPp (P11)	1,58	0,00	0,00	3,69	0,00	36,00
DAPm (P13a)	1,31	0,00	0,00	3,79	0,00	50,00
Idade1	38,6	36	20, 34 e 35	16,10	16	98
Sexo	1,53	2	2	0,50	1	2
Escola	5,34	6	7	2,18	1	9
RendaR	1.150,00	700,00	700,00	1.114,13	0,00	5.000,00
Chefe	0,44	0 (não)	0	0,68	0	1

A primeira observação importante refere-se à alta frequência de zeros para as *DAPp* e *DAPm*. Do total da amostra, 65,1% das respostas para a *DAPp* foi zero, o que corresponde a 422 registros com essa resposta. O mesmo acontece com a variável *DAPm* – 68,7% ou o equivalente a 447 registros. Esse fato sugere que deve ter existido também uma frequência alta de votos de protestos dos quais vamos tratar mais adiante.

Mais ainda, tendo em mente que as DAPs são as variáveis dependentes que gostaríamos de explicar através de análise de regressões, tal resultado sugere que o uso de estimação por mínimos quadrados não seria a maneira adequada para tratar o problema. O grande número de valores zero nas variáveis dependentes impõe o uso de modelos de regressão do tipo *censored regression model* ou simplesmente Tobit *model* (ver anexo 1). Esse será o modelo utilizado nas regressões propostas mais à frente e sua necessidade se deve ao fato de que as DAPs zero podem ser na verdade negativas e não aparecem assim porque o questionário as limita em zero. Ou seja, pode existir uma disposição a receber e não a pagar.

Observa-se que as estatísticas da variável *Idade1* indicam grande amplitude do intervalo das idades dos entrevistados – 16 a 98 anos –, com maior concentração por volta dos 36 anos. A amostra apresenta ligeira predominância de mulheres (*Sexo* = 2), sendo que a distribuição de frequência dessa variável é 53% de mulheres para 47% de homens. O grau de instrução apresentado pelos entrevistados indica uma concentração em torno do segundo grau (*Escola* entre 5 e 7).

A renda dos visitantes foi solicitada através de faixas de valores, procedimento-padrão em estudos de valoração contingente, usado para facilitar o preenchimento pelo entrevistado e aumentar o número de respostas válidas. Foi utilizada a média de cada intervalo para se obter as estatísticas descritivas e também as regressões. Ressalta-se apenas que, utilizando-se faixas de valores para a renda, as medidas de tendência central são puxadas para baixo, uma vez que o último intervalo (de renda acima de R$ 4 mil) é um intervalo aberto e, portanto, não possui um ponto médio.

A amostra é formada por 44,5% de chefes de família e 55,5% de pessoas com alguma relação com o chefe da casa. Desses últimos, apenas 23 entrevistados não possuem relação familiar com o chefe de família.

A tabela 6 apresenta as distribuições de frequência das variáveis de percepção do entrevistado com relação às questões ambientais (*P15, P16, P17, P18, P27*) e da variável de controle da compreensão do questionário (*P29*).

Tabela 6
Distribuição de frequência de variáveis de percepção

Variável	Avaliação	Frequência
Interessa-se por ecologia (*P15*)		
	Interessa-se muito	342
	Interessa-se um pouco	234
	Não se interessa	71
Importância da preservação (*P16*)		
	1 – menos importante	13
	2	11
	3	33
	4	60
	5 – muito importante	514
	6 – não sabe	13
Governo se preocupa? (*P17*)		
	Preocupa-se muito	17
	Preocupa-se um pouco	184
	Não se preocupa	415
	Não sabe	26
Preocupação pessoal (*P18*)		
	Preocupa-se muito	380
	Preocupa-se um pouco	216
	Não se preocupa	42
	Não sabe	7
A favor de reservas ecológicas (*P27*)		
	Totalmente a favor	613
	A favor em parte	29
	Indiferente	4
	Em parte contra	1
	Totalmente contra	1

continua

Variável	Avaliação	Frequência
Compreensão das perguntas (*P29*)		
	De fácil compreensão	556
	De difícil compreensão	69
	Não sabe	5
Parcela do valor econômico *DAPp* (*P11b*)		224
	Valor de existência	31
	Valor de opção	143
	Valor de uso	50
Parcela do valor econômico *DAPm* (*P13a*)		203
	Valor de existência	28
	Valor de opção	125
	Valor de uso	50

As distribuições de frequência apresentadas na tabela 6 referem-se apenas aos casos válidos, ou seja, não consideram os registros sem resposta (*missing values*).

Merece destaque apenas o fato de a maioria dos entrevistados apresentar respostas pessoais positivas em relação a suas preocupações com a ecologia e questões ambientais. Com relação à posição do governo, a maioria acha que o governo não se preocupa adequadamente com o meio ambiente. Com relação à variável de entendimento do questionário, a maioria absoluta revela tê-lo achado de fácil compreensão.

A tabela 7 apresenta os coeficientes de correlação estatística entre as variáveis dependentes (*DAPp* e *DAPm*) e as possíveis variáveis explicativas ou independentes no modelo econométrico. O coeficiente de correlação estatística mede o grau de relacionamento ou dependência linear entre duas variáveis, estando seu valor compreendido entre −1 e 1. O sinal do coeficiente indica a direção do relacionamento entre as variáveis analisadas, ou seja, quando positivo, indica que uma variável aumenta quando a outra variável aumenta, o coeficiente negativo indica se uma variável diminui quando a outra aumenta. Um coeficiente de correlação igual a zero indica que não existe relação linear entre as variáveis analisadas, o que não quer dizer que as variáveis sejam estatisticamente independentes, pois outro tipo de relação não linear pode existir entre as variáveis analisadas. Por outro lado, um coeficiente de correlação próximo a 1 indica uma forte relação linear entre as variáveis.

Tabela 7
Coeficientes de correlação com a DAP

Variável	Tipo da DAP	
	Morro do Diabo (*DAPp*)	Mata Atlântica (*DAPm*)
Idade1	− 0,1887*	− 0,1912*
Sexo	− 0,0002	0,0085
Escola	0,0964**	0,0463
RendaR	0,1307*	0,1100**
Chefe	− 0,1500*	− 0,1195*
P15	− 0,1341*	− 0,0735
P16	0,0299	0,0259
P17	− 0,0607	− 0,0066
P18	− 0,0865	− 0,0597
P27	− 0,0059	− 0,0339
P29	− 0,0304	− 0,0119

Obs.: Correlação estatística entre *DAPp* e *DAPm*: 0,5582*.
* Significativa a 1%.
** Significativa a 5%.

Observa-se na tabela 7 que algumas variáveis explicativas das DAPs possivelmente serão aquelas de maior grau de correlação e aquelas significativas estatisticamente (*Idade1*, *Escola*, *RendaR*, *Chefe* e *P15*), admitindo-se a forma funcional padrão (linear) para o modelo econométrico.

A tabela 8 apresenta os coeficientes de correlação estatística entre as possíveis variáveis explicativas das DAPs. O objetivo é obter uma indicação de variáveis explicativas redundantes, e ainda evitar possíveis problemas de multicolinearidade na estimação econométrica. São exibidos apenas os coeficientes de correlação estatisticamente significativos até 5%.

Os resultados obtidos na tabela 8 indicam que apenas algumas variáveis têm alta relação linear (em negrito) entre si. Esses valores sugerem que as variáveis *P15* e *P18* são altamente correlacionadas, um resultado esperado devido à semelhança entre as perguntas. As variáveis socioeconômicas apresentam alguma correlação linear entre si, o que sugere que dificilmente todas serão usadas ao mesmo tempo para explicar as DAPs.

Economia ambiental

Tabela 8
Coeficientes de correlação entre variáveis explicativas das DAPs

Variável 1	Variável 2	Coeficiente
Idade1	*Escola*	**− 0,3951***
	Chefe	**0,4132****
	P29	0,0898*
Sexo	*RendaR*	− 0,1367*
	Chefe	**− 0,4010***
	P17	0,0958**
	P18	0,0991**
Escola	*RendaR*	**0,4505***
	Chefe	− 0,1288*
	P15	− 0,1561*
	P17	− 0,0810**
	P18	− 0,1066*
	P29	− 0,1975*
RendaR	*P15*	− 0,1643*
	P16	0,1058*
	P29	− 0,1471*
P15	*P16*	− 0,2308*
	P17	0,1838*
	P18	**0,5690***
	P27	0,0985**
	P29	0,2002*
P16	*P18*	− 0,2646*
	P27	− 0,2496*
	P29	− 0,0993**
P17	*P18*	0,1756*
P18	*Chefe*	− 0,0787**
	P27	0,1531*
	P29	0,1763*
P27	*P29*	0,0873**

* Significativa a 1%.
** Significativa a 5%.

Regressões

A seguir apresentamos os exercícios econométricos para estimativas das DAPs tanto do parque (*DAPp*) como de toda a Mata Atlântica (*DAPm*).

Regressões para estimação da DAPp

A partir da análise das respostas para a questão *P12*, que estabelece as razões para o não pagamento de qualquer valor não nulo para a *DAPp*, foram retirados da

Estimativas da disposição a pagar para conservação • **67**

amostra aqueles indivíduos que declararam motivos diferentes de restrição financeira como a principal razão para estabelecer disposição a pagar nula para a preservação do Parque Estadual do Morro do Diabo. Nesse caso, acredita-se que os indivíduos agiram em protesto contra as atitudes do governo em relação à preservação do meio ambiente ou apenas posicionaram-se contra um aumento de impostos.[27] No total identificamos 249 votos de protesto e, assim, a amostra final ficou reduzida a 397 observações.[28] Mesmo com esta depuração ainda restaram 173 valores nulos de *DAPp* que refletem realmente uma decisão econômica de não atribuir um ganho de bem-estar (e, em alguns casos, uma perda) com o Parque do Diabo.

Conforme mostra a tabela 9, a incidência do voto de protesto por classe de renda é muito próxima da distribuição da amostra inicial. Ou seja, a amostra sem protesto mantém a mesma distribuição da amostra inicial e, portanto, garantindo sua confiabilidade.

Tabela 9
Distribuição por classe de renda dos dados amostrais

Categoria	Amostra com protesto	Amostra sem protesto para parque	Amostra sem protesto para mata
Renda de zero a 200	53 (8%)	42 (11%)	38 (10%)
Renda de 200 a 400	128 (20%)	91 (23%)	86 (23%)
Renda de 400 a 1.000	211 (34%)	131 (33%)	121 (33%)
Renda de 1.000 a 2.000	141 (23%)	81 (21%)	73 (20%)
Renda de 2.000 a 4.000	69 (11%)	39 (10%)	39 (11%)
Renda maior que 4.000	22 (4%)	8 (2%)	7 (2%)
Renda igual a zero	2 (0%)	2 (1%)	2 (1%)
Total	626 (100%)	394 (100%)	366 (100%)

[27] Dessa forma, criou-se a variável *Protesto* com valor inicial (0) e que recebeu o valor (1) quando a variável *P12a* tinha um dos seguintes códigos: 10, 11, 12, 13, 14, 40, 41, 50, 51, 52, 60, 61, 90, 91.

[28] Na tabela 9 o número final de observações que foi utilizado pode ser um pouco menor por conta de *missing values* em algumas das variáveis.

68 • Economia ambiental

Conforme descrito na seção anterior, o modelo econométrico adequado para a estimação de equações onde a variável dependente é limitada (nesse caso a DAP é inferiormente limitada a zero) é o modelo Tobit. Inicialmente, estima-se um modelo completo utilizando todas as possíveis variáveis independentes:

$$DAPp = f\ (Idade1,\ Sexo,\ Escola,\ RendaR,\ P15,\ P16,\ P17,\ P18,\ P27,\ P29,\ Chefe,$$
$$dummyVE,\ dummyVU)$$

A tabela 10 apresenta os resultados obtidos na estimação econométrica inicial. Embora o coeficiente de ajuste, R^2, seja baixo, em torno de 8%, os resultados de significância estatística das variáveis explicativas foram muito bons. Estes resultados sugerem que as variáveis *Idade1, Escola, RendaR, P15* e *as dummies VE* e *VU* são estatisticamente significativas e com sinal esperado e, portanto, permanecerão no modelo final.

O resultado do modelo final é apresentado na tabela 11. As *dummies VE* e *VU* e a variável *Idade1* continuam significativas e o melhor resultado foi obtido com a exclusão da variável *Escola* e a permanência da variável *RendaR* no modelo final. Pelo mesmo motivo, a variável *Chefe* foi descartada do modelo final, pois, devido ao alto grau de correlação linear com a variável *Idade1* (0,41), apresentou coeficiente pouco significativo no modelo final. O mesmo aconteceu com as variáveis *P15* e *P18*, que são estatisticamente correlacionadas entre si e esta última apresentou melhor poder de explicação da *DAPp*. Finalmente, as outras variáveis socioeconômicas e de avaliação também foram excluídas por apresentarem baixo poder de explicação da *DAPp*. Entre estas, cabe destacar as variáveis *P27* e *P29*, cujos coeficientes não significativos sugerem que o posicionamento do entrevistado em relação à criação de reservas ecológicas, bem como sua compreensão do questionário, não influenciaram na disposição a pagar para a preservação do Pemd.

Os sinais dos coeficientes estão de acordo com o esperado: entrevistados mais novos, de maior renda e que se preocupam com a preservação do meio ambiente tendem a pagar uma *DAPp* maior.

Observando os coeficientes das *dummies VE* e *VU*, nota-se que ambos são significativos, mas a *DAPp* aumenta mais quando o respondente tem como motivo principal o *VU* e não o *VE*. Ou seja, o entrevistado não conseguiu dissociar as parcelas de *VE* e *VU* e, assim, ambas determinaram sua decisão. Logo os resultados aqui estimados irão representar tanto *VE* como *VU* e, assim, aproximam-se de um valor total econômico.

Tabela 10
DAPp modelo completo (sem protesto)

Variável explicativa	*DAPp*		
	Coeficiente	$P > \lvert t \rvert$	Estatística T
Idade1	−0,05770*	0,028	−2,207
Sexo	0,25658	0,691	0,398
Escola	0,40627*	0,027	2,226
RendaR	0,00131*	0,000	3,848
P15	−1,14505**	0,063	−1,867
P16	0,06026	0,893	0,134
P17	0,08753	0,875	0,157
P18	−0,64452	0,326	−0,983
P27	0,64674	0,622	0,493
P29	−0,50889	0,546	−0,604
Chefe	−1,25868	0,104	−1,630
DummyVE	4,71482*	0,000	4,333
DummyVU	5,69674*	0,000	6,469
Constante	0,46602	0,904	0,121
Observações	373		
Pseudo R^2	0,0891		
Loglikelihood	−742,4362		

Obs.: Variável dependente: *DAPp*
* Significativa a 1%.
** Significativa a 10%.

Tabela 11
DAPp modelo final (sem protesto)

Variável explicativa	*DAPp*		
	Coeficiente	$P > \lvert t \rvert$	Estatística T
Idade1	−0,11220*	0,000	−5,404
RendaR	0,001672*	0,000	5,667
P18	−1,24377*	0,018	−2,383
DummyVE	4,58061*	0,000	4,362
DummyVU	5,59355*	0,000	6,476
Constante	3,58996*	0,003	3,032
Observações	391		
Pseudo R^2	0,0826		
Loglikelihood	−780,3129		

Obs.: Variável dependente: *DAPp*.
* Significativa a 1%.
** Significativa a 10%.

Regressões para estimação da DAPm

O valor associado à Mata Atlântica como um todo foi questionado como uma adição ao valor *DAPp*. Assim, além dos votos de protesto retirados para a *DAPp*, a partir da mesma análise das respostas para a questão *P14*, que estabelece as razões para o não pagamento de qualquer valor não nulo para a *DAPm*, também foram retirados da amostra aqueles indivíduos que declararam motivos diferentes de restrição financeira como a principal razão para estabelecer disposição a pagar nula para a preservação de toda a Mata Atlântica. No total, combinando as duas triagens, identificamos 277 votos de protesto e, assim, a amostra final ficou reduzida a 369 observações. Mesmo com esta depuração ainda restaram 177 valores nulos de *DAPm* que refletem realmente uma decisão econômica de não atribuir um ganho de bem-estar (e, em alguns casos, uma perda) com a preservação de toda a floresta do estado.

Os mesmos modelos econométricos de *DAPp* foram usados para estimar os coeficientes das variáveis explicativas da *DAPm*.

Todavia, como o valor associado à Mata Atlântica como um todo foi questionado como uma adição ao valor *DAPp*, então na estimação da *DAPm* incluiu-se a *DAPp* como variável explicativa da *DAPm* para testar sua ancoragem do valor da *DAPm*. O modelo completo seria:

$$DAPm = f(DAPp, Idade1, Sexo, Escola, RendaR, P15, P16, P17, P18, P27, P29, Chefe, dummyVEm, dummyVUm)$$

Os resultados dos modelos completo e final são apresentados, respectivamente, nas tabelas 12 e 13.

Tabela 12
DAPm modelo completo (sem protesto)

Variável explicativa	DAPm		
	Coeficiente	$P > \lvert t \rvert$	Estatística T
DAPp	0,63092*	0,000	12,624
Idade1	− 0,05122*	0,007	− 2,737
Sexo	0,14590	0,741	0,330
Escola	0,28396**	0,026	2,242
RendaR	0,00057**	0,013	2,502
P15	− 0,20398	0,635	− 0,476
P16	0,47692	0,147	1,452

continua

Variável explicativa	DAPm		
	Coeficiente	$P > \lvert t \rvert$	Estatística T
P17	0,10985	0,779	0,280
P18	−0,15987	0,733	−0,341
P27	−0,56896	0,545	−0,606
P29	−0,11643	0,837	−0,206
Chefe	−0,58975	0,261	−1,127
DummyVEm	2,33929*	0,001	3,272
DummyVUm	2,06422*	0,001	3,284
Constante	−3,21085	0,245	−1,163
Observações	349		
Pseudo R^2	0,1901		
Loglikelihood	−554,2763		

Obs.: Variável dependente: *DAPm*.
* Significativa a 1%.
** Significativa a 10%.

Tabela 13
DAPm modelo final (sem protesto)

Variável explicativa	DAPm		
	Coeficiente	$P > \lvert t \rvert$	Estatística T
DAPp	0,63249*	0,000	12,953
Idade1	−0,07300*	0,000	−4,965
RendaR	0,00084*	0,000	4,173
DummyVEm	2,40890*	0,001	3,427
DummyVUm	1,96779*	0,001	3,236
Constante	0,02790	0,965	−0,044
Observações	365		
Pseudo R^2	0,1801		
Loglikelihood	−585,8919		

Obs.: Variável dependente: *DAPm*.
* Significativa a 1%.
** Significativa a 10%.

Não foi surpresa o fato de as mesmas variáveis independentes que melhor explicam a *DAPp* também apresentarem os coeficientes estatisticamente significativos para a explicação da *DAPm*, à exceção da variável *P18*. Pelo mesmo motivo os sinais dos coeficientes também são iguais. Deve-se observar o alto grau de significância da variável explicativa *DAPp*, o que caracteriza uma ancoragem no valor estabelecido para a *DAPm* pelos entrevistados. Isso significa que as pessoas declararam valores para a disposição a pagar pela preservação da Mata Atlântica

72 • Economia ambiental

tendo como referência o valor que elas declararam como suas disposições a pagar pela preservação do Pemd.

Outra variação esperada foi em relação à magnitude das *dummies VE* e *VU*. Note que para *DAPm* o coeficiente de *VEm* é maior que para *VUm*. Teoricamente esta inversão faz sentido, dado que a floresta como um todo teria mais utilidade pela sua existência do que para uso.[29]

Conclusão

As DAPs médias individuais mensais, ou disposição a pagar para a conservação do Parque Estadual do Morro do Diabo e da Mata Atlântica, foram calculadas a partir dos coeficientes dos modelos finais de *DAPp* e *DAPm* (ou tabelas 11 e 13), respectivamente. Note que a *DAP* final para toda a floresta seria a soma de *DAPp* e *DAPm*, já que *DAPm* é adicional a *DAPp*.

Também apresentamos estimativas não paramétricas de ambas as DAPs, isto é, medidas de tendência central (média) das variáveis *DAPp* e *DAPm*.[30]

Dada a existência de um número elevado de DAPs nulas, as estimativas foram também realizadas para cinco faixas de renda.

Todos estes resultados são apresentados na tabela 14. Note que em todos os casos as estimativas não paramétricas apresentam um desvio-padrão maior que a média indicando que estatisticamente estes valores, com grau de confiança de 95%, poderiam também ser nulos. Por exemplo, a *DAPp* para todas as faixas de renda tem média 2,58 e desvio de 4,43 e, portanto, o valor desta DAP varia entre −1,85 e 7,01.

Com os modelos econométricos conseguimos controlar as estimativas pelos fatores que a influenciam e, assim, estimar que valor neste intervalo se aproxima do valor verdadeiro.

Observe na tabela 14 que a estimativa da *DAPp* para toda a amostra final é bastante baixa, de R$ 0,19/mês. Retirando sucessivamente as faixas de renda mais baixas observa-se que os valores de *DAPp* crescem. Isto confirma que o valor de preservação do parque está fortemente associado à capacidade de pagamento da população.

---

[29] O mesmo ocorreu quando se trocou *VU* por *VO*. Ou seja, o respondente não separou parte do todo e todas as parcelas de valor induziram seu pagamento.
[30] Note que os valores da mediana seriam zero dada a alta frequência de valores nulos para as DAPs.

Já a *DAPm* de R$ 0,08 adicional para a Mata Atlântica, considerando toda amostra, é metade da *DAPp,* o que sugere um pequeno ganho de bem-estar ao se ampliar a preservação para toda a floresta. No total a DAP mensal e individual de toda a Mata Atlântica seria de R$ 0,27. Quando se restringem as faixas de renda, observa-se que as *DAPm* são igualmente crescentes com o nível de renda.

Tabela 14
Resumo das estimativas de *DAPs* (R$/mês)

Variável	Faixa de renda	DAP*
DAPp não paramétrica	Todas as faixas	2,58 (4,43)
	>200	2,70 (4,50)
	>400	3,04 (4,71)
	>1.000	4,14 (5,60)
	>2.000	5,84 (6,77)
	>4.000	5,37 (8,33)
DAPm não paramétrica	Todas as faixas	1,98 (3,72)
	>200	2,13 (3,88)
	>400	2,51 (4,27)
	>1.000	3,29 (5,14)
	>2.000	4,94 (6,25)
	>4.000	5,50 (8,68)
DAPp + DAPm não paramétrica	Todas as faixas	4,56
	>200	4,83
	>400	5,55
	>1.000	7,43
	>2.000	10,78
	>4.000	10,87
DAPp paramétrica	Todas as faixas	0,19
	>200	0,48
	>400	1,10
	>1.000	2,72
	>2.000	4,50
	>4.000	6,30
DAPm paramétrica	Todas as faixas	0,08
	>200	0,34
	>400	0,89
	>1.000	2,23
	>2.000	4,45
	>4.000	5,63
DAPp + DAPm paramétrica	Todas as faixas	0,27
	>200	0,82
	>400	1,98
	>1.000	4,95
	>2.000	8,94
	>4.000	11,94

* Desvio-padrão das estimativas não paramétricas entre parênteses.

O valor de existência está relacionado ao estoque mínimo crítico que os indivíduos consideram necessário à existência de um bioma ou espécie e não ao fluxo de bens e serviços ambientais que determinam os valores de uso. Logo *VE* seria decrescente com o tamanho da área preservada ou cresceria menos'que proporcional a esta área. Note que os valores de *DAPm* são sempre inferiores aos de *DAPp* mesmo sabendo que a área da Mata é 50 vezes maior que a do parque. Isto seria esperado posto que mostramos que *VE* comanda mais a valoração de *DAPm* que de *DAPp* e, portanto, o aumento da DAP é proporcionalmente menor que o da área preservada.

Por último, vale assinalar que os valores médios não paramétricos de *DAPp*, excetuando os relativos a todas as classes de renda, são, em geral, 50% menores que os das estimativas paramétricas, e os da *DAPm*, ao contrário, são 50% maiores. O total da estimativa DAP para toda a Mata Atlântica (*DAPp* + *DAPm*) acaba, assim, sendo muito próxima nos dois modelos, considerando-se o desvio-padrão das *DAPs* não paramétricas.

Concluindo, as estimativas aqui apresentadas indicam que:

- o questionário capturou tanto valores de uso como de existência nos dois casos do Parque do Diabo e de toda a Mata Atlântica;
- os resultados mostraram, todavia, consistência com as correlações entre as DAPs e as variáveis socioeconômicas e de percepção;
- o grau de entendimento do questionário não afetou os valores estimados;
- a alta frequência de valores nulos se deveu a votos de protestos e à capacidade de pagamento da população;
- o efeito da capacidade de pagamento é dominante, pois, mesmo retirando os votos de protesto da amostra, as estimativas médias de DAP se apresentam próximas a zero ou mesmo negativas.

Entretanto, estas estimativas de DAP são crescentes com o nível de renda.

Destas observações temos que assinalar que a retirada de grande número de votos de protesto coloca em risco a representatividade da amostra. Já a mescla de *VE* e *VU* é muito difícil de evitar e sua minimização depende de uma eficiente descrição do objeto e motivo da pesquisa, inclusive na formulação da questão que indaga a DAP. O único problema da mescla é o de não garantir que todos os tipos de *VU* estão incluídos, dado que a inclusão fica muito influenciada pela percepção de cada respondente. Contudo, o questionário não pretendia necessariamente captar esta parcela. Assim sendo, estes valores de DAP seriam subestimativas do valor total econômico.

Instrumentos econômicos

Conhecer o valor econômico dos recursos ambientais e determinar sua ordem de prioridade não é suficiente para uma política ambiental. Há que se identificar os instrumentos que irão ser utilizados para se atingir os objetivos ambientais priorizados. Este capítulo discute o uso de instrumentos econômicos (IEs) que podem ser adotados para este fim.[31] Nas seções seguintes abordamos aspectos teóricos e práticos na aplicação dos instrumentos econômicos ambientais, as experiências brasileiras já existentes e as orientações para futuras iniciativas neste campo. À luz destes preceitos, analisamos, em seguida, exemplos e discutimos as recentes iniciativas no Brasil.

Para uma análise técnica mais detalhada da parte teórica e aplicações específicas no caso do uso da água e de controle de resíduos sólidos remetemos o leitor para os estudos de casos 3 e 4, respectivamente. Para os conceitos econômicos aqui utilizados, ver o capítulo "Fundamentos e conceitos microeconômicos".

A natureza do IE[32]

O uso dos recursos ambientais gera custos externos negativos intra e intertemporais. Dadas as dificuldades técnica e institucional de definir direitos de propriedade entre contemporâneos e gerações presentes e passadas, o uso desses

---

[31] Este capítulo está parcialmente baseado em Seroa da Motta (1998b), Seroa da Motta, Oliveira e Margulis (2000) e Seroa da Motta (2001).
[32] Ver textos seminais deste tema em Baumol e Oates (1988).

76 • Economia ambiental

recursos não considera essas externalidades. Dessa forma, os preços de mercado ou os custos de uso desses recursos ambientais não refletem seu valor econômico (ou social).

No caso da política ambiental, por exemplo, o usuário de um recurso, diante do novo preço do recurso ambiental, decide o seu novo nível individual de uso *vis-à-vis* os custos em que ele vier a incorrer, associados a este preço. Ou seja, se partindo de uma situação de equilíbrio é realizada uma alteração no preço, o usuário se depara com uma nova situação, e então ele decide quanto aumenta ou reduz sua utilização do recurso, condicionado à variação no seu custo, decorrente desta variação no preço.

Os instrumentos econômicos atuam, justamente, no sentido de alterar o preço (custo) de utilização de um recurso, internalizando as externalidades e, portanto, afetando seu nível de utilização (demanda). Os instrumentos de controle (IC), usualmente adotados nas políticas ambientais, são, na maioria das vezes, orientados por relações tecnológicas, padrões e processos, e impostos de forma pouco flexível a todos os usuários e, por vezes, sem diferenciação espacial. Ou seja, os ICs não consideram, explicitamente, os custos individuais de cada usuário. Este tipo de instrumento geralmente impõe níveis máximos de poluentes ou de utilização a serem atingidos, penalizando quem os ultrapassa.

Desta forma, os agentes econômicos com estruturas de custo completamente diferentes acabam recebendo o mesmo tratamento. Além disso, a sua aplicação prática é difícil, pois exige um alto grau de conhecimento técnico para a fiscalização que, por vezes, se torna muito custosa para os órgãos responsáveis.

Os IEs são mais flexíveis porque incentivam maior redução do nível de uso daqueles usuários que enfrentam custos menores para realizar estas reduções. Isto, consequentemente, tornará menor o custo total de controle para a sociedade. Além disso, incentiva a inovação tecnológica que reduza o custo de uso ou de poluição a ser pago pelo usuário/poluidor.

A natureza do IE pode assumir várias formas. No quadro 5, apresentamos uma taxinomia destas formas variando de IEs menos flexíveis e mais orientados para controle para aqueles mais flexíveis e, portanto, mais orientados para o mercado. Observe que, além disso, os IEs mais orientados para o mercado se dividem naqueles com base em precificações e nos que criam mercados de direitos.

Instrumentos econômicos • 77

Quadro 5
Mecanismos de gestão ambiental que incorporam incentivos econômicos

← ORIENTADOS PARA O CONTROLE →				
	← ORIENTADOS PARA O MERCADO →			
			← ORIENTADOS PARA O LITÍGIO →	
Regulamentos e sanções	Precificação: taxas, impostos e cobranças	Criação de mercado de direitos	Intervenção de demanda final	Legislação de responsabilização
Exemplos específicos				
❑ Padrões de emissões. ❑ Licenciamento para atividades econômicas e relatório de impacto ambiental. ❑ Restrições ao uso do solo. ❑ Normas sobre o impacto da construção de estradas, oleodutos, portos ou redes de comunicações. ❑ Diretrizes ambientais para o traçado das vias urbanas. ❑ Multas sobre vazamentos em instalações de armazenagem situadas no porto ou em terra. ❑ Proibições aplicadas a substâncias consideradas inaceitáveis para os serviços de coleta de resíduos sólidos. ❑ Quotas de uso de água.	❑ Cobrança pelo uso ou degradação de um recurso natural. ❑ Tributos convencionais fixados sob ótica ambiental. ❑ *Royalties* e compensação financeira para a exploração de recursos naturais. ❑ Bônus de desempenho para padrões de construção. ❑ Impostos afetando as opções de transporte intermodal. ❑ Impostos para estimular a reutilização ou reciclagem de materiais. ❑ Cobrança por disposição de resíduos sólidos em aterro sanitário.	❑ Licenças comercializáveis para os direitos de captação de água, e para emissões poluidoras no ar e na água. ❑ Desapropriação para construção incluindo "valores ambientais". ❑ Direitos de propriedade ligados aos recursos potencialmente impactados pelo desenvolvimento urbano (florestas, solo, pesca artesanal). ❑ Sistemas de reembolso para resíduos sólidos de risco.	❑ Rotulação de produtos de consumo referente a substâncias problemáticas (p.ex., fosfatos em detergentes). ❑ Educação para a reciclagem e a reutilização. ❑ Legislação sobre divulgação, exigindo que os fabricantes publiquem a geração de resíduos sólidos, líquidos e tóxicos. ❑ Lista negra dos poluidores.	❑ Compensação de danos. ❑ Responsabilização legal por negligência dos gerentes de empresa e das autoridades ambientais. ❑ Bônus de desempenho de longo prazo para riscos possíveis ou incertos na construção de infraestrutura. ❑ Exigências de "Impacto Líquido Zero" para o traçado de rodovias, oleodutos ou direitos de passagem de serviços públicos, e passagens sobre água.

Fonte: Seroa da Motta, Ruitenbeek e Huber (1999).

Os IEs precificados

Quais seriam, então, os critérios para a formulação monetária do preço (precificação) de um recurso ambiental quando da aplicação de um IE, tal como, por exemplo, nas taxas de usos de recursos florestais ou de poluição?

Neste estudo adotamos uma conceituação para IEs na qual um preço econômico poderia ser generalizado em três tipos: preço da externalidade, preço de indução e preço de financiamento. Cada um gera um sobrepreço de cunho ambiental que deverá ser adicionado ao preço atual do recurso e, para tal, adotam critérios distintos.

❏ *Preço da externalidade*: adota o critério do nível ótimo econômico de uso do recurso quando externalidades negativas, como, por exemplo, os danos ambientais, são internalizadas no preço do recurso. Uma vez que este sobrepreço da externalidade é determinado e cobrado de cada usuário, os níveis de uso individual e agregado do recurso se alteram. Os novos níveis, desse modo, refletiriam uma otimização social deste uso porque agora os benefícios do uso são contrabalançados por todos os custos associados a ele, ou seja, cada usuário paga exatamente o dano gerado pelo seu uso. Este preço da externalidade é chamado na literatura econômica de imposto "pigouviano"[33] e para sua determinação precisamos identificar os custos externos negativos que, somados ao preço de mercado, representariam o preço social do recurso. Obviamente esta é uma tarefa que enfrenta inúmeros problemas de implementação associados à mensuração destes custos sociais e, de fato, nunca foi implementada na sua forma pura.[34]

❏ *Preço de indução*: na impossibilidade de adotar o preço da externalidade, aplica-se o critério de custo-efetividade no qual o novo preço do recurso é determinado para atingir um certo nível agregado de uso considerado política ou tecnicamente adequado. Ou seja, o nível agregado de uso não é determinado por otimização dos custos e benefícios econômicos do uso do recurso e sim

---

[33] Teoricamente, a taxa pigouviana seria o dano ambiental no ótimo econômico da poluição. Tal nomenclatura deve-se ao economista Arthur Cecil Pigou que o formulou pela primeira vez na década de 1920.

[34] Veja nas seções anteriores a discussão das dificuldades de valoração econômica ambiental.

exogenamente pela sociedade com base em parâmetros ecológicos politicamente avaliados. Assim sendo, um sobrepreço é determinado de tal forma que induza variações no uso individual que, no agregado, resulte no nível de uso desejado. Enquanto no preço da externalidade o nível agregado de uso resulta da determinação implicitamente do sobrepreço estimado pelos danos ambientais, nos preços de indução a determinação do sobrepreço depende do nível agregado que se deseja *a priori* atingir. Assim, sua determinação tem que ser baseada em simulações que identificam alterações do nível de uso individual diante das variações de preço do recurso. Ou seja, temos que conhecer as funções de demanda ou de custo de controle de cada usuário para, então, observarmos o impacto agregado resultante. Este é o princípio que reflete os objetivos de custo-efetividade.

❑ *Preço de financiamento*: adota o critério de nível ótimo de financiamento no qual o preço é determinado para atingir principalmente um certo nível de receita desejado. Assim, o preço de financiamento está associado a um nível de uso e orçamento predeterminado e não a um nível de qualidade ótimo ou permitido.[35] Este é o conceito que está presente na maioria das experiências com IEs, no Brasil e no mundo, mas seu objetivo de geração de receita não implica necessariamente o uso eficiente do recurso ambiental.

Embora os três tipos estejam associados ao "princípio do poluidor/usuário pagador",[36] eles são conceitual e monetariamente distintos. A adoção de uma ou outra natureza ou formulação de valor de um IE dependerá dos objetivos de política e das restrições legais e institucionais.

Criação de mercado de direitos

Na seção anterior procurou-se demonstrar que a precificação dos IEs não é trivial quando se deseja introduzir critérios econômicos de eficiência para a sua racionalização. Tendo em vista tal realidade, será importante analisarmos a criação de um mercado transacionável de direitos de uso ou poluição.

---

[35] Na literatura econômica este preço adotaria a "regra de Ramsey", assim denominada em associação ao seu primeiro proponente.

[36] Na sua concepção *ex ante* o usuário percebe o pagamento do dano antes do ato de uso. A sua formulação *ex post* está mais associada à reparação de danos via meios judiciais após seu uso ter gerado o dano.

80 • Economia ambiental

Nesses mercados são distribuídos ou vendidos direitos de uso ou poluição que no agregado não ultrapassem os níveis de uso ou de poluição desejados. Uma vez realizada esta alocação inicial, níveis de uso ou de poluição acima das cotas individuais teriam que ser obtidos por transações destes direitos entre os usuários/poluidores. Por exemplo, o usuário/poluidor que tenha um custo alto de controle terá um incentivo para comprar cotas daqueles com custos menores.

Note que é a ausência de (ou dificuldade de assinalar) direitos completos de propriedade dos recursos ambientais que torna seu uso menos eficiente. Caso a especificação dos direitos completos seja possível, uma negociação entre os usuários poderia ocorrer de forma que os usos de maior retorno (mais eficiente) seriam priorizados, ou seja, as trocas de direitos no mercado induziriam que os usuários de maior benefício de uso (ou menor custo) fossem aqueles que pagariam mais por estes direitos. Os termos da negociação seriam com base nos custos e benefícios percebidos pelas partes.

Para que um mercado de direitos, entretanto, se realize, será necessário que os direitos de propriedade sejam bem definidos e que haja um grande número de participantes comprando e vendendo com diferentes custos e benefícios. Por outro lado, um mercado assim – institucionalizado, diversificado e atomizado – requer um apoio institucional e legal mais sofisticado. Assim, há que se atentar para estes três principais condicionantes:

❑ *alocação inicial* – a alocação inicial destes direitos poderá ser realizada na proporção do nível atual de uso ou poluição[37] ou através de leilões que permitam a geração de receitas. No caso de leilão, cada usuário/poluidor pagaria pelas cotas de acordo com o valor destas para sua atividade. No caso da distribuição gratuita, haverá uma questão distributiva a ser enfrentada, dado que estes direitos seriam na verdade fonte de custos e benefícios dos seus titulares;

❑ *informação imperfeita* – o poder público e os usuários/poluidores não estariam perfeitamente informados sobre o nível de uso ou poluição do recurso e os seus custos. Assim, os custos de transação destes direitos seriam altamente elevados e o nível de transações seria mais baixo e, portanto, menos eficiente. Embora tal imperfeição possa ser amenizada valendo-se de mercados futuros, a administração de tal sistema é complexa para ser implementada de forma abrangente em regiões de grande extensão e com uma alta diversidade de usuários/poluidores;

---

[37] *Grandfather system.*

❑ *poder de mercado* – os usuários ou poluidores com poder concentrado de mercado tenderiam a manipular a compra de direitos para a criação de barreiras à entrada para concorrentes (ou competição regional) ou ainda para realizar arbitragens de preço visando a lucros anormais. Tais imperfeições podem ser amenizadas com limites de uso ou emissão por usuário ou restrição de transferências, embora sua administração seja também complexa ao exigir uma gama extensa de informações dos principais usuários.

O dividendo duplo

Conforme mencionado anteriormente, o principal objetivo da cobrança pelo uso dos recursos ambientais é o de alterar o custo de oportunidade do recurso de forma que seu uso atinja um nível ótimo. Ou seja, fixar um nível de atividade socialmente ótimo onde o benefício marginal privado líquido se iguale ao custo marginal causado pelas externalidades. Este tipo de cobrança é denominado de taxas "pigouvianas".

Pelas dificuldades já mencionadas, estas taxas não são aplicadas e em geral tenta-se alcançar níveis "aceitáveis" de degradação e os impostos "pigouvianos" são substituídos por cobranças que induzam os usuários a atender estes níveis "aceitáveis".

No caso dos objetivos de financiamento, o sobrepreço é definido para obter um nível de receita predeterminado. Ou seja, tributos orientados para fins de receita têm o objetivo de gerar recursos que contribuam para o financiamento de investimentos ou gastos ambientais, públicos ou privados, exigidos pela legislação.

A experiência internacional e também a brasileira indicam que, ainda que vinculados a objetivos ambientais, os instrumentos econômicos precificados mais comuns são os tributos com fins de financiamento. Isto ocorre porque a receita gerada oferece autonomia fiscal para a área ambiental, quase sempre relegada ao segundo plano, e financiamento subsidiado aos usuários para cumprimento da legislação. Além disto, o nível do sobrepreço necessário para induzir mudanças de comportamento (controle) por parte dos agentes tende a ser muito alto e, portanto, politicamente mais difícil de implementar. Como qualquer sobrepreço influencia o uso dos recursos, observa-se que mesmo estas experiências acabam por resultar numa redução de uso, mas este acaba sendo um efeito secundário.

Este objetivo de financiamento é também o mais próximo do caráter fiscal dos tributos. Todavia, a proposta de tributação ambiental aqui analisada caminha na direção de incentivos para a correção de externalidades, e não prioritariamente de um instrumento de financiamento. O objetivo é o de aumentar a eficiência econômica das políticas ambientais. Consequentemente, não se pretende tampouco avaliar os objetivos ambientais. Estes estão dados na legislação. O propósito da tributação ambiental sugerida é o de garantir que estes objetivos ambientais sejam atingidos ao menor custo econômico possível.

O princípio de tributação ambiental adotado seria, assim, o do critério de custo-efetividade no qual um sobrepreço incide sobre um recurso de modo que os indivíduos tomam suas decisões de tal forma que o uso agregado não ultrapasse o nível desejado e, consequentemente, do dano ambiental associado. Ou seja, o tributo cria um incentivo de preço do qual o somatório das alterações individuais resulta no nível de uso agregado desejado.

Note que, no caso de um tributo ambiental no critério custo-efetividade, o sobrepreço imposto é uma correção do custo de oportunidade do recurso ambiental e, portanto, se constitui no primeiro dividendo do tributo ambiental ao permitir uma redução da degradação ambiental.

Todavia, mesmo nestes casos, existirá uma receita resultante e esta é considerada como um bônus extra da tributação, pois poderá permitir a redução do esforço fiscal ao cobrir gastos antes realizados com recursos governamentais. Assim, a tributação ambiental, além de reduzir o custo social na consecução dos objetivos ambientais, tem sido também defendida como o modo mais eficiente de mudar a carga fiscal das "coisas boas", como o capital e o trabalho, para as "coisas más", como a poluição e a exaustão dos recursos naturais.

Como os tributos convencionais (por exemplo: sobre a renda, salários e vendas) tendem a distorcer o custo de oportunidade dos bens e fatores, por conseguinte, essas distorções reduzem a capacidade do mercado em maximizar o bem-estar social e o produto da economia seria subótimo. Logo a substituição de receitas destes tributos distorcidos pela resultante dos tributos ambientais geraria um segundo dividendo.

Dessa forma, uma reforma tributária na qual uma tributação ambiental é introduzida e suas receitas são utilizadas para financiar reduções nos outros tributos gera o chamado dividendo duplo. Neste caso, esta reciclagem fiscal permitiria um tributo ambiental de receita neutra que reduz a degradação ambiental e melhora a eficiência da economia ao reduzir a carga tributária distorcida.

Embora o primeiro dividendo seja inquestionável, a literatura econômica aponta incertezas sobre o segundo dividendo na medida em que a consecução do primeiro dividendo pode também gerar distorções.

O debate sobre o segundo dividendo discute como os tributos ambientais podem ser introduzidos a custo zero quando da presença de distorções preexistentes na economia. Por exemplo, se o nível de emprego é subótimo, dado à existência de tributos sobre o trabalho, o custo de controle ambiental será maior do que o diretamente estimado por setor.

Ou seja, mesmo que o tributo ambiental ajude a resolver um problema ambiental, ele poderá piorar as outras distorções de tributos preexistentes. Nestes casos, o nível do tributo ambiental teria que ser abaixo daquele nível pigouviano na medida exata das distorções preexistentes na economia para compensar a perda de produto gerada por estas distorções.[38]

Note que, se políticas de tributos ambientais de receita neutra são de custo zero, a reforma tributária ambiental é plenamente justificada do ponto de vista da eficiência e, para tal, basta garantir os benefícios ambientais e reciclar a receita fiscal na direção dos tributos ambientais.

Por outro lado, ao não garantir custos nulos, antes de poder recomendar-se uma troca de tributo ambiental em termos de eficiência, precisa-se mergulhar na árdua e incerta tarefa de comparar as distorções dos tributos ambientais diante do tributo reciclado.

Consequentemente, a imprecisão na estimação de um nível pigouviano de tributo associado à incerteza das distorções tributárias preexistentes indica que o chamado dividendo duplo é de difícil determinação e, portanto, a justificativa do tributo ambiental para aumento da eficiência do sistema tributário não é trivial. Dessa forma, o tributo ambiental deve ser justificado pelo seu aspecto custo--efetividade e, portanto, o seu primeiro dividendo.

Idealmente, a incidência deste tributo deve ser sobre a fonte do dano ambiental (tais como emissões de poluentes atmosféricos, lançamento de esgotos, número de árvores cortadas etc.), levando em conta também as características do meio que pressiona e das metas de qualidade ambiental que se deseja atingir neste meio ou região. Sua incidência assim deverá variar de acordo com a fonte de dano ambiental e o meio impactado.

Todavia, a mensuração da fonte degradadora pode ser complexa e custosa e, assim, utilizam-se como *proxies* um bem ou serviço associado ao impacto da

---

[38] Ver, por exemplo, para este debate Metcalf (2000), Parry et al. (1999), Bohm (1998), Fullerton (1997).

84 • Economia ambiental

fonte. Por exemplo, o nível de uso de fertilizantes para contaminação química da atividade agrícola nos corpos d'água, o de combustíveis para emissões atmosféricas etc. Obviamente, quanto mais estas *proxies* estiverem correlacionadas com o nível do dano, mais efetiva será a aplicação deste tributo.

Em suma, seja qual for a base adotada para a tributação, há que se esclarecer que não se está objetivando um tributo para fins de financiamento e sim para induzir mudanças de comportamento por parte dos agentes econômicos (ou seja, objetivos de incentivo e não de financiamento).

Isto de fato já ocorre em alguns países.[39] A importância deste dividendo duplo, conforme já discutido, cresce quanto mais distorcida for a carga fiscal reduzida por conta da receita da tributação ambiental. De qualquer forma, a discussão sobre o destino e rateio das receitas geradas é um fator extremamente importante nas questões tributárias e será adiante analisada.

Questões de implementação

A seguir analisamos algumas questões relativas à implementação de instrumentos econômicos.

Condições de aplicação

A legislação ambiental prevê dois tipos gerais de normas:

❑ *normas de emissão* – as que especificam procedimentos individuais dos agentes econômicos. Por exemplo, o nível de carga orgânica de um efluente industrial ou o nível de emissão de monóxido de carbono de um automóvel;
❑ *normas de qualidade ambiental* – as que identificam características do ambiente que devem ser asseguradas à sociedade. Por exemplo, as condições sanitárias dos corpos d'água ou níveis de concentração de poluentes na atmosfera.

No primeiro caso, se o agente econômico não atender a estas normas estará sujeito a diversas sanções, tais como:

❑ as administrativas, aplicadas pelo órgão ambiental, que podem ser simples advertências, multas e até mesmo interrupção da atividade geradora da degradação ambiental;

---

[39] Ver, por exemplo, Repetto (1996), além de Cansier e Krumm (1997).

❑ as penais, atualmente consolidadas na lei da natureza, que são aplicadas pelo Judiciário que as investe na categoria de crime ambiental, inclusive com pena de reclusão;

❑ as sanções compensatórias de ações cíveis, com o objetivo de ressarcir danos a terceiros.

Já as normas de qualidade ambiental, o segundo caso, dado que são relativas ao meio e não resultam de uma fonte específica, têm uma responsabilidade difusa; o seu não atendimento, portanto, não resulta em ações específicas a um determinado agente econômico. A legislação nestes casos coloca à disposição do órgão ambiental um poder discricionário para criar medidas restritivas temporárias de forma a garantir a qualidade ambiental exposta na lei. Exemplos clássicos são as restrições à circulação de automóveis ou imposições de turnos de produção nas indústrias em áreas onde estejam ocorrendo concentrações elevadas de contaminação atmosférica. Ou seja, são normas de meio ambiente orientadas para o agregado da degradação e não para uma fonte específica. Entretanto, na realidade, dado o seu alto custo político e econômico, estas normas são pouco aplicadas.

Um IE vai, assim, atuar no sentido de oferecer um instrumento de menor custo social para o atendimento das normas de qualidade ambiental que refletem as metas ambientais desejadas para a sociedade.

Assim sendo, um IE incidiria somente sobre as emissões legais. Se fosse possível abolir as normas de emissão, OE, poderia então incidir sobre todos os níveis de degradação de todas as fontes. Assim procedendo, estaríamos minimizando ainda mais os custos sociais de atendimento às normas ambientais.

A questão espacial e de competência

Se o IE objetiva atender uma norma de qualidade ambiental, sua aplicação terá que ser restrita a um meio, área geográfica, ou qualquer outra dimensão espacial desta norma.

Todavia, esta exclusividade de competência cria custos políticos restritivos. Por exemplo, suponhamos que três cidades do estado de São Paulo necessitem de uma ação na área de poluição automotiva devido à violação das normas mínimas de concentração de poluentes na atmosfera majoritariamente oriunda de automóveis. Um IE poderia ser aplicado, por exemplo, para tributar o uso de automóveis ou o consumo de gasolina nessas cidades.

Entretanto, em outras cidades do país, onde este problema fosse mais ameno e as normas ambientais atendidas, não se teriam as condições necessárias para aplicar a contribuição. Uma IE nacional seria, todavia, factível neste caso, pois ela seria aplicada com base no fato gerador da violação da norma ambiental que somente ocorre nestas cidades paulistas. Ou seja, a União teria a iniciativa para atuar nestas cidades que violam a norma ambiental.

Apesar de tecnicamente razoável, esta iniciativa se defrontaria com um problema político. Pode ser que uma das cidades quisesse a contribuição, mas as outras duas preferissem atuar de outra forma. O governo federal aí teria uma grande dificuldade em dar seguimento à sua iniciativa, dado o conflito de interesses estabelecido.

Por outro lado, definir níveis de cobrança ou quantidades espacialmente diferenciados resulta num esforço quantitativo muito significativo e a capacidade institucional e técnica de realizar tal tarefa deve ser cuidadosamente considerada.

A questão distributiva

Uma alegação bastante comum é que IEs desfavorecem os mais pobres que enfrentam maiores restrições de renda. Vale lembrar que, se a meta ambiental é para ser cumprida, convém que o instrumento que a concretize seja aquele que ofereça o menor custo de implementação. Logo a questão distributiva está em conflito com as metas ambientais e não com a tributação.

Já se mencionou também anteriormente que IEs oferecem oportunidades de agir distributivamente ao criarem isenções a certos grupos ou atividades entendidas como menos favorecidas. Esta é uma prática universal, tanto nos impostos como em certas tarifas (água e eletricidade, por exemplo).

Um IE pode também incidir sobre um produto cujo grupo social de seus consumidores seja muito difícil identificar com segurança. Neste caso, haveria que se desenhar medidas compensatórias, e seria nesta oportunidade que o destino das receitas geradas pela contribuição poderia ser muito importante.

Medidas compensatórias neste contexto significam restituir níveis de renda de certos grupos afetados. Nos casos onde estes grupos são de difícil identificação, as medidas têm que ser abrangentes. Uma delas, ocorrente em vários países, consiste em transferir as receitas tributárias resultantes para fundos governamentais de assistência aos menos favorecidos ou a programas de bem-estar que beneficiam esses grupos.

O destino e o rateio das receitas

Os critérios de rateio das receitas dos IEs são de extrema importância no caso brasileiro, principalmente por causa da tendência frequente de se vincular receitas fiscais. Isto é, para viabilizar politicamente um IE, os critérios de rateio tendem a beneficiar direta ou indiretamente os grupos afetados pela sua incidência. Por exemplo, a receita de um IE poderia ser destinada a um fundo de financiamento de investimentos de controle ambiental.

Considerando, todavia, a dimensão da questão distributiva brasileira, podemos acreditar que destinos sociais para as receitas fiscais tenham um apelo político igualmente poderoso e que isso poderia reverter esta tendência.

No caso do IE automotivo anteriormente exemplificado, poder-se-ia destinar a receita resultante a um fundo de transporte público que, além de mitigar o problema ambiental de que é alvo a contribuição, ainda favoreceria diretamente os mais pobres.

Já para outra contribuição com finalidade de, por exemplo, controlar a poluição atmosférica numa região na qual as fontes industriais sejam predominantes, a receita pode ser destinada a um fundo de financiamento de compra de equipamentos de controle ambiental ou, se a prioridade é o social, a fundos de assistência médica a doenças associadas a esta poluição na região onde incide a contribuição.

A questão da competitividade

É lugar-comum alegar que a competitividade da economia brasileira seria prejudicada caso se introduzam IEs ambientais. Mais uma vez, se a meta ambiental é para ser cumprida, convém que o instrumento utilizado seja aquele que ofereça o menor custo de implementação. Logo, a questão da competitividade, à semelhança da questão distributiva, está em conflito com as metas ambientais e não com o instrumento tributário.

Mais ainda, considerando-se as atuais tendências de se incorporar cada vez mais a variável ambiental nas questões de comércio internacional, a existência de IEs ambientais não só reduziria os custos de controle ambiental, como geraria adicionalmente uma imagem ambiental positiva para o país.

A questão dos subsídios

É comum também se propor que ao invés de tributos sobre usuários e poluidores, que acabam por onerar as atividades econômicas, dever-se-ia oferecer subsídios. Na verdade, no curto prazo, tanto os subsídios quanto os tributos induzem o alcance do mesmo objetivo ambiental. No entanto, existem dois problemas com os subsídios:

□ seu financiamento é formado de saques da arrecadação tributária total e, portanto, ou terminaria por impor aumentos na carga fiscal ou por reduzir gastos governamentais em outros setores. Dessa forma, seriam os contribuintes de outros tributos que pagariam a conta ambiental, independentemente de quanto contribuíram para o problema ambiental;
□ se no curto prazo a consecução de metas ambientais é indiferente quanto ao tributo ou subsídio, no longo prazo o subsídio, ao reduzir o custo privado de degradar, estimula justamente as atividades intensivas em uso de recursos ambientais (seja como insumo, consumo direto ou para lançamento de poluentes) e retarda o avanço tecnológico.

Em suma, os subsídios não parecem se aplicar como um instrumento duradouro, embora por questões estratégicas possam ser aplicados ocasional e temporariamente.

O uso dos instrumentos econômicos no Brasil

O quadro 6 resume os mais importantes instrumentos econômicos atualmente implementados ou em discussão no Brasil.

Como pode ser visto, o mais ambicioso e recente prevê a cobrança pelo uso da água com uma experiência federal em andamento na bacia do rio Paraíba do Sul onde, como previsto em lei, as quantidades de água derivada e usada para diluição de poluentes são cobradas junto com a concessão da outorga. Além da lei nacional, vários estados estão iniciando a regulamentação das suas leis similares estaduais.

Uma iniciativa de sucesso e com baixos custos de implementação tem sido a distribuição das receitas do ICMS com critérios adicionais de montante de área de conservação imobilizada pelo município. Estados como o Paraná, Tocantins, Minas Gerais e Rondônia, por exemplo, já estão bastante avançados na operacionalização deste instrumento.

As taxas de esgoto por conteúdo de carga orgânica são utilizadas nos estados de São Paulo e Rio de Janeiro, mas seu objetivo principal é o de recuperar os custos da oferta de serviços de esgoto.

A taxa florestal federal é muito baixa e seu objetivo é o de financiar o reflorestamento, mas tem apresentado eficácia muito baixa. No caso da taxa florestal de Minas Gerais, o objetivo era de financiar o serviço florestal[40] e, assim, seu poder tributário está limitado à geração de receitas. Todavia, seu sobrepreço foi ajustado de tal forma que acabou agindo na substituição de carvão vegetal na região.

Entretanto, as principais questões destas experiências são relacionadas à definição do valor da cobrança e na distribuição das receitas resultantes, principalmente no caso da cobrança da água.

Quadro 6
Aplicação de instrumentos econômicos no Brasil

Instrumentos	Situação atual	Objetivos	Principais problemas
Cobrança pelo uso da água em bacias hidrográficas por volume e conteúdo poluente		Cobrança (preço público) pelo uso da água para financiamento de bacias hidrográficas e indução do uso racional de recursos hídricos.	Inexistência de clareza nos critérios econômicos de cobrança: □ financiamento x indução □ articulação entre bacias
□ Rios federais	Cobrança federal aprovada no Congresso Nacional em janeiro de 1997 em fase de regulamentação e experimentação na bacia do rio Paraíba do Sul.		Conflito de jurisdição na gestão dos recursos arrecadados entre bacia e governo federal.
□ Rios estaduais (por exemplo: São Paulo, Tocantins, Minas Gerais, Paraná etc.)	Cobrança estadual ainda sem aplicação.		
Tarifa de esgoto industrial baseada no conteúdo de poluentes		Tarifa de esgoto por conteúdo de poluente para recuperação de custos de estações de tratamento de esgoto.	
□ Estado de São Paulo	Parcialmente implementada desde 1981.		SP – Definição de tarifa que evite as empresas optarem por tratamento e, assim, evitarem o pagamento da tarifa. Obrigação de descarga no sistema geral questionada judicialmente.

continua

---

[40] Sua criação enfrentou uma década de questionamento judicial por motivos de bitributação.

90 • Economia ambiental

Instrumentos	Situação atual	Objetivos	Principais problemas
❑ Estado do Rio de Janeiro	Implementada desde 1986.		RJ — Valor da tarifa muito baixo, sem receita expressiva.
Compensação financeira devido à exploração dos recursos naturais: ❑ geração hidrelétrica ❑ produção de óleo ❑ mineral (exceto óleo)	Totalmente implementada desde 1991.	Compensação não tributária, baseada em percentual fixo das receitas brutas destas atividades para compensar municípios e estados onde se realiza a produção e também as agências de regulação.	Incidência e alocação dos resultantes recursos não obedecem qualquer critério ambiental objetivo.
Compensação fiscal por áreas de preservação: vários estados (por exemplo: Paraná, Tocantins, Minas Gerais, Rondônia etc.).	Implementada inicialmente em 1992 no Paraná.	Instrumento de rateio de um percentual de receita do ICMS para compensar municípios de acordo com as restrições de uso do solo em áreas de mananciais e de preservação florestal.	Critério de definição do percentual nem sempre obedece uma avaliação das medidas compensatórias ne- cessárias *versus* os objetivos ambientais. Difícil fiscalização de cumprimento dos parâmetros e de acompanhamento siste- mático dos resultados.
Taxas florestais ❑ Fundo Federal de Reposição Florestal pago por usuários sem atividades de reflorestamento.	Implementada desde 1973.	Pagamento de taxa federal de acordo com volume de uso de recursos florestais para financiar projetos de reflorestamento público.	Federal — Valor sem qualquer objetividade ambiental e ausência de acompanhamento sistemático da aplicação dos recursos.
❑ Taxa de serviço florestal em Minas Gerais paga por usuários de produtos florestais.	Parcialmente implementada desde 1968.	Pagamento de taxa estadual de acordo com volume de uso para financiar atividades do serviço florestal do estado.	MG — Dificuldades legais para utilizar os instrumentos para fins de indução de uso.

Além destes instrumentos apresentados no quadro acima, vale mencionar o papel das agências financeiras e de fomento governamentais (Basa, Banco do Brasil etc.) que só concedem créditos a empresas regularizadas junto aos órgãos ambientais. No caso dos empréstimos agrícolas existe, inclusive, a exigência de comprovação de averbação das reservas legais das propriedades beneficiadas.[41]

---

[41] Esta foi uma iniciativa do Protocolo Verde.

Iniciativas recentes

A seguir discutimos exemplos internacionais e recentes iniciativas brasileiras de instrumentos econômicos para recursos hídricos e recursos florestais.

A nova lei brasileira de recursos hídricos

Embora a Lei nº 9.433, da Política Nacional de Recursos Hídricos, introduza a cobrança pelo uso da água, sua implementação ainda requer um maior debate e aprimoramento. A seguir discutimos alguns desses aspectos.

Descentralização

Embora no Brasil a Lei de Recursos Hídricos adote exatamente os princípios franceses de gestão por bacia, no caso brasileiro, diferentemente do que ocorre na França, os comitês de bacia são criados espontaneamente por seus usuários[42] e a cobrança é facultativa à decisão dos comitês. A cobrança é um ato "condominial" e não impositivo. Do ponto de vista legal constituiu-se em uma opção para evitar a caracterização da cobrança como um tributo (imposto ou taxa) que requereria uma lei complementar específica e, portanto, um processo político muito mais difícil. A cobrança como tributo exigiria também uma apropriação pelo Tesouro e tramitação orçamentária que se tenta evitar para garantir autonomia de gestão.

Entretanto, esta autonomia parece ameaçada com a criação da Agência Nacional de Água (ANA). Diferentemente das outras concessões de bens públicos, por exemplo, energia elétrica e telecomunicações, no caso da água a regulamentação da nova lei prevê poderes de arrecadação para a agência em detrimento dos comitês de bacias. Esta restrição exclusiva para a água deverá afetar sensivelmente o espírito descentralizador da nova lei.

Interdependência

Nem todas as bacias e sub-bacias tentarão organizar seus comitês, pois o custo de organização de um comitê e sua gestão eficiente podem exigir gastos

---

[42] Desde que atendam aos critérios de representatividade. Para uma análise detalhada desta legislação e de outras similares internacionais, ver Seroa da Motta et al. (2004).

individuais acima dos benefícios esperados por usuário da bacia, principalmente no caso de informação imperfeita em virtude dos baixos níveis de renda.

Esta é uma questão realmente séria que parece pouco apreciada na regulamentação da lei e da ANA e refere-se às externalidades entre bacias e sub-bacias a serem consideradas na precificação. Esse fato somente não ocorreria se admitirmos que as sub-bacias, ou seus trechos, que não organizam comitês não têm conflitos ou não são afetadas por outras.

Para evitar este problema, poder-se-ia instituir uma cobrança impositiva federal com uma outra local ou adicional por decisão dos comitês de usuários, tudo gerido por um sistema descentralizado (por bacias, por exemplo) de gestão, coleta da cobrança e de aplicação dos recursos arrecadados orientados por planos federais e locais de gestão por um certo prazo de anos. O domínio das bacias em estaduais ou federais perderia assim sua importância. Na ausência de comitês a cobrança federal valeria e seria exercida pelo poder público.

Cobrança pela outorga

No projeto de regulamentação existe a proposta de que a cobrança dos usos será realizada de acordo com o volume da concessão de outorga. Enquanto este procedimento parece eficiente nos usos quantitativos, pode apresentar problemas nos usos qualitativos. A cobrança do uso por diluição (poluição), através da quantidade de água necessária para este fim (volume para diluir a descarga licenciada), descaracteriza as condições ambientais deste uso. Não é somente o volume que importa na diluição, mas, também, as características físico-químicas da descarga.

Outro problema está na contabilidade do uso total que limita a concessão de outorgas. Uso para diluição depende da capacidade de assimilação e água bruta tomada difere em qualidade. Logo, usos distintos não podem ser comparados igualmente.

Se a capacidade de assimilação é considerada por volume, a gestão de recursos hídricos perde totalmente sua característica ambiental. Mais ainda, alguns usos de água bruta que demandam características de qualidade inferiores não poderão ser realizados, sem que com isso haja algum ganho de melhora ambiental. Ou seja, a proposta de vinculação total da cobrança à outorga parece atraente do ponto de vista gerencial, mas, na verdade, não apresenta qualquer objetivo ambiental. Sua essência deve-se à tradição de cobrança do setor elétrico que permeia toda a proposta de regulamentação, na qual a água é tratada como um insumo homogêneo de uso qualitativamente uniforme. Sendo assim, a nova lei de recursos hídricos talvez não consiga imprimir critérios ambientais na sua política de cobrança.

Capacidade institucional

O sistema concebido na Lei nº 9.443 oferece, entretanto, a possibilidade de um processo gradual que permita a formação de competência. Entretanto, essa competência terá que compreender as perdas de eficiência que um sistema descentralizado impõe e que, mesmo em níveis mais modestos, o esforço institucional não é trivial e requer, antes de tudo, capacidade técnica de compreensão das questões econômicas, e não de infraestrutura de engenharia, relativas aos usos de recursos hídricos e uma mudança radical na concepção econômica da água como bem ambiental.

Recursos florestais

Para os recursos florestais vamos apresentar brevemente uma iniciativa nacional de reserva legal transacionável.

Discute-se atualmente no Congresso Nacional uma nova redação ao art. 44 do Código Florestal visando alterar os dispositivos da reserva legal. Trata-se de um projeto bastante controverso, pois reduz drasticamente as caracterizações ecológicas deste instrumento de reserva. Em que pese a estas distorções, este projeto traz no seu bojo uma flexibilização na localização da reserva ao permitir que a área de reserva seja desvinculada da propriedade.

Esta possibilidade se daria através de um novo instrumento denominado de Cota de Reserva Florestal (CRF) e Cota de Arrendamento de Reserva Florestal (Carf).

Estes instrumentos seriam um tipo de certificados de áreas de reserva legal que seriam emitidos contra áreas protegidas além do índice previsto para reserva legal. Os detentores destes poderiam transacioná-los junto a proprietários de terra que não queiram alcançar estes índices na sua propriedade.

Conforme pode ser observado, trata-se de um instrumento de mercado que objetiva reduzir o custo privado da reserva legal. Se uma propriedade demonstra um alto padrão de aptidão agrícola e, portanto, com valor da terra mais elevado de mercado, o seu proprietário poderia alcançar seu índice de reserva legal em outra propriedade, cujo valor da terra fosse menor, adquirindo estes certificados.

Da mesma forma, o proprietário de terras de valor inferior poderia se beneficiar ao alocar maiores proporções da sua propriedade para este tipo de transação. Como todas as propriedades teriam que alcançar os índices legais, o custo econômico da reserva legal seria menor. E sendo estes menores, haveria um maior incentivo para o cumprimento da legislação da reserva legal com seus respectivos benefícios ecológicos e econômicos. Além disso, o esforço institucional dos órgãos ambientais seria reduzido. Ou seja, o novo instrumento seria custo-efetivo para alcançar um dado objetivo ambiental.

Analisemos agora alguns pontos que são condições necessárias para que um mecanismo de criação de mercado de reserva legal seja realmente custo-efetivo na prática.

Direitos de propriedade: se a segurança de validade destes certificados não for aceita, então se gera um desincentivo a sua transação e, portanto, eliminam-se os ganhos esperados de redução dos custos. Daí a necessidade de uma lei, como se está realizando, para estabelecer esta credibilidade. Todavia, dado que o instrumento está contido em legislação na qual outras partes controversas estão sendo disputadas, talvez fosse mais recomendável ter uma lei específica de forma a não transmitir insegurança devido a estes outros pontos contenciosos.

Objetivos ambiental e privado: o custo privado da reserva legal pode não ser equivalente ao custo econômico para a sociedade. Isto porque para o agente privado, engajado em atividades agropecuárias, a reserva legal é solo florestal de pouco retorno, enquanto para a sociedade, dado que para tanto instituiu a reserva legal, este solo florestal gera valor além do produto agropecuário. Assim, para que estes certificados estejam de acordo com os objetivos ecológicos da reserva legal, seria necessário criar uma relação de paridade entre as áreas a serem transacionadas.

Por exemplo, em certas áreas, dada a importância ecológica do solo florestal, as transações destes certificados teriam de ser realizadas com áreas de mesmo grau de importância ecológica (por exemplo, corredores ecológicos). A definição destas relações de paridade, além de não ser trivial, gera dois efeitos que reduzem o custo-efetividade do instrumento, a saber: aumenta o custo de transação para identificação destas áreas, e reduz as possibilidades de transação. Assim, se devido a razões de política ambiental esta paridade for muito complexa e restritiva, com diminutos ganhos econômicos, as incertezas e os custos políticos resultantes podem não compensar esta mudança instrumental. Esta seria então uma questão fundamental a ser estudada antes de propor este novo instrumento.

Competição: um instrumento que cria mercados deve ser implementado em condições competitivas, isto é, com inúmeros compradores e vendedores e com mecanismos de proteção de riscos (por exemplo, mercados futuros). A princípio, dada estrutura à dimensão territorial brasileira e sua área agropecuária, estas condições estariam asseguradas. Todavia, esta é outra questão que terá que ser analisada cuidadosamente, pois dependerá largamente das restrições de transação antes mencionadas, que podem criar mercados muito concentrados.

Com base nas observações anteriores é plausível afirmar que, embora o instrumento proposto seja bastante atraente e promissor, as condições econômicas necessárias para sua implementação ainda requerem uma análise mais detalhada.

Contudo, é possível que se argumente que esta questão deva ser deixada para a fase de regulamentação da lei. Entretanto, deve-se observar que uma lei que venha ter uma regulamentação controversa tende a não ser implementada e desacreditada, tornando-se um instrumento sem nenhuma vantagem social objetiva.

Aquecimento global[43]

O protocolo firmado na Conferência das Partes de 1997, da Convenção do Clima, em Kyoto, fixou um teto de emissões de gases do efeito estufa (GHG) para vários países desenvolvidos (listados no anexo B do protocolo) e introduziu a possibilidade de mecanismos de criação de mercado baseados no comércio de certificados e créditos de emissões. Estabeleceu uma obrigação com bases legais para os países ricos e os da Europa Oriental listados no anexo 1 do protocolo, agora em diante denominados de PA1, de reduzirem as emissões totais de seis GHGs em cerca de 5% abaixo dos níveis de 1990 até o período entre os anos 2008-12. Não constam nesse protocolo reduções similares de emissões para os países em desenvolvimento que não estão listados no anexo 1 (NPA1).

Os PA1 concordaram com reduções diferenciadas: 8% para a União Europeia, 7% para os Estados Unidos, 6% para o Canadá, Japão, Hungria e Polônia e 5% para a Croácia. A Rússia e a Ucrânia prometeram estabilizar-se aos níveis de 1990, enquanto que se permitiram à Noruega, Austrália e Islândia aumentos de 1,8% e 10%, respectivamente.

Para os PA1 este comércio será com base nos direitos de emissões de cada país relacionado dentro dos seus tetos. Assim, cada PA1 pode comprar de ou vender para outro PA1 seus direitos de emissão de forma a procurar uma estratégia de redução do seu custo de atingir o teto estabelecido.

---

[43] Texto baseado em Seroa da Motta, Young e Ferraz (1998) e Seroa da Motta (1999).

Entre os PA1 e NPA1, outro instrumento semelhante, chamado "Mecanismo de Desenvolvimento Limpo" (CDM), foi criado para o comércio de emissões entre países com um teto e países que não o tivessem. Neste caso os NPA1, ao realizarem reduções voluntárias de GHG, podem se creditar destas e vendê-las para os PA1.

Muitos dos procedimentos necessários ao prosseguimento do comércio de emissões conforme a convenção, como linha de referência, adicionalidade, certificados etc., devem ainda ser definidos. Ainda assim, o CDM é com certeza a grande estrela nascida do Protocolo de Kyoto, pois abrange todos os incentivos necessários a acelerar a cooperação e aumentar a eficiência dos custos do controle global da emissão de GHG.

O CDM é um instrumento típico de criação de mercado. Espera-se agora que as forças do mercado assumam seu lugar e criem os incentivos necessários a fazer com que a cooperação seja proveitosa para todas as nações no combate ao aquecimento global. Os investidores privados, mais do que os governos, poderão tomar a dianteira e tornar possível a cooperação usando o mercado como a arena em que se criarão os incentivos econômicos.

O controle da emissão de GHG tem uma característica importante, também condição necessária, para a aplicação de instrumentos econômicos: os custos marginais do controle variam grandemente entre os poluidores. Além disso, como as emissões de GHG são misturadas uniformemente na atmosfera (isto é, espacialmente independentes), o comércio de emissões parece ser um bom candidato para maximizar os ganhos em eficiência: as emissões de um lugar podem ser comerciadas ao par com as emissões de outros lugares sem deterioração da qualidade ambiental destes últimos.[44] Neste caso, os custos de transação são grandemente reduzidos.

O CDM é um tipo de mercado de crédito de emissões que difere do comércio de certificados de emissão por não exigir qualquer distribuição inicial de licenças. Por isso a eficiência do sistema de comércio não dependerá da distribuição inicial de autorizações, o que aconteceria sob o sistema de certificados. Com o CDM, qualquer país do grupo fora do anexo B pode desenvolver projetos de redução da emissão de GHG e receber créditos por isto, podendo vender este crédito no

---

[44] Embora as emissões que não se misturem uniformemente também possam contar com dispositivos comerciáveis, os custos de transação (inclusive custos administrativos) seriam altos.

mercado. Assim, as transações CDM ocorrerão enquanto os tetos dos PA1 não forem atingidos e os custos marginais da redução da emissão de GHG por parte dos NPA1 forem mais baixos do que os dos PA1.

No entanto, as características anteriores não são condições suficientes para fazer funcionar o mercado de CDM em bases de custos eficientes para criar esforços de redução da emissão de GHG. Os mecanismos de criação de mercado exigem condições competitivas de mercado para satisfazer aos objetivos de eficiência. Considerando-se a diversidade das fontes de emissão de GHG e das opções de controle, um mercado de CDM em bases puramente privadas iria confrontar muitos vendedores e compradores, dando margem a um mercado altamente competitivo.

A questão é se uma feição tão competitiva pode emergir em um mercado de CDM. A resposta dependerá do poder discricionário que os governos irão exercer sobre as transações em CDM. A principal fonte de cortes na emissão de GHG virá de poucos NPA1 e, além disso, os compradores estarão concentrados nos poucos PA1. Se os governos atuarem no sentido de exercer seu poder discricionário no mercado de CDM controlando as decisões do mercado conforme a estratégia de cada país, veremos um mercado com poucos compradores e vendedores atuando estrategicamente para maximizar os benefícios individuais de um país. Estas imperfeições irão com certeza reduzir os ganhos em eficiência do resultado do CDM.

Por outro lado, considerando uma economia individualmente, um mercado competitivo poderá, por si só, levar a outras imperfeições, já que os benefícios do controle da emissão de GHG são globais mas os custos são incorridos localmente. Por isso, um mercado com muitas empresas individuais buscando maximização de lucros aumentará a competição, mas não irá necessariamente gerar outros benefícios locais além do controle da emissão de GHG.

A faceta mais importante do CDM é o fato de apoiar-se nas forças do mercado. Ao permitir o comércio de emissões, o CDM pode trazer os investidores privados para o negócio do controle da emissão de GHG. Um investidor pode agora gerar receita vendendo reduções de GHG e, com isso, melhorar os retornos de um projeto. Este mercado irá superar as restrições de capital, pois as oportunidades desta abordagem de orientação de mercado irão atrair negócios internacionais. Em outras palavras, o CDM contará com fundos dos investidores privados, que buscarão lucros e arcarão com os custos. Os governos irão intervir para reduzir os custos de transação através do monitoramento.

As reduções de GHG serão, então, consideradas uma típica *commodity*, transacionada em um mercado, de modo a maximizar os lucros privados. Assim, os efeitos de escala serão reconhecidos e os custos de aprendizagem, reduzidos, já que a tecnologia será necessária e promovida para garantir os retornos privados. As economias em que o CDM é aplicado para criar reduções transacionáveis na emissão de GHG receberão grandes investimentos com benefícios que vão desde oportunidades de emprego até melhorias na balança comercial, criando ganhos razoáveis em equidade para os países em desenvolvimento.

Mesmo que a influência dominante do governo possa, como foi dito anteriormente, conduzir a um mercado bastante imperfeito, um mercado de CDM puramente privado faz surgirem questões de bem-estar social relacionadas com as externalidades locais associadas à redução das emissões de GHG. Em outros termos, uma abordagem do CDM puramente baseada no mercado afastará qualquer oportunidade de se integrarem à seleção de projetos quaisquer benefícios secundários associados aos projetos de redução de GHG. Observe-se que os benefícios secundários caberão aos países que efetuarem reduções na emissão de GHG, mas, teoricamente, só se pode garantir que os investimentos de seleção do mercado minimizem os custos desta redução. A maximização de outros possíveis benefícios externos não é assegurada.

As disputas sobre a contribuição de cada país para o aquecimento global e, consequentemente, as divergências sobre a contribuição de cada país para a solução do problema parecem estar amarradas na questão dos tetos de Kyoto para os PA1 e a consequente abertura do caminho para a cooperação e os negócios. No entanto, existe uma outra razão para a pouca ação governamental no controle do aquecimento global, e ela está relacionada às divergências quanto ao custo e benefício social esperado a partir da redução do GHG por parte de cada país.

Resumindo, o mercado de CDM pode vir a não considerar qualquer outro benefício que não possa ser captado pelo mercado, além da redução de custo no controle de GHG. Se analisarmos algumas opções para realizarmos projetos no Brasil com vista a gerar créditos de CDM, conforme mostra o quadro 7, podemos identificar como será difícil combinar no mesmo projeto objetivos de custo baixo de redução de GHG e objetivos de melhoria de bem--estar local.

Quadro 7

Indicadores de opções de projetos de CDM no Brasil

Indicador	Florestas plantadas	Florestas nacionais	Produção de álcool	Cogeração industrial de energia	Energia eólica
Custo de reduzir carbono	Baixo	Médio	Médio	Baixo	Médio
Benefícios ambientais	Baixo	Alto	Médio	Baixo	Alto
Benefícios econômicos	Alto	Médio	Alto	Alto	Baixo
Benefícios distributivos	Baixo	Alto	Alto	Baixo	Baixo

Fonte: Seroa da Motta, Young e Ferraz (1998).

Por exemplo, as florestas nacionais (que aplicam manejos sustentáveis) apresentam um custo de redução de carbono maior que o das florestas plantadas e, portanto, serão menos viáveis no CDM que as plantadas. Por outro lado, as florestas nacionais podem gerar maiores benefícios ambientais e distributivos. Todavia, as últimas decisões da regulamentação do Protocolo de Kyoto não admitem o uso de projetos de conservação florestal para fins de estocagem de carbono. Dessa forma, somente o carbono sequestrado no crescimento florestal é contabilizado. No caso das florestas naturais, este balanço é zero, uma vez que o cortado e o crescimento se anulam. Dessa forma, o mercado de CDM não pode ser considerado uma opção para os projetos de conservação.

Orientando o uso de instrumentos econômicos

Quando os custos administrativos são altos e demandam mais capacidade institucional do que aquela de que se dispõe, um instrumento econômico pode provavelmente enfrentar as mesmas limitações institucionais que aquelas identificadas para os instrumentos orientados para o controle. Não são apenas os objetivos ambientais que são frustrados. Em alguns casos, a aplicação do instrumento econômico resulta em necessidades orçamentárias adicionais, em vez de gerarem receita extra, conforme esperado.

Assim, grande parte do esforço institucional na aplicação de um IE deveria ser concentrada no projeto deste IE, para selecionar os instrumentos "viáveis", e não os "melhores" ou os "desejáveis". Assim fazendo, os reguladores podem considerar sua capacidade institucional no que a aplicação do instrumento irá exigir.

As diretrizes para a formulação de um IE encontram-se apresentadas em três fases, que são:[45] fase de análise das políticas, fase de análise do instrumento e fase de desenvolvimento do instrumento.

Fase de análise das políticas

Antes de qualquer tentativa de desenvolver um IE, os reguladores devem primeiro analisar os objetivos das políticas e o estado atual dos usos do recurso natural.

O objetivo da política ambiental

Este é o passo mais importante para formular um IE. É um passo óbvio, apesar de ser frequentemente desprezado, especialmente quando os reguladores estão ansiosos por transferir uma "boa" experiência de um determinado IE da OCDE para seu país. Os reguladores devem primeiro explicitar a política ambiental e seus objetivos em cuja direção se considere o IE. O principal resultado desta fase deveria ser o estabelecimento dos objetivos dessa política e o papel do IE, como a correção de uma externalidade e/ou um objetivo de gerar receita. Note-se que o IE, por definição, é um instrumento e não pode substituir os objetivos das políticas. Destina-se a servir a uma política, e não o inverso.

Atuais mecanismos de comando e controle

É de capital importância que se identifiquem os motivos das falhas dos CAC em vigor para atender aos objetivos das políticas ambientais que se espera que o IE substitua. Com muita frequência, a capacidade de monitoramento, os conflitos entre meio ambiente e crescimento e as limitações políticas identificadas com a falha do CAC podem constituir barreiras também para a aplicação do IE. Em alguns casos, essas barreiras se demonstram mais severas aos dispositivos de preços do que aos CAC de forma generalizada. Observe-se também que os padrões e as sanções ambientais serão pertinentes à aplicação do IE.

---

[45] Esta seção é baseada em Seroa da Motta (1998b).

Atuais instrumentos fiscais que afetam os objetivos ambientais

As políticas setoriais também aplicam IEs para seus objetivos próprios. Um subsídio ou um imposto sobre uma atividade econômica podem incentivar o sobreuso de um determinado recurso natural. A remoção desses instrumentos fiscais distorcivos seria teoricamente necessária para aumentar a eficiência de um IE ambiental, sendo também, às vezes, mais prático do que se tentar intervir com um novo IE ambiental, embora o poder político setorial tenha que ser conciliado.

Causas e origens do problema ambiental tratado pelos objetivos das políticas

Como foi dito, os instrumentos econômicos são projetados para atuar sobre os usuários dos recursos naturais, ajustando seus níveis de uso a um ponto desejável ou fazendo-os contribuírem com pagamentos para financiar atividades ambientais. Assim, uma identificação clara das causas e origens da poluição ou exaustão de que tratam as políticas é fundamental para que sejam compreendidos os usuários e seu comportamento econômico.

Dano ambiental, controle e avaliações do custo de oportunidade

Um IE irá necessariamente atuar sobre o dano ambiental e/ou sobre as funções de custo marginal de oportunidade e controle do uso, relacionadas com os objetivos das políticas. Assim, é necessário algum tipo de estimativa dos custos de controle e dos danos, ainda que por alto, antes que seja selecionado um IE. Sem estas estimativas, os dispositivos de fixação de preços carecerão de consistência.

Fase de análise do instrumento

Uma vez preparada a análise acima, os reguladores podem passar à fase orientada no sentido de produzir elementos para a seleção de opções apropriadas de um instrumento.

Análise teórica

Antes da análise das experiências de um outro país ou região, deve ocorrer uma análise teórica para identificar as opções técnicas. Os instrumentos econômicos têm condições de eficiência para as quais os reguladores devem atentar, considerando-as sob o ângulo de seu próprio caso. Embora haja numerosos estudos indicando IEs para muitos casos, raramente tratam destas condições de forma abrangente. O poder do mercado, a função do custo marginal do controle e dos danos, informação assimétrica, entre outras, são limitações aos ganhos em eficiência.

Experiências anteriores

Os reguladores deveriam examinar as experiências anteriores e identificar a gama de IEs apropriada aos objetivos das políticas. Este exame deve considerar cada experiência de acordo com sua relevância para os objetivos das políticas e os objetivos do instrumento. As experiências dentro de uma estrutura econômica semelhante devem ser incluídas com uma avaliação adequada dos fatores de sucesso e de falhas.

Barreiras institucionais

A capacidade institucional tem que ser totalmente avaliada para cada opção de instrumento. A análise institucional deve levar em conta parcerias com outras organizações governamentais ou privadas que possam ser afetadas pelo IE ou que possam ser de interesse. Contar com promessas de reforços orçamentários para melhorar a capacidade institucional é algo, entretanto, que deve ser evitado. Observe-se que a aplicação do IE pode exigir um perfil de capacitação diferente daquele da equipe técnica disponível nas instituições ambientais.

Barreiras legais

A introdução de um IE fiscal pode defrontar-se com barreiras legais, não apenas dentro da legislação ambiental como também na própria legislação fiscal de um país. A harmonização dos padrões e sanções ambientais em vigor pode ser previamente analisada para evitarem-se discrepâncias inesperadas. É também importante evitar os problemas da dupla tributação ou impedimentos constitucionais aos novos dispositivos fiscais. Cada opção candidata a IE deve ser então analisada sob esta perspectiva.

Percepção do público

Existem alguns dispositivos fiscais que já possuem má reputação na opinião do público devido a experiências negativas anteriores ou até por causa de falta de conhecimento. Assim sendo, este é um campo de análise que não pode ser desprezado para se evitar uma rejeição por parte da opinião pública.

Fase de desenvolvimento do instrumento

Através da análise anterior, os reguladores podem concentrar seus esforços em algumas opções de instrumento, iniciando seu desenvolvimento e o debate aberto com o público.

Avaliação monetária

Um IE tem que refletir os valores que têm os preços dos usos de um recurso natural. Para calculá-los, os reguladores devem seguir os procedimentos convencionais de acordo com o tipo de opção de instrumento. Se o objetivo é a correção da externalidade, é necessário calcularem-se os valores da externalidade. No caso dos preços de indução, os custos marginal de controle ou de oportunidade do uso são os relevantes, enquanto os preços do financiamento exigem estimativas da elasticidade do preço da demanda. Sobre esta base têm que ser elaboradas simulações e exercícios de modelagem para que surjam sugestões de valores para os IEs escolhidos.

Avaliação legal

Paralelamente à avaliação econômica das opções de instrumento, os reguladores devem também atentar para os aspectos legais dessas opções. O uso do IE pode afetar os direitos de propriedade convencionais, podendo exigir, por conseguinte, um novo arcabouço legal que pode ser difícil de estabelecer. Assim, as opções finais têm que estar de acordo com estes aspectos legais, para evitar um longo processo de legalização ou disputas judiciais futuras.

Simulação da geração e distribuição de receita

Como se espera que a maioria das aplicações dos IEs gere receitas, é importante simular a magnitude desses resultados. Observe-se que, além dos fatores microeconômicos que afetam as receitas, como as funções de custo de controle e demanda, os tamanhos da receita também dependem de parâmetros macroeconômicos como, por exemplo, taxa de crescimento da economia ou taxa de câmbio.

104 • Economia ambiental

Assim, com base nos exercícios de avaliação legal e econômica, os reguladores devem simular as estimativas de receita combinando parâmetros micro e macroeconômicos. Além do mais, se a receita for distribuída, por exemplo, sob forma de transferência setorial, subsídios ou empréstimos, este cenário deve também refletir essas dimensões.

Avaliação do impacto econômico e social

A política ambiental é muitas vezes projetada para lidar com a escassez de recursos naturais e, por esta razão, impõe aos agentes econômicos restrições de uso. Com muita frequência a discussão de um IE proposto é paralisada por percepções distintas de seus impactos econômicos e sociais. Embora concessões políticas sejam inevitáveis, os reguladores que não tenham uma consciência razoável desses impactos principais serão encurralados por grupos de interesse articulados que tendem a aumentar seus impactos para ajustar o projeto ou a implementação do IE em seu benefício próprio. Em consequência, podem-se perder oportunidades de ganhos em eficiência e de ganhos sociais. Assim, junto com a análise de receita antes mencionada, os reguladores devem também avaliar os impactos econômicos e sociais, traduzindo-os, sempre que possível, em termos dos valores monetários que iriam afetar os principais grupos econômicos e sociais relacionados com aquela política.

Medidas compensatórias

Além deste comportamento estratégico, deve haver alguns grupos sem recursos para avaliar suas perdas e que delas só terão consciência quando aquela política for implementada. Assim sendo, em associação com as estimativas de impacto econômico e social, os reguladores têm que criar políticas compensatórias com bases distributivas e restrições ao crescimento. Como já foi dito, embora qualquer instrumento de política vá criar perdedores e beneficiários, o uso de sistemas de preços terá mais dificuldade de contar com a discrição dos políticos e órgãos ambientais após sua implementação. O relacionamento entre custos de cobrança e níveis de uso é menos sensível aos acordos e isenções individuais que já não constem das normas de cobrança.

Arranjos institucionais

Para definir o arranjo institucional das opções de IE, há que se identificar, com isto, o papel e as obrigações de cada organização e os incentivos para a cooperação. Observe-se que a receita do IE constitui, muitas vezes, um bom incentivo para a cooperação, mas os benefícios secundários advindos da aplicação bem-sucedida do IE – como, por exemplo, a redução nos gastos públicos e o crescimento setorial – podem ser também atraentes. Os reguladores devem achar meios de confirmar a capacidade de cada instituição envolvida, criando as conexões formais necessárias.

Planejamento da implementação

A introdução gradual do IE deve ser planejada para testar os resultados simulados e da modelagem, assim como os arranjos institucionais. As políticas regionais e nacionais podem ser implementadas por meio de projetos-piloto ou de programas experimentais.

Consciência pública e debate

Durante todo o processo da fase de desenvolvimento deve-se tentar o debate com os principais perdedores e beneficiários das políticas e os instrumentos propostos para ajustar as estimativas e percepções dos especialistas e dos tomadores de decisões. Os dispositivos fiscais não são bem percebidos pelos agentes econômicos, especialmente se também restringem o uso, livre até então, dos recursos naturais. Muitas vezes surgem questões de direito de propriedade contra qualquer cobrança de uso. Por isso, a consciência do público deve ser cuidadosamente formada para que se entendam os reais custos e benefícios daquela política e de seus instrumentos econômicos propostos.

Indicadores de desempenho

Juntamente com o planejamento da implementação, devem ser projetados indicadores de desempenho, para permitirem ajustes no processo de implementação e correções onde os cenários ambiental e econômico forem alterados. Além disso, estes indicadores ajudam na conscientização e aceitação do público.

Conclusões

Os itens anteriores são apenas uma diretriz para a formulação do IE. A importância e o detalhamento de cada item devem ser tratados conforme cada caso. É claro que as diretrizes anteriores também colocam exigências sobre a atual capacidade institucional e sua completa aplicação nem sempre é possível.

Além disso, conforme discutimos no início da seção, a definição de prioridades e a remoção de incentivos setoriais perversos ao meio ambiente são condições básicas para se ampliar o uso de IEs.

Uma vez definido o objetivo de política e a inserção desta com outras ações setoriais de governo, uma possível atuação mais eficiente dos organismos internacionais poderia estar na participação em algumas das fases antes analisadas com alocação de recursos financeiros e humanos. Os órgãos ambientais poderiam, então, basear suas demandas junto a estas agências internacionais, no que se refere à introdução dos instrumentos econômicos, enfatizando as fases e etapas anteriores, que acreditam ser as mais necessárias para a assistência técnica e financeira.

Estas instituições internacionais poderiam, igualmente, guiar sua assistência nas mesmas bases, de forma que possam ajudar os países a aproveitarem ao máximo os ganhos sociais e em eficiência dos instrumentos econômicos para a gestão ambiental.

Esta atuação articulada dentro do governo e com a sociedade, com cooperação solicitada e previamente definida das agências internacionais, poderá criar as condições necessárias para garantir a capacidade institucional que o uso de instrumentos econômicos requer.

Estudo de caso 3

Utilização de critérios econômicos para a valorização da água no Brasil[46]

Introdução

A gestão dos recursos hídricos (RH) no Brasil inicia uma nova fase com a aprovação da Lei nº 9.433, da Política Nacional de Recursos Hídricos, em janeiro de 1997. Além desta lei nacional, outros 12 estados também promulgaram legislações semelhantes. Quatro princípios desta lei são responsáveis por tal alteração de padrão: a gestão por bacia, a unicidade da outorga, a exigência de um plano de gestão e o instrumento de cobrança.

Todas essas legislações encontram-se na fase de regulamentação, durante a qual os critérios de implementação desses instrumentos serão definidos.

A gestão por bacia reconhece que o uso da água é múltiplo, excludente e gera externalidades e, portanto, a bacia representa o mercado de água onde seus usuários interagem. A unicidade da outorga permite uma melhor definição e

---

[46] Este texto é um resumo da primeira versão como Texto para Discussão 556 do Ipea (Seroa da Motta, 1998a) e fez parte do projeto GTZ Planagua. O autor agradece a Wilfried Teuber (Sema/GTZ), Michel Potier (Environment Directorate/OECD), Lucia Sena (Sema-SP), Raimundo Garrido e Luciano Meneses Silva (SRH/MMA) pela atenção e presteza com que obtiveram referências bibliográficas das suas instituições. A Antonio Comune (Fipe/USP), Eduardo Lanna (IPH/UFRS) e Jerson Kelmam (Coppe/UFRJ) por colocarem prestativamente seus artigos à minha disposição via e-mail. A Wilfried Teuber gostaria também de agradecer o incentivo recebido para realizar este documento. O autor agradece a Carolina Dubeux pela ajuda nesta revisão e o apoio do CNPq.

garantia de direitos de uso da água. O plano de gestão introduz os elementos de disponibilidade e demanda do recurso no tempo. E, por fim, a cobrança que determina diretamente um preço para a água.

Note que a descrição acima das características da nova lei está estritamente associada a uma visão econômica da água. Tal percepção não é fortuita, pois a própria lei reconhece, explicitamente, que a água tem um valor econômico e o instrumento de cobrança almeja a racionalização do seu uso. A transformação desse valor em um preço, isto é, na cobrança, é o tema deste estudo de caso. Ela depende dos critérios econômicos adotados na determinação dos valores da cobrança e da criação de mercado para o uso da água. Adicionalmente, serão analisadas as vantagens e desvantagens das opções de criação de mercado de direitos de uso e poluição da água como complemento ou substituição da cobrança.

O texto está dividido em duas partes. A primeira enuncia os principais critérios econômicos gerais da cobrança pelo uso ou criação de mercado de recursos naturais, em particular ao caso da água. À luz desses critérios, alguns princípios econômicos para a cobrança e criação de mercado são propostos em seguida.

Conforme o leitor poderá notar, este documento não tem o objetivo de propor fórmulas de cobrança ou estimar seus valores. O nosso objetivo é, primeiro, o de avaliar a base teórica dos critérios para valorização da água, os quais nem sempre estão explicitados e coerentes nas propostas de cobrança ou de criação de mercado. E, segundo, discutir a viabilidade legal e institucional de aplicá-los à realidade brasileira. Para tal, o estudo oferece alguns princípios econômicos, básicos e de fácil implementação, para que a valorização econômica da água possa capturar alguns ganhos de eficiência no seu uso, e não represente somente algumas percepções pessoais, simplificadas matematicamente, sem a devida base teórica.

Os princípios econômicos da cobrança de água

A cobrança da água é um preço sobre o uso da água. Esta é também a base do chamado princípio do poluidor-usuário pagador.[47] Este uso, por sua vez, pode se realizar por quantidade ou qualidade, tal como está reconhecido na nova gestão de recursos hídricos no país (NGRH).

---

[47] Neste contexto da cobrança, este princípio se refere a pagamentos *ex ante* ao fato gerador, enquanto nas situações de litígios judiciais é aplicado para pagamentos *ex post* na forma, por exemplo, de indenizações.

Do ponto de vista econômico, a cobrança da água deve atentar para dois objetivos: o de financiamento da gestão de recursos hídricos e o de redução das externalidades ambientais negativas. Conforme veremos a seguir, preços ótimos para o financiamento da gestão de recursos hídricos podem não representar necessariamente os preços adequados para atendimento de objetivos ambientais e vice-versa. Mais ainda, a criação de mercados de direitos comercializáveis, em certos casos especiais, pode ser mais eficiente que a cobrança.

Os critérios abaixo analisados estão formalizados no anexo 4.

Cobrança da água para financiamento

Note que o aumento do consumo de um bem, como, por exemplo, a água (em quantidade ou qualidade), realizado por um usuário B (indivíduo ou firma), pode ou não reduzir o consumo de outro usuário A. Por exemplo, dentro dos limites da disponibilidade ou qualidade hídrica, o consumo de B não rivaliza com o de A. Nestes casos, para a sociedade, o aumento de consumo de B não gera um custo social.

Como a água é um bem renovável, não ocorre também nenhum aumento do seu custo de oferta. Em jargão econômico, equivale a dizer que o custo marginal (custo da unidade adicional) do consumo de B é zero, embora gere um benefício marginal positivo para B. A cobrança pelo uso da água, nestes casos de não rivalidade, pode reduzir a eficiência econômica, pois, em face dessa cobrança, um consumo, que não aumenta o custo social e gera benefícios positivos, poderia ser excluído e, portanto, impediria níveis ótimos de alocação de água por usuário.

Conforme será discutido a seguir, nem sempre o usuário está disposto a revelar o valor dos seus benefícios e, assim, principalmente no caso da água, o consumo de um usuário acaba afetando a disponibilidade do recurso para outro usuário. Mais ainda, a cobrança pelo uso pode ser necessária para o financiamento da gestão e provisão do recurso.

Os custos de gestão e provisão podem ser associados à disponibilidade hídrica ou ao controle da poluição. Entretanto, o *rationale* apresentado abaixo está mais associado na literatura ao uso por quantidade cuja oferta pode ser viabilizada por financiamento de investimentos e sem geração de externalidades.

Preços ótimos para financiamento

Note que o custo de um aumento de consumo pode ser zero (custo marginal igual a zero), mas existem custos fixos para manter o serviço de provisão do recurso. No caso da água, seriam, por exemplo, os custos de gestão e obras de manutenção. Logo, uma cobrança terá de existir se não a provisão do bem é reduzida com a exclusão de vários usuários com benefícios marginais positivos. O princípio econômico para tal cobrança é a sua equivalência ao benefício marginal do consumo de água de cada usuário. Observando o gráfico 1, o nível ótimo de provisão do recurso, nesse caso, seria dado àquele em que o custo marginal da provisão ($C^p mg$) é igual ao somatório dos benefícios marginais dos usuários ($Bmg = B^1 mg + ... + B^n mg$). Assim, o custo social se iguala ao benefício social, tal como indica o ponto Q^* no gráfico 1 que determina o nível ótimo de consumo.

O valor da DAP seria, então, uma medida do ganho de bem-estar pelo uso da água.

Gráfico 1
Nível ótimo de consumo de um bem público

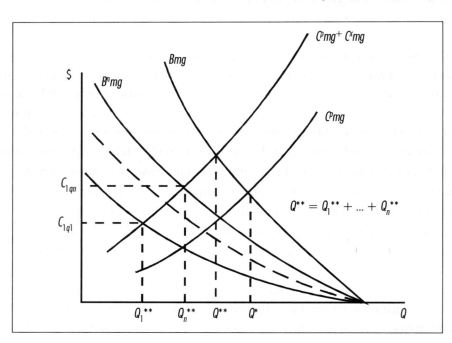

Preços públicos

A situação anterior é uma caracterização da provisão de um bem público, cujo consumo é não rival e o estado é o monopolista provedor deste bem. Com tal regra de preços a sociedade maximiza os benefícios do uso da água ao alocar o recurso de acordo com seu retorno econômico para cada usuário. Todavia, é muito difícil identificar para cada usuário o seu benefício marginal do consumo. Mas, como este consumo tem que ser também não excludente daqueles usuários com benefício marginal positivo, existe um incentivo para o caronista (*free rider*), ou seja, alguns indivíduos irão esconder suas verdadeiras disposições a pagar pelo bem para pagarem menos ou nada pelo seu consumo. Dessa forma, a provisão do recurso é subótima na medida em que as receitas arrecadadas não permitirão cobrir os custos da provisão.

Entretanto, devemos observar que o consumo de água é não rival somente até certo ponto, isto é, acima de um certo nível de consumo ocorrerá um "congestionamento" que resultará em racionamento. Agora o consumo de B afeta o consumo de A e, portanto, a alocação da escassez tem de seguir um critério de eficiência. Nesse caso, os custos marginais de expansão ($C^x mg$) têm de ser adicionados aos custos de provisão ($C^p mg$) e o novo consumo ótimo seria o ponto Q^{**} no gráfico 1. Note que Q^{**} representa o somatório das quantidades ótimas de cada usuário.

Mesmo que haja a possibilidade de eliminar os caronistas, há que se admitir que o consumo é possível de ser medido para, assim, ser cobrado. Daí a recomendação de que certos bens públicos têm de ser financiados pelo Tesouro, isto é, pelo contribuinte em geral mediante impostos sem qualquer relação com o nível de consumo individual.[48]

Uma outra forma de resolver tal tendência de subotimização é determinar preços que maximizem o bem-estar gerado pelo consumo de água dada a restrição de que a receita marginal deve se igualar às necessidades de financiamento da provisão e expansão. Esses preços (C_{2q}) são iguais ao custo marginal de provisão e expansão mais uma parcela diferenciada por usuário, que é proporcional (β) ao inverso da elasticidade de demanda (E_i) de cada usuário i da seguinte forma:

$$C_{2qi} - Cmg/C_{2qi} = \beta/E_i \qquad (1)$$

Assim, usuários com demandas menos elásticas pagam mais que aqueles com demanda mais elástica (ver anexo 4). Esta tem sido a regra básica de precifi-

---

[48] Estes são os casos clássicos da segurança nacional ou dos faróis de mar.

112 • Economia ambiental

cação de bens públicos, ou regra de Ramsey,[49] quando estes não são financiados diretamente pelo Tesouro.

Note que tal regra poderia ser também aplicada ao consumo por qualidade no qual a demanda do usuário por serviços de despoluição seria dada pela sua curva de custo de controle de poluição, ou seja, a disposição a pagar seria dada pelos custos de controle. Todavia, conforme será visto adiante, no caso de externalidades, além das necessidades de receita, existe um objetivo ambiental a ser atendido.

As limitações no caso da água

No caso da provisão de água existem problemas adicionais para a precificação.

CONFLITO SETORIAL

Geralmente a indústria e a agricultura apresentam elasticidades-preço maiores do que os usuários urbanos devido às opções tecnológicas de suas funções de produção. Nesses casos, com o uso da regra de preços públicos, os preços da cobrança de consumo urbano serão maiores do que de outros usuários, criando-se assim uma fonte de conflito setorial.

INTERLIGAÇÃO DE BACIAS, SUB-BACIAS OU TRECHOS[50]

Quase sempre o consumo de um usuário numa sub-bacia afeta o de outros em outra bacia, sub-bacia ou trecho. Assim, os preços em vigor em uma bacia que definem o seu nível local ótimo podem afetar outro nível ótimo local. Logo a cobrança do usuário i, nesses casos, teria que ser relativa a todas as bacias, sub-bacias ou trechos j da seguinte forma:

$$C_{3qi} = q_{ij} C_{2q} \qquad (2)$$

---

[49] Derivada inicialmente por Frank Ramsey em 1927. Dessa forma, as demandas inelásticas financiam as demandas elásticas, uma vez que estas últimas geram maiores ganhos de excedente econômico. Esta proporcionalidade pode também ser estimada incluindo critérios distributivos. Ver Andrade (1998).

[50] Na literatura econômica ambiental este problema é denominado *multi-zone problem,* ver Tietenberger (1996). Para uma análise de simulação nas bacias do estado de São Paulo, ver Seroa da Motta e Mendes (1996).

onde q representa a matriz de coeficientes de consumo de água da bacia j pelo usuário i. Note que q pode ser associado tanto ao uso quantitativo de um usuário no uso de outros, quanto ao impacto da sua poluição na qualidade ambiental no consumo dos outros. Mapear essa matriz requer amplo conhecimento sobre o balanço hidrológico das bacias, que nem sempre é preciso.

Dessa forma, ou se considera a gestão dentro de uma dimensão de uma única bacia com várias bacias e sub-bacias interligadas ou esse consumo interligado continua uma externalidade negativa[51] (ver item seguinte).

A utilização desse sistema de bacias interligadas implica um sofisticado sistema de gestão em que comitês de bacias são articulados por sua interligação. Tal sistema talvez seja de difícil implementação, pelo menos no estágio inicial do NGRH. Isto porque o número de usuários envolvidos cresceria e, consequentemente, seriam observados custos elevados de negociação que impediriam ações cooperativas para definição de metas e preços. Dado que essas negociações tentam definir os benefícios e os custos de cada usuário que dependem da ação de outro usuário, esse contexto de informação imperfeita, portanto, pode gerar situações não cooperativas com usos subótimos do recurso.[52]

MEDIÇÃO DO CONSUMO

O custo marginal de medição de consumo (ou das emissões de efluentes) pode ser extremamente alto a ponto de não compensar a receita adicional gerada. Nesses casos seria melhor utilizar aproximações de consumo, mesmo que subestimadas. Existe quase que uma impossibilidade técnica de medição para a agricultura ou tomadas diretas de água bruta de grandes firmas. Todavia, estimativas parametrizadas são possíveis mediante dados de produção/receita, embora seja uma forma imprecisa de medição. De qualquer forma, tal procedimento requer um sistema de gestão capacitado para isso.

RACIONAMENTO

A disponibilidade hídrica é estocástica, isto é, está associada a uma função probabilística, ou seja, em certos períodos, mesmo com uma receita adequada e sem caronistas, a disponibilidade de água pode requerer um racionamento por motivos puramente hidrológicos. Nesses casos, novamente o uso da água por um

---

[51] Este é um caso típico de transferência de externalidade.
[52] Este níveis são denominados literatura econômica de equilíbrio de Nash.

usuário exclui o uso por outro e, portanto, gera uma externalidade negativa. A precificação pela regra de preços públicos não é possível, nesses casos, dado que a solução de oferta de água independe do nível de receitas, porquanto no curto prazo não haveria como disponibilizar mais água. Note que uma gestão de oferta que mantém o consumo suficientemente abaixo da disponibilidade máxima para não enfrentar esse racionamento periódico estaria realizando uma alocação não ótima, pois por vários períodos de não racionamento usuários com benefícios positivos seriam excluídos.[53]

Dessa forma, a alocação ótima da água por precificação da água é de difícil implementação sob a ótica da eficiência econômica, principalmente nos casos de interligação e racionamento. Analisemos mais objetivamente estas restrições quando da discussão sobre direitos de uso transacionáveis.

Cobrança da água por externalidade

A cobrança da água para controle das externalidades ambientais negativas difere da cobrança para financiamento em duas situações especiais. Primeiro, conforme já analisamos, quando o consumo da água afeta terceiros sem que o usuário pague por isso, ou seja, gera externalidades negativas. Segundo, quando se cobra por poluição, o tratamento da água residual é realizado descentralizadamente (isto é, sem um poder monopolista do Estado ou de uma associação) pelos usuários.

Caso a água residual de todos os usuários fosse toda canalizada para uma estação de tratamento coletiva, não haveria externalidade e o problema de precificação seria semelhante ao de preço público, conforme acima discutido, ou seja, igualar a receita da cobrança com as necessidades de financiamento e gestão do sistema de tratamento.[54] Entretanto, tal não é o caso geral da descarga de efluentes e, assim, há que se determinar um nível de cobrança que afete a geração de externalidades e incentive as ações de controle de poluentes.

Tal como na literatura, nos itens seguintes iremos nos referir à poluição como a forma de externalidade a ser reduzida. Quando for o caso, faremos referência às externalidades de uso por quantidade.

---

[53] Equivale a dizer matematicamente que o ponto de congestionamento tem que ser atingido para haver otimização.

[54] Nos casos de associações de municípios e de firmas para tratamento em estações coletivas, a questão da cobrança também pode ser resolvida por preços públicos. Entretanto, note que, nessas situações, os preços são regidos por contratos privados e sua determinação não precisa, necessariamente, seguir a lógica da maximização do bem-estar social, como no caso dos bens públicos. Ver mais à frente sobre experiências desse tipo em algumas partes da Alemanha.

Preços ótimos

A geração de externalidades negativas (por poluição hídrica ou aérea) resulta em danos que não são internalizados nas funções de produção e consumo dos usuários. Desta feita, a economia perde eficiência, pois, devido a essa falha de mercado, o custo privado não coincidirá com o custo social. Na presença de externalidades, o nível de utilização do recurso é subótimo. No caso das externalidades negativas, a não internalização dos seus custos induz um nível de utilização acima daquele que ocorreria caso as externalidades fossem consideradas.

Na ausência de externalidades, o custo privado marginal se iguala ao custo marginal social na produção. A produção, por exemplo, de um bem X em uma certa bacia teria uma função de custo privado $Cmg(q)$ e os benefícios marginais sociais desta produção (lucro da produção e satisfação no consumo do bem produzido) seriam definidos na função $Bmg(q)$. No gráfico 2, note que o equilíbrio de mercado será dado na quantidade Q^* onde o custo marginal privado se iguala ao benefício marginal social.

Na presença de externalidades, o custo social incorpora os danos ambientais representados por uma função $Dmg(q)$ na qual o valor marginal dos danos cresce quando varia a quantidade produzida.[55] Agregando $Cmg(q)$ com $Dmg(q)$ temos uma função a custo marginal social $CSmg(q)$ e a quantidade de equilíbrio é identificada agora, no gráfico 2, em $Q^{**} < Q^*$. Assim, ao internalizar os danos ambientais das externalidades, o próprio mercado ajusta as posições de equilíbrio. Note que o dano total agora, dado pela área abaixo de $CSmg(q)$, é menor em Q^{**} do que em Q^*.

Ou seja, procura-se um nível de poluição, alcançado pelo próprio mercado, para o qual os benefícios marginais da produção igualam-se aos custos ambientais da poluição. Entretanto, a carência de conhecimento sobre as relações de impactos entre atividade econômica e perda de qualidade ambiental, e os valores monetários que as pessoas atribuem a essa perda, não permitem uma determinação precisa[56] de $Dmg(q)$ para cada tipo de poluição, e, consequentemente, de C_{1p}. Observe que $Dmg(q)$ tem de ser estimada para cada sub-bacia onde a capacidade de assimilação e concentração de carga de efluentes fosse diferente.

---

[55] Esta função de dano representa a relação dose-resposta entre o nível de atividade e o nível do dano.

[56] Observe que o termo preciso aqui se refere a uma relação funcional na qual se conhece estatisticamente a magnitude, e a variância desta, do impacto ambiental. Adjetivações, tais como, de alto, médio ou baixo impactos seriam ineficientes para um critério de diferenciação de preço, tanto quanto gerariam efeitos distributivos consideráveis ao penalizar imprecisamente os usuários.

Tal procedimento encerra um grande esforço institucional que, mesmo sendo factível no contexto brasileiro, pode resultar em custos administrativos superiores aos benefícios gerados e ainda gerar inúmeros casos de litígios por conta de contestações das inevitáveis imprecisões das medidas realizadas.

Gráfico 2
Nível ótimo da poluição

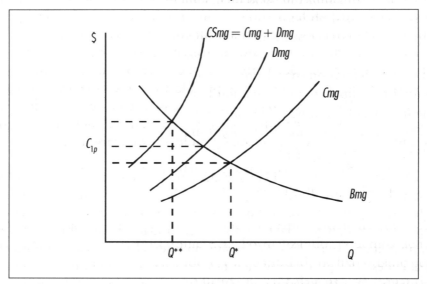

Note que, quando o consumo de uma bacia afeta o de outra, identifica-se também um caso de externalidade negativa. Nesses casos, a função $Dmg(q)$ é uma que reflete a perda de produção da bacia, sub-bacia ou trecho. Fica evidente, dessa forma, a enorme dificuldade de determinação dessas funções, principalmente para situações que envolvem múltiplos usuários ou bacias.

Custo-eficiência de controle

Uma outra forma de resolver o nível da cobrança por externalidades é abdicando do objetivo de um ótimo da poluição valendo-se do custo ambiental, conforme anteriormente discutido, e atingir, opostamente, um nível desejado de poluição (padrão ambiental para o meio e não o de emissão por usuário) mediante minimização do custo social ou custo-eficiência, ou seja, ao invés de maximizar uma função de benefício social, minimiza-se uma função de custo social para derivar preços ótimos da poluição (ver anexo 4).

Dessa forma, o objetivo é minimizar os custos totais de controle da sociedade sujeitos a uma restrição de que o total de poluição, gerado por todos os usuários, não deve exceder um padrão ambiental previamente estabelecido. O gráfico 3 identifica essa cobrança (C_{3p}) para um certo padrão ambiental d^* que não é considerado ótimo, mas será atingido pelo menor custo total de controle (agregando os custos individuais dos usuários), ou seja, menor custo social.

Neste caso, estamos admitindo que a sociedade ao definir d^* já confirmou que os custos ambientais acima deste nível de controle são extremamente significativos e excedem qualquer custo possível de controle. Tal pode ser justificado pelo risco e incerteza sobre os danos ambientais segundo o princípio da precaução.[57] Embora tal solução não garanta a maior eficiência econômica como as taxas pigouvianas, C_{2p}, pelo menos assegura que o custo total de controle seja minimizado.

Gráfico 3
Nível de controle com custo-eficiência

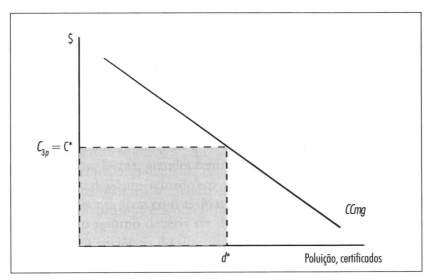

Essa limitação será resultante da reação dos usuários diante da C_{3p}. Somente os usuários com custos de controle inferiores a C_{3p} decidirão ampliar o nível de controle, e essa ampliação ocorrerá primeiro naqueles com custos mais baixos. Sendo C_{3p} determinada corretamente, a sociedade atingirá d^* ao menor custo social.

---

[57] *Precautionary principle*, ver, por exemplo, Perrings et al. (1995).

As limitações no caso da água

Os problemas apresentados aqui para custo-eficiência não são particulares para o caso de poluição hídrica e são também aplicáveis à poluição atmosférica. Todavia, esses problemas serão aqui analisados no contexto de bacias hidrográficas.

Note que o valor da cobrança requer uma simulação prévia com base em funções de custo e níveis de emissão dos usuários. Caso essas simulações não sejam precisas, há de se processar uma monitoria fina testando valores distintos e analisando os resultados ambientais. No item seguinte serão discutidas as condições para que tal imprecisão gere o menor custo econômico. Antes, todavia, examinemos as causas dessas imprecisões.

O FORMATO DA CURVA DE CONTROLE

A determinação de C_{3p} não requer o conhecimento da função de dano e somente exige a estimação de $CCmg(a)$ para que, com base nas simulações, o valor de C_{3p} seja determinado, ou seja, depende da inclinação da curva de controle dada pela elasticidade-preço da poluição. Quanto maior essa elasticidade menor poderá ser o preço da poluição. Tal seria uma regra similar à regra de preços públicos.

Mas, a identificação de uma função de custo de controle não é livre de problemas empíricos. Cada usuário exibe uma tecnologia e uma escala de controle distintas que podem refletir uma solução particular de controle e, portanto, a estimação de $CCmg(a)$ pode não ser tão trivial. Adicionalmente, $CCmg(a)$ também pode ser não convexa, ou seja, custos não são continuamente crescentes e, assim, pode existir mais de um C_{3p}.

O PROCESSO DE DIFUSÃO DA POLUIÇÃO

Outro problema mais sério ainda é o processo de difusão da poluição. Tal como analisado, a carga poluidora de um usuário afeta distintamente o padrão ambiental e, mais ainda, essa dispersão pode ocorrer em várias bacias (sub-bacias ou trechos) e, assim, transferir poluição para outros usuários.[58]

---

[58] Note que tais problemas se aplicam tanto à poluição hídrica quanto à atmosférica.

O valor da cobrança, neste caso de transferência de poluição (C_{4p}), seria então modificado para:

$$C_{4pi} = d_{ij} \, C_{3pj} \qquad\qquad (3)$$

onde d representa a matriz de coeficientes de transferência de poluição do usuário i para a bacia, sub-bacia ou trecho j (ver anexo 4). Tal como para a expressão (3) da cobrança ótima para financiamento considerando interligações entre bacias, mapear essa matriz de impactos requer amplo conhecimento do processo de difusão que nem sempre é conhecido ou preciso.[59]

Se d_{ij} é não linear, isto é, as contribuições das emissões de cada usuário de uma bacia para o padrão de cada bacia são afetadas pelas emissões de outros usuários em outras bacias, a determinação de C_{4pi} será mais complexa e variável com problemas significativos de alocação devido à informação imperfeita e incerteza. Aliás, além dos problemas com $CCmg(a)$, temos também de admitir que esses problemas de informação imperfeita e incerteza afetam a tomada de decisão do usuário mesmo quando C_{4pi} é uniforme no tempo e que tais questões são de difícil modelagem para um exercício de simulação.

OBJETIVO DE RECEITA *VERSUS* QUALIDADE AMBIENTAL

O objetivo de custo-eficiência tem sido o principal argumento para a introdução de instrumentos econômicos (IEs) na gestão ambiental onde prevalecem os instrumentos de comando e controle (ICC). Repare que a adoção de um típico ICC seria um padrão de emissão por usuário conjugado com um padrão ambiental. Considere um padrão de emissão comum uniforme para todos os usuários que gerasse, assumindo total cumprimento, o mesmo d^* que a aplicação de C_{3p}. Nesse caso, no ICC os usuários com custos baixos de controle não estariam incentivados para controlar abaixo deste padrão de emissão e, portanto, o custo total de controle tenderia a ser maior do que com C_{3p}. Além desta capacidade de

---

[59] Kelman (1997) propõe uma cobrança para água no Brasil com base em fórmula muito semelhante. Entretanto, não foi possível identificar no referido texto a base teórica e as justificativas econômicas e também de citações de referências desta formulação desenvolvida há muitos anos em livros-textos de economia ambiental. Ver anexo 4 onde esta fórmula é realizada com base nesta literatura.

reduzir o custo social de controle, IEs de cunho fiscal têm sido também justificados por gerarem receitas. Na verdade tal objetivo fiscal, conforme será analisado nas próximas seções, tem sido a principal razão da implementação de sistemas de cobrança de água. Dessa forma, mesmo cobranças que não estão objetivando um padrão ambiental específico, mas sim um nível desejado de receita, terão que utilizar o critério de preço público na qual a cobrança terá que ser inversamente proporcional à elasticidade-preço da curva de controle.

Criação de mercado de direitos da água

Nos itens anteriores procuramos demonstrar que a precificação da água não é trivial quando se deseja introduzir critérios econômicos de eficiência para a sua racionalização, conforme explicitam os diplomas legais do NGRH. Tal realidade resultou que nas experiências internacionais, discutidas anteriormente, observamos que a determinação do valor da cobrança é geralmente resolvida em níveis subótimos. A prática da cobrança, conforme será analisado, muitas vezes não gera a receita necessária nem cria incentivos para o uso de água de maior retorno para a sociedade.

Tendo em vista tal realidade, será importante, antes de analisarmos as experiências internacionais, que se discuta uma forma, a princípio mais simples e objetiva, de revelar o valor econômico da água: direitos de uso comercializáveis, isto é, a criação de um mercado de água por troca de direitos de uso.

Note que é a ausência de (ou dificuldade de assinalar) direitos completos de propriedade dos recursos ambientais que torna seu uso subótimo (ou menos eficiente). Caso a especificação dos direitos completos de uso da água seja possível, uma negociação entre os usuários poderia ocorrer de forma que os usos de maior retorno (mais eficientes) seriam priorizados, ou seja, as trocas de direitos no mercado induziriam que os usuários de maior benefício de uso (ou menor custo) fossem aqueles que pagariam mais por estes direitos. Os termos da negociação seriam com base nos custos e benefícios percebidos pelas partes.

A discussão que se segue terá o objetivo de analisar a utilização de mercados de direitos de uso de água (MDU) nos quais a titularidade continua pública, mas permite-se que o direito de uso por quantidade, dado pela outorga, seja transacionado entre usuários. Outra opção seria o mercado de certificados de poluição (MCP) que estabelece um limite de descarga de poluentes por usuários e autoriza que os usuários transacionem entre si partes dessa permissão de carga poluente.

Desta feita, pretende-se resolver mediante criação de mercado alguns dos problemas com precificação apontados anteriormente e qualificar essas opções como instrumentos disponíveis para a NGRH.

Para que um mercado, entretanto, realize uma alocação ótima será necessário atentar para inúmeros condicionantes de propriedade e competitividade, ou seja, requer direitos de propriedade bem definidos, um grande número de participantes comprando e vendendo com diferentes custos e benefícios, além de fraca interdependência de mercado. Por outro lado, um mercado, assim, institucionalizado, diversificado e atomizado requer um apoio institucional e legal mais sofisticado. Portanto, conforme discutiremos adiante, esses instrumentos apresentam alguns problemas que devem ser identificados para avaliar as situações propícias para sua aplicação.

O mercado de direitos de uso

A necessidade de utilizar instrumentos de preços para o uso quantitativo da água (consumo de água bruta), conforme analisado anteriormente, é apenas uma alternativa às dificuldades de administrar um mercado de direitos de uso da água. Essas dificuldades são predominantemente de natureza cultural e se refletem na ordem jurídica. Sendo um bem vital para a vida humana, a maioria dos países tem considerado a água um bem de propriedade pública. O direito privado da água é negado para evitar uma apropriação indevida do recurso por alguns usuários. Assim, o Estado passa a ser o agente alocativo da água.

No caso brasileiro, a titularidade da água sempre foi pública, isto é, do poder público, e o NGRH mantém essa forma de propriedade. Assim, o poder público outorga direitos de uso aos usuários. Os critérios dessa alocação são claros no sentido de privilegiar o uso humano. Todavia, nos casos de escassez não existem critérios mais objetivos para essa alocação que possam assegurar que a titularidade pública seja mais eficiente ou equânime que um mercado privado de água. Não se pretende, contudo, avançar aqui nessas questões político-jurídicas da titularidade da água.

No caso do uso quantitativo da água, as transações no MDU ocorreriam de forma semelhante a qualquer outro mercado de bens. Suponha que o poder público realize leilões anuais de outorgas entre os diversos usuários da bacia. Nesses casos, o usuário somente estaria disposto a pagar por tal outorga o valor adicional que ela gera na sua produção ou utilidade pessoal.

122 • Economia ambiental

Assim, o valor de transação da água para cada usuário seria equivalente a C_{1q}, das expressões (1) e (2), que representariam a produtividade ou utilidade marginal de X do usuário. Note que com o MDU elimina-se o caronista e resolve-se o problema da determinação do preço ótimo por indivíduo. Entretanto, o consumo ótimo referente ao ponto Q do gráfico 1 somente será identificado caso o leilão seja realizado de tal forma que o poder concedente, ao observar todas as ofertas por quantidades de cada usuário, pudesse determinar o ponto Q, tendo em vista sua função de custo marginal de gestão e expansão ($Cmg(q)$). Assim, conhecendo $Cmg(q)$ o poder concedente realizaria as concessões de outorga até o ponto ótimo Q.

Suponha agora uma situação de escassez na qual estas outorgas sejam parcial ou integralmente transacionadas entre os usuários. Por exemplo, o usuário A detém o direito de uso de uma quantidade X de água que lhe gera uma produção marginal equivalente a ΔP. Portanto, o usuário A estaria assim disposto a vender essa quantidade a qualquer usuário por um valor no mínimo igual a ΔP. O usuário comprador seria aquele em quem ΔP é um valor abaixo do valor adicional de produção gerado por X, ou seja, novamente os valores de transação seriam orientados pelas expressões (1) e (2) e o preço de equilíbrio seria aquele referente ao ponto Q^* do gráfico 1.

Caso as transações entre usuários fossem também permitidas entre bacias, sub-bacias ou trechos, os preços e quantidades ótimos seriam revelados considerando as externalidades que foram anteriormente mencionadas quando uma bacia, sub-bacia ou trecho dispõe de água de outra. Para tal, cada usuário teria que ser outorgado nas diversas bacias que seu consumo afeta de acordo com o efeito do seu consumo na disponibilidade de cada bacia. Note, entretanto, que, nesse cenário de comercialização, não está resolvido o problema de interligação da expressão (3) de precificação. Sem o conhecimento prévio de q_{ij} não é possível definir os direitos por bacia e, portanto, criar um mercado. Caso q_{ij} seja explicitado, um MDU entre bacias poderia ser utilizado em lugar da precificação da expressão (3). Para tal, mercados *spot* e futuros poderiam ser adotados para realizar as transações. A vantagem do MDU seria que o próprio mercado definiria os valores de transação da água e, assim, não haveria necessidade de calcular um nível de cobrança e, portanto, a imprecisão do processo alocativo seria limitada ao dimensionamento de q_{ij}.

Na situação de leilões administrados e com transações entre usuários, atinge-se o consumo ótimo e gera-se uma receita anual suficiente para a gestão e expansão do sistema. Adicionalmente, alocam-se eficientemente os recursos em situações de racionamento e de expansão de consumo. Novos usuários poderiam adquirir direitos de outorga e as bacias com expansão de consumo também poderiam efetuar transações com outras bacias.

Conforme se mencionou no início deste item, tal sistema de MDU implica uma completa alteração da distribuição das outorgas atualmente concedidas e, portanto, geraria problemas políticos e jurídicos provavelmente intransponíveis. Um mercado, todavia, somente sucederá se esses direitos de uso forem realmente assegurados de forma que quem vende possa vir a comprar mais tarde caso seja necessário. Caso contrário, a falta de credibilidade restringirá as potenciais transações. Para tanto, não se faz possível imaginar, no caso brasileiro, que estes direitos tornem-se comercializáveis de forma repentina.

Além do mais, existem pelo menos dois problemas técnicos a serem considerados, tais como:

- *informação imperfeita* – o poder público não estaria perfeitamente informado sobre disponibilidade hídrica, os efeitos do consumo de cada bacia em outra bacia e os custos marginais de gestão e expansão nas diversas bacias. Adicionalmente, nem todos os usuários estariam com informação precisa sobre a sua produtividade marginal ou disposição a pagar. Assim, os custos de transação seriam altamente elevados e o consumo de equilíbrio seria subótimo. Embora tal imperfeição possa ser amenizada valendo-se de mercados futuros, a administração de tal sistema é por demais complexa para ser implementada de forma abrangente para um país como o Brasil com um número significativo e diverso de bacias e usuários;

- *poder de mercado* – os usuários ou bacias com poder concentrado de mercado tenderiam a manipular a compra de direitos de outorgas para a criação de barreiras à entrada para concorrentes (ou competição regional) ou ainda para realizar arbitragens de preço visando a lucros anormais.[60] Embora tal possibilidade possa ser controlada por limites de outorga por usuário ou restrição de transferências, mais uma vez a administração do sistema seria mais complexa,

---

[60] No caso de usuário com poder monopsônico, a compra de direitos seria abaixo do necessário para forçar a queda do seu preço. Já no caso do monopolista haveria uma compra acima das necessidades para gerar uma elevação do preço. Essas possibilidades especulativas são determinadas pelas curvas de custo de controle que influenciarão, por sua vez, a demanda por tais direitos.

pois requereria que o poder público conhecesse as demandas reais dos usuários, caso contrário os ganhos de eficiência esperados seriam reduzidos.[61]

Todavia, parte deste sistema MDU pode ser aplicado, sem a incidência grave destes problemas político-jurídicos e técnicos, quando da situação de racionamento que é um dos principais problemas alocativos não resolvidos pela precificação. Neste cenário as outorgas são definidas nos critérios correntes[62] e adota-se a precificação para financiamento da bacia, mas essas outorgas são liberadas para comercialização em situações de racionamento.

No racionamento, o poder concedente tem que reduzir o volume de outorga no percentual adequado à magnitude do racionamento. Uma redução uniforme entre usuários resultaria numa alocação subótima dado que o racionamento não privilegiaria os usuários de maior produtividade ou utilidade marginal da água. Para evitar tal distorção, transações de MDU poderiam ocorrer em mercados *spot* em duas formas: com transação entre usuários ou em leilões administrados pelo poder concedente.

Nas transações entre usuários, o poder concedente reduz a outorga de todos os usuários no mesmo percentual e estes são livres para "alugar" parte da sua outorga restante ao maior valor de oferta. Note que o preço de equilíbrio deste aluguel seria equivalente à produtividade ou utilidade marginal do usuário segundo as expressões (1) e (2). Entretanto, se o racionamento cresce de forma contínua e as alocações entre usuários têm de ser realizadas de imediato, a identificação de negócios entre os usuários pode apresentar altos custos de transação que reduziriam sua capacidade de alocação ótima.

Nas transações administradas por leilões, o poder concedente anuncia que o racionamento será alocado por usuário de acordo com o valor que este está disposto a pagar para não ser racionado. Aqueles com menor disposição a pagar serão os primeiros atingidos. Ao contrário de a informação de preços revelar-se no mercado, todos os usuários revelam seus preços ao poder concedente por meio de um leilão[63] que ordena o racionamento. Nesse caso, a verdadeira disposição a

---

[61] Este é um caso de assimetria de informação tipo principal-agente.

[62] Observe que, independentemente do critério de alocação de outorgas, sempre haverá um problema distributivo.

[63] Este leilão poderia ocorrer pela internet de forma simultânea. Kelman (1997) sugere que na concessão da outorga o usuário já informe sua disposição a pagar pela água racionada. Todavia, dado o grau de incerteza sobre a ocorrência de racionamento na época da outorga, tal procedimento parece não oferecer nenhum ganho alocativo.

pagar sugeriria também para indicar uma alocação ótima da escassez de água sem, contudo, exigir altos custos de transação.

O mercado de certificados de poluição

Agora vamos considerar o caso da poluição onde o problema se amplia com a presença de externalidades. Os direitos assim são assegurados não só para o uso da água para diluição, mas também pelo direito completo de compensação às externalidades, ou seja, a parte afetada negativamente tem legalmente assegurada uma compensação que equivale às suas perdas por conta das externalidades negativas.

Por exemplo, a poluição do usuário A gera para o usuário firma B um custo equivalente a uma perda de produção ΔQ. Assim, se a firma B tem direitos legais de compensação, estaria disposta a aceitar o montante ΔQ para permitir que A continuasse a poluir. Por outro lado, se o direito de compensação não existe ou o direito de poluir é assegurado ao usuário A, restaria a B pagar até ΔQ ao usuário A para cessar essas externalidades.

Quando tais negociações são possíveis, os preços da externalidade emergem e norteiam uma alocação eficiente dos recursos quando identificam o ótimo da poluição equivalente a Q^{**} no gráfico 2, independentemente de quem tem os direitos de propriedade assegurados. Esse processo é denominado solução de mercado coasiana, graças ao trabalho seminal desenvolvido por R. Coase,[64] e tem sido objeto da escola dos economistas institucionalistas ou economia das leis.

Essa corrente estuda o papel das instituições na definição dos direitos de propriedade e suas repercussões na alocação eficiente dos recursos. Nesses casos, taxas pigouvianas não seriam necessárias, pois o próprio mercado atingiria soluções ótimas sem uso de instrumentos fiscais, ou seja, a curva de compensações reflete uma curva de danos ambientais e, portanto, as negociações entre as partes revelariam os valores dos danos marginais da poluição da taxa pigouviana.

Todavia, soluções coasianas não estão livres de problemas de eficiência. Da mesma forma que o discutido para o MDU, estruturas imperfeitas de mercado podem gerar compensações não ótimas quando existe um poder de mercado sob controle de alguns poucos usuários.

---

[64] Prêmio Nobel de Economia em 1992. Ver texto seminal em Coase (1960).

Segundo, embora o ponto de equilíbrio coasiano independa também de "a quem" os direitos são assegurados, os efeitos distributivos (pagamento ou compensações) trocam de sinal em cada caso.

Terceiro, quando pagamentos ou compensações são realizados alteram-se as restrições orçamentárias originais dos usuários e, consequentemente, determinam novos pontos de equilíbrio distintos. Por último, a magnitude dos custos de transação para impor esses direitos reduz também o pagamento ou compensação líquida e, portanto, resultam em pontos de equilíbrio não ótimos.

Essa última restrição é de suma importância para a questão dos recursos ambientais. Devido ao caráter difuso do problema ambiental, observa-se um número elevado de partes afetadas e geradoras de externalidades. É difícil avaliar não só a causalidade entre cada fonte de degradação com o efeito ambiental geral, mas também o valor econômico dos recursos ambientais que não se resume somente a *valores de uso*, mas inclui igualmente *valores de não uso* que afetam a sociedade como um todo. Assim, soluções coasianas acabam gerando altos custos de transação que podem resultar em pontos de equilíbrio muito próximos à total degradação ou exaustão.

A solução do tipo coasiana seria, contudo, a base das compensações judiciais em relação a danos ambientais. As dificuldades institucionais de julgar o mérito, definir o valor e impor as sanções têm encerrado custos de transação elevados que não permitiram que tal prática fosse satisfatória em termos de eficiência econômica.

Se o ótimo da poluição não é viável pelas compensações, é possível que a criação de um mercado de certificados de poluição (MCP) seja a forma mais eficiente de atingir um nível de poluição previamente estipulado, conforme se pretende com a cobrança C_{2p} da expressão (1).

Tal como no gráfico 3, em vez de um preço C^* da poluição assinalado por um poder concedente, os usuários negociariam os d^* certificados de poluição. É possível demonstrar que o preço de equilíbrio destes certificados equivaleria ao preço da poluição C^* de acordo com a expressão (1). Todavia, no caso de um processo de difusão de poluição não linear, conforme discutido anteriormente para a cobrança, o montante de certificados teria que ser revisto a cada rodada de negociações ou ser associado a uma cobrança pelas externalidades remanescentes. Novamente, a eficiência alocativa do MCP dependerá das condições competitivas desse mercado, tal como observou-se para o MDU e o mercado coasiano.

Conclusões

Analisando as opções de sistema de cobrança anteriormente analisadas, o quadro 8 resume algumas características que as diferenciam.

Quadro 8
A comparação dos sistemas de cobrança

Objetivo	Dificuldade
Nível ótimo de cobrança para financiamento	Capturar verdadeira disposição a pagar dos usuários.
Nível ótimo de cobrança para equilíbrio orçamentário	Estimar custo marginal de expansão.
Nível ótimo de poluição	Determinar valores para cada usuário com base nos danos da sua externalidade.
Custo-eficiência de controle	Determinar valores para cada usuário com base na sua contribuição à perda da qualidade ambiental.

O que finalmente nos interessa apreender dessa análise é que na ausência de preços adequados para os recursos naturais a alocação eficiente destes recursos não pode ser tentada.

Conforme ilustra o gráfico 4, onde $CCmg$ é a curva de custo de controle marginal privado da poluição, quando o nível de cobrança (ou de custo de um certificado de poluição) é t, o nível de controle da firma 1, a_1, é maior do que o da firma 2, a_2, que por sua vez é maior do que o da firma 3, a_3.

Quanto maior for t, maior será o controle agregado das firmas, pois o preço maior de cobrança induzirá o controle em firmas onde o custo de controle é também maior. Assumindo custos de transação nulos e perfeita racionalidade dos agentes econômicos, as firmas somente pagarão sobre uma unidade de poluição se o seu custo de controle marginal exceder o valor cobrado sobre ela.

Observe no gráfico 4 que, se a_2 é imposto a todas as firmas como um típico instrumento de controle, a firma 1 será obrigada a controlar mais a um custo marginal maior e a firma 3 a controlar menos a um custo marginal menor. Logo, o custo total agregado de controle em t será menor do que aquele resultante de uma imposição geral de a_2.

Note também que t poderá ser tanto uma taxa pigouviana, igualando custo social da poluição com custos sociais de seu controle, quanto uma taxa que induz de tal forma o nível de controle das firmas que a poluição total agregada não excede um certo nível desejado socialmente.

Qualquer que seja t, esta resultará em um certo nível de receita desde que o preço da cobrança seja inferior ao maior custo marginal de controle. Embora a magnitude da receita dependa do nível de cobrança, os custos administrativos de implementação dessa cobrança – custos econômicos de transação e custos políticos – devem ser cuidadosamente avaliados para que estes compensem a geração de receita resultante.

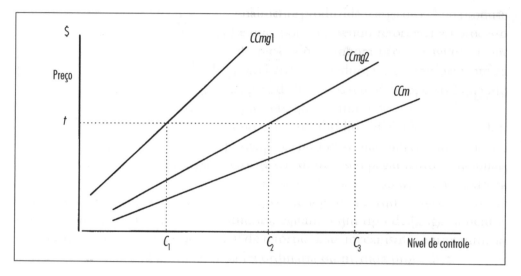

Gráfico 4
Controle ambiental e preço da poluição

A distribuição de direitos comercializáveis de forma gratuita[65] significa, entretanto, uma transferência de renda para os usuários beneficiados. Note no gráfico 3 que, com o leilão de d^* certificados, o custo total da firma (custo da compra de certificados mais custo de controle) é a área sombreada abaixo da linha de preço mais a área abaixo da curva de custo de controle (*Ccmg*) a partir de d^*. Já quando a distribuição de d^* certificados é gratuita, o custo total das firmas seria somente parte dessa área a partir de d^* que representa o custo de controle. Logo, existe uma transferência direta de renda aos usuários equivalente à área sombreada (área abaixo da linha de preço de 0 a d^*) do gráfico 3. A receita da cobrança seria exatamente essa área equivalente aos gastos com compra de certificados.

Vale, então, ressaltar cinco pontos importantes, geralmente interpretados de forma errônea nesse tema:

---

[65] Por exemplo, proporcional ao atual nível de consumo ou descarga (critério *grandfather*).

- a receita de cobrança será sempre positiva desde que seu valor não seja superior ao menor custo de controle percebido pelo usuário.[66] Neste custo de controle deve-se considerar também, além dos custos de investimentos e operação, os custos de transação dos usuários (custo de administração e informação). Sistemas muito complexos com altos custos de transação podem reduzir os ganhos de eficiência desejados com o sistema de cobrança. Nesses casos de sistemas complexos, a receita líquida gerada pode até ser negativa se consideramos os custos de gestão incorridos para administrar o sistema;
- a criação de mercados pode gerar receitas cujo montante é igual ao do sistema de cobrança, desde que os direitos sejam vendidos e não cedidos gratuitamente;
- a receita da venda de direitos ou da cobrança não representa um pagamento dobrado dos usuários, já que com tais mecanismos de mercado reduz-se o custo social de controle de igual monta;
- no caso de certificados, seria possível, então, orientar uma política de água preferencial a um setor pela simples alocação favorável a ele, em vez de criar subsídios cruzados no sistema de cobranças. Note que, com o subsídio cruzado por cobrança, a alocação seria subótima enquanto na distribuição de direitos preferenciais o nível ótimo seria restabelecido valendo-se de transações no mercado;
- para curvas de benefício (gráfico 1) ou de danos (gráfico 2) pouco inclinadas (altamente preço-elástica), o sistema de criação de mercado seria mais aconselhável porque uma imprecisão no valor da cobrança geraria perdas consideráveis, ou seja, num cenário de informação imperfeita, ajustar os valores da cobrança via monitoria fina, onde os valores seriam calibrados *vis-à-vis* as respostas de mercado, poderia gerar custos econômicos bastante significativos.

Embora as opções aumentem a eficiência alocativa do recurso água, existem, pelo menos, dois problemas comuns que podem impedir tais benefícios alocativos.

Um seria um problema técnico relativo ao conhecimento das interligações entre bacias e do processo de difusão da poluição, analisado de forma ampla anteriormente. É necessário conhecer os impactos de consumo de água e o processo de difusão de poluentes de um usuário para evitar a transferência de externalidades. Esse conhecimento talvez seja a maior contribuição de um plano nacional (esta-

---

[66] Ou seja, a água é um bem normal.

dual) de recursos hídricos. Neste aspecto uma gestão totalmente descentralizada não seria benéfica e os conselhos nacional ou estadual de recursos hídricos terão que atuar para mitigar tais externalidades.

O outro problema seria de ordem legal relativo à existência de um padrão de emissão por usuário. Tal padrão é uma limitação aos ganhos de eficiência no uso da água por qualidade porque impede a redução dos custos totais de controle. Caso a cobrança seja permitida apenas sobre as emissões legalmente definidas, o ganho alocativo da redução dos níveis correntes para os níveis legais seria perdido. Se a cobrança incidir sobre emissões acima dos níveis legais, embora seja mais eficiente, tal procedimento "legalizaria" essas emissões excedentes. Dessa forma, a abolição desses padrões poderia ser permitida em bacias em que um sistema de cobrança ou de criação de mercado fosse estabelecido. Entretanto, tal alteração teria que ser objeto de apreciação do Conselho Nacional do Meio Ambiente (Conama) dado que se trata de um requerimento legal de âmbito nacional.

A grande vantagem do sistema de criação de mercado sobre o de cobrança é a possibilidade de os usuários nas suas transações revelarem suas verdadeiras disposições a pagar e seus verdadeiros custos de controle. Com isso, o poder concedente elimina uma fonte de informação e reduz seu grau de imprecisão na aplicação dos instrumentos econômicos.

Ademais, para que se realize uma alocação ótima por criação de mercado, é preciso que exista um grande número de participantes comprando e vendendo com diferentes custos e benefícios e fraca interdependência. Nessas condições de diversificação e atomização é necessário um apoio institucional e legal mais sofisticado que evite altos custos de transação entre usuários e altos custos administrativos para o poder concedente.

Um mercado, todavia, somente sucederá se esses direitos de uso forem realmente assegurados de forma que quem vende possa vir a comprar mais tarde caso seja necessário e quem compra possa garantir os benefícios da sua compra. Caso contrário, a falta de credibilidade restringirá as potenciais transações. Para tanto, não se faz possível imaginar no caso brasileiro que tais direitos se tornem comercializáveis de forma repentina e, portanto, apenas algumas flexibilizações para períodos curtos podem ser contempladas, como seria o caso de leilões em épocas de racionamento de água. À exceção disso, uma regulamentação clara e inequívoca na regulamentação da Lei nº 9.433 de recursos hídricos seria um primeiro passo para a adoção desta vantajosa opção de instrumento de gestão.

Tendo em vista a complexidade de uma aplicação plena dos critérios econômicos, sugerimos três princípios básicos da cobrança:

- preços ótimos para geração de receita devem obedecer à regra de preço público em que preços são inversamente proporcionais às elasticidades-preço do usuário;
- preços ótimos para consecução de um objetivo ambiental têm de estar relacionados com o nível de externalidades gerado pelos usuários em relação ao nível total de externalidade desejado;
- a criação de mercados de direitos de uso tem que observar as condições existentes de competitividade.

Recomendações para a valorização econômica da água no Brasil

Nos itens anteriores procuramos demonstrar que a experiência internacional e as propostas brasileiras oficiais de cobrança seguem o critério do poluidor--usuário pagador, sem adoção, contudo, desse instrumento como uma forma de determinar preços que visem à otimização do uso da água, ou seja, os preços aplicados não emergem de uma maximização de benefícios ou de minimização de custos.

Tampouco a externalidade entre usuários é totalmente internalizada. Os coeficientes utilizados para bacias são geralmente muito amplos geograficamente, sem uma relação precisa entre uso ou emissão do usuário e qualidade ou disponibilidade hídrica agregada.

No caso da poluição, tais preços são fixados com referência nos custos de controle, mas sem uma calibragem dirigida a induzir os poluidores a níveis de controle que atendam um objetivo ambiental. As necessidades de receita e o impacto nas atividades econômicas parecem os parâmetros decisivos no processo de fixação dos valores da cobrança nessas experiências, sem contudo serem determinados por um processo de otimização ou de análise de padrão de uso.

Tal não quer dizer que não se esteja abandonando o objetivo de indução a usos mais racionais e menos degradantes da água. Essa receita é sempre vinculada a investimentos no setor de recursos hídricos, seja na forma de doações ou empréstimos, como na França e Holanda, ou na forma de descontos, como na Alemanha.

Conforme salientamos, qualquer preço positivo pelo uso da água resulta numa alteração de padrão de uso. A magnitude dessa variação, todavia, dependerá do formato das curvas de demanda por água ou controle de poluição. E nos países onde a cobrança foi realmente aplicada, observou-se uma redução da intensidade de poluição e de consumo de água.

132 • Economia ambiental

Como analisamos, o alto nível de controle na Holanda e na Alemanha é atribuído ao alto nível da cobrança de poluição. Por exemplo, mesmo com um PIB equivalente a 1/5 do PIB da França, a receita do sistema holandês de cobrança da água é mais do que o dobro arrecadado por todas as bacias francesas. Já na Alemanha, os altos valores da cobrança são significativamente reduzidos se investimentos sem controle são realizados.

No caso brasileiro, as legislações federal e estaduais de recursos hídricos colocam a racionalização do uso da água como um dos principais objetivos. Todavia, em nenhum momento está mencionada a meta de consecução de objetivos ambientais por cobrança. A cobrança é entendida como um dos instrumentos que contribuem para a melhora da disponibilidade e qualidade dos recursos hídricos.

Por outro lado, o uso da cobrança para atender níveis ótimos de uso da água é tecnicamente complexo e requer, portanto, uma sofisticada capacidade institucional, em termos de informação, monitoramento e implementação.

Se a determinação da cobrança tiver que ser realizada com base em geração de receita, sugerimos 10 critérios econômicos pragmáticos que poderão aumentar a eficiência do sistema, conforme apresentados no quadro 9.

Seguindo esses 10 critérios, qualquer proposta simplificada será também mais efetiva. Isto porque, além dos ganhos de eficiência alocativa da água, a transparência dos resultados esperados com o sistema de cobrança permitirá uma negociação mais socialmente vantajosa.

Note que os critérios (2) e (7) são derivados de análises hidrológicas e afetam significativamente os outros itens que são puramente econômicos. É justamente essa associação entre o econômico e o hidrológico que pode ser desenvolvida para um sistema de cobrança com maior ganho de eficiência ambiental e econômica.

Os instrumentos que poderiam cobrir essa lacuna seriam os planos nacional ou estadual de recursos hídricos. Para tanto, as relações união/estado e estado/município são essenciais para o bom funcionamento de um sistema descentralizado como este.

Todas as questões mencionadas terão de ser contempladas e identificadas nesses planos para que elas sejam realmente um instrumento de planejamento. Portanto, tais planos são a base inicial de um sistema de cobrança ou criação de mercado.

A adoção das recomendações citadas no quadro 9 tem que ser também avaliada considerando os custos de transação. Esses custos, conforme já enunciado, podem ser, pelo menos, de três naturezas: legais, institucionais e de informação.

Quadro 9
Dez critérios econômicos para valorização da água para cobrança e criação de mercado

1. Utilizar a regra de preços públicos na qual os preços por usuários são proporcionalmente inversos às suas elasticidades--preço da demanda e, no caso da poluição, as elasticidade-preço das curvas de controle.

2. Introduzir na cobrança de forma mais diferenciada possível por tipo de usuário de acordo com sua contribuição na disponibilidade e qualidade hídrica na sua sub-bacia e nas outras bacias.

3. Cobrar toda emissão, mesmo que abaixo dos padrões de emissão individuais, e cobrar todo o nível de poluição.

4. Propor descontos para investimentos em realização ou quando níveis de controle ou consumo estão abaixo de um padrão mínimo desejável.

5. Utilizar subsídios cruzados para diferenciar a cobrança por tipo de uso com critérios distributivos que sejam explícitos.

6. Estimar impactos no uso, geração de receita, capacidade de pagamento dos usuários e necessidades de financiamento da gestão com base nas curvas de custo, demanda e controle dos usuários.

7. Associar um modelo hidrológico para avaliar os impactos ambientais, as alterações de uso e estimar seus respectivos valores monetários.

8. Identificar as variáveis ambientais e econômicas que mais influenciam nos resultados.

9. Adotar a criação de mercado somente quando as condições de garantia de direito e competitividade estiverem asseguradas (por exemplo, nas situações de racionamento).

10. Planejar a implementação do sistema de forma gradual de acordo com o desenvolvimento da capacidade institucional que ofereça também uma gestão eficiente de baixo custo administrativo e de transação.

Os de natureza legal são aqueles associados à contestação jurídica, por exemplo, da cobrança ou da comercialização de direitos. Sistemas com base legal frágil atrasam sua implementação e, assim, podem desacreditar o sistema.[67]

Os custos institucionais são ainda mais importantes, pois geralmente requerem um esforço diretamente associado à capacidade de geração de receita. Como vimos, na Alemanha, onde o sistema é centralizado com base numa cobrança federal simplificada e de eficiência administrativa reconhecida, para US$ 5 arrecadados, US$ 1 é gasto no sistema, ou seja, a receita líquida é de 80% da receita bruta. Isso sem considerar o esforço administrativo indireto de outros órgãos públicos envolvidos. Dessa forma, deve o gestor estar atento às suas estimativas de receita, não só incorporando as reações dos usuários como proposto no item

---

[67] Estamos aqui considerando que os custos de contestação jurídica são absorvidos pelo aparato público legal a custos marginais nulos.

(6) no quadro 9, mas também internalizando os custos administrativos relativos ao esforço institucional necessário à implementação do sistema.

Esses custos institucionais podem ser de estudos e pesquisa, planejamento, monitoramento, medição de consumo e fiscalização.

Note que parte desses custos terá de ser incorrida anteriormente à implementação plena do sistema e à geração do seu potencial de receita. Portanto, a falta de recurso orçamentário para cumprir essa etapa inicial pode comprometer a eficácia do sistema, conforme analisamos nos casos mexicano e colombiano. Dessa forma, além da sofisticação do sistema, deve o gestor planejar sua implementação gradual de acordo com sua capacidade institucional. A receita líquida crescendo gradualmente pode servir de financiamento de práticas institucionais menos custosas e abrangentes.[68]

Os custos de informação são importantes na medida em que são incorridos pelos usuários e afetam diretamente a eficiência alocativa do sistema, que por sua própria natureza fiscal é pouco relevante na sua definição. Esses custos podem ser, por exemplo, relativos aos seguintes aspectos:

- conhecimento das opções tecnológicas de conservação de água e controle de poluição e os respectivos custos de investimento e operação;
- custos associados à negociação nos comitês de bacia ou junto aos órgãos concedentes;
- custos de monitoramento para reavaliações de seu consumo;
- custos associados à identificação de compradores e vendedores para comercialização de certificados e seus preços e garantia de titularidade.

No caso brasileiro, a legislação federal limita os gastos com a gestão, isto é, gastos com a administração do comitê e agências, em 7,5% do montante arrecadado com a cobrança.

Dessa forma, o valor da cobrança também determinará a viabilidade de criação do comitê e sua área de atuação. Consequentemente, serão consideradas as possibilidades de associações de bacias para cobrir uma área de atuação maior e com capacidade de financiamento mais ampla.

---

[68] Ver, por exemplo, Seroa da Motta, Ruitenbeek e Huber (1999) para uma análise da capacidade institucional da gestão ambiental na América Latina e Caribe na aplicação de instrumentos econômicos.

A título de sugestão, indicamos os seguintes procedimentos para iniciar um esforço de organização de gestão de recursos hídricos:

- levantar dados, os mais detalhados possíveis, sobre uso e fontes de degradação e avaliar a capacidade e qualidade do corpo hídrico da área de atuação;
- identificar os principais problemas hídricos e ambientais da área de atuação e estimar seus respectivos custos de mitigação, conservação e recuperação, e as necessidades de financiamento das atividades de gestão;
- identificar as outras bacias que geram influência na área de sua atuação e estimar, mesmo que qualitativamente, os respectivos impactos externos advindos delas;
- identificar os principais grupos de usuários por capacidade econômica, força política, de interesse social e de outras bacias de influência e agregá-los desde o início no âmbito dos estudos e discussões do sistema de gestão e cobrança.

Portanto, esses custos tornam-se parte do preço da água percebido por esses usuários. Dessa forma, a racionalidade do usuário diante de uma cobrança ou da compra de um direito será tomar decisões de consumo que sejam referentes ao preço deles mais os custos de informação. Logo, a redução de gastos com cobrança e compra de direitos para atender níveis menores de consumo será menor porque implica também esses custos adicionais de transação, ou seja, reduzem-se os ganhos alocativos do sistema.

Se o valor esperado desses custos for muito alto em relação ao valor da cobrança ou do direito, e, por exemplo, os usuários, além de perceberem esses custos, ainda estão incertos sobre suas magnitudes, o sistema perderá sua eficiência alocativa nas seguintes formas:

- *no sistema de cobrança* – os usuários continuam a gerar receitas, mas com poucas iniciativas de redução de consumo. Assim, aumentam-se os custos de atendimento à legislação ambiental sem contrapartida em qualidade ambiental;
- *No sistema de criação de mercados* – os usuários não realizam as transações esperadas e mantêm os seus direitos para si. Assim, a melhora da qualidade ambiental não se realiza pela minimização de custos, conforme expectativa do mercado de direitos.

Assim, observando tais implicações poderá o gestor desenhar um sistema mais ajustado à sua realidade institucional e, ao mesmo tempo, garantir à sociedade ganhos econômicos reais.

Estudo de caso 4

Propostas de instrumentos econômicos ambientais para a redução do lixo urbano e o reaproveitamento de sucatas no Brasil[69]

Introdução

Este estudo de caso é parte do projeto Estratégias de Atuação e Propostas de Medidas de Curto Prazo na Área de Instrumentos Econômicos para o Setor de Resíduos Sólidos, da Secretaria de Política Urbana (Sepurb) do Ministério do Planejamento e Orçamento.

---

[69] Este estudo é uma versão resumida do Texto para Discussão n.º 608 do Ipea (Seroa da Motta e Sayago, 1998). Reconhecemos as contribuições de Dilma Seli Pereira, Irene Altafin, Marcos Antonio Borsino, Jaqueline Low-Beer, Nadja Cardoso, Oscar Cordeiro, Marcio Amazonas, José Marcos Domingues de Oliveira, Larissa Chermont, Ercília Torres, Ricardo Bernardes, Lucia Sena, André Vilhena e Luciana Pellegrino. Nossos agradecimentos: a Ricardo Varsano, do Ipea, pela constante disposição de ouvir e comentar as nossas propostas e nos atualizar sobre política tributária; a Paulo Ramos e José Antonio Schontag, da Receita Federal, e Tacca Filho, do Tesouro Nacional, pela interlocução orientadora; a José Bulus, da Comlurb, pelas informações sobre custos de serviços de coleta e disposição; à Associação Brasileira do Alumínio (Abal), Associação Brasileira de Embalagem PET (Abepet), Associação Brasileira de Indústria Química (Abiquim), Associação Técnica Brasileira de Vidro (Abividro), Associação Brasileira de Papel e Celulose (ABPO), Associação Brasileira de Celulose e Papel (Bracelpa), Associação Brasileira de Empresas de Limpeza Pública (Abrelp), Associação Brasileira de Reciclagem de Materiais Plásticos (Abremplast), Prolata, e as empresas Coca-Cola, Cisper e Santa Marina, que gentil e profissionalmente nos receberam para discutir propostas e encaminhar informações; à estagiária Glenda Mesquita, que participou eficientemente nos exercícios estimativos e coleta de dados; à Lúcia Duarte pela presteza da sua revisão.

138 • Economia ambiental

Tendo em vista que se trata de um documento propositivo direcionado às diversas agências de governo e entidades privadas, associadas a questões de gestão de resíduos sólidos, reaproveitamento de sucatas e produção de embalagens, optou-se por um texto didático que permitisse a compreensão das premissas teóricas, conceitos e procedimentos metodológicos.

A gestão de resíduos sólidos no Brasil apresenta indicadores que mostram um baixo desempenho dos serviços de coleta e, principalmente, na disposição final do lixo urbano. Este fraco desempenho gera problemas sanitários e de contaminação hídrica nos locais onde são depositados esses resíduos. Quando se trata de carga tóxica, geralmente de origem industrial e agrícola, as consequências ambientais na saúde humana e na preservação da fauna e da flora são mais significativas. Adicionalmente, os gastos necessários para melhorar este cenário são expressivos e enfrentam problemas institucionais e de jurisdição, de competência do poder público.

Paralelamente, as atividades privadas de reaproveitamento (reutilização e reciclagem) de sucatas reintroduzem no processo produtivo grande parte do lixo urbano. A otimização das atividades de reaproveitamento de sucata, do ponto de vista privado, apenas esbarra em imperfeições de competição em que se verificam indicadores de poder oligopsônico. Os agentes econômicos nestas atividades percebem os benefícios e custos privados do reaproveitamento. Existe, portanto, a exemplo de outros países industrializados, um mercado dinâmico em expansão.

Por outro lado, do ponto de vista social, esta otimização pode ser questionada. As externalidades negativas não são percebidas como custos nos processos de geração e consumo de produtos, que acabam vertendo ao meio ambiente na forma de lixo. Estes custos externos poderiam, porém, ser reduzidos com as suas internalizações nos preços que afetam estes mercados. Ganhos distributivos também poderiam ser esperados na medida em que se estariam ampliando as oportunidades de trabalho e remuneração da mão de obra pouco qualificada engajada na atividade de coleta de sucata.

As alternativas analisadas e propostas em estudo destacam este aspecto e representam a primeira tentativa de introduzir um elemento de preço social, via instrumentos fiscais, nas atividades de geração e reaproveitamento de sucatas no Brasil. Embora não se trate do único ou do mais importante aspecto da gestão de resíduos sólidos, a questão é, certamente, uma oportunidade na qual, dada a existência de vias fiscais para gravar a geração de lixo em produtos finais e pro-

Propostas de instrumentos econômicos ambientais • **139**

mover um mercado ativo de sucatas no país, o uso de instrumentos econômicos poderia: aumentar a eficiência dos mecanismos de mercado para ampliar ganhos sociais e ambientais, e aproveitar opções de instrumentos fiscais, sejam aqueles já implementados ou os que estão em elaboração, que seriam ajustados e acionados para tais objetivos.

As propostas incluem indicações de valores monetários para utilização futura com relação à aplicação dos instrumentos. São indicadores na medida em que a valoração das externalidades, no caso de resíduos sólidos, requererá um esforço de pesquisa ainda maior do que o aqui empregado.

O item seguinte apresenta uma descrição resumida da gestão de resíduos sólidos no Brasil. Em seguida são analisados os aspectos econômicos das atividades de reaproveitamento de sucatas no Brasil. Posteriormente será mostrada uma taxonomia de instrumentos econômicos e sua transformação em preços econômicos para corrigir externalidades ambientais negativas. Finalizando tratar-se-á da identificação e formulação desses instrumentos para as atividades de reaproveitamento de sucata no país. As conclusões qualificam estas propostas no contexto de sua implementação e articulações com outros aspectos institucionais e de política econômica e ambiental. O anexo 4 detalha os aspectos e vieses metodológicos.

A economia do reaproveitamento de sucatas

Como vimos, o reaproveitamento de sucatas, reintroduzindo na estrutura produtiva parte dos materiais já processados, evita tanto os custos ambientais intratemporais (poluição) da disposição do lixo como também os custos intertemporais (esgotamento) de uso dos recursos exauríveis; para tal incorrem-se em maiores custos de coleta, triagem e transporte das sucatas. Enquanto os custos evitados tornam-se benefícios para toda a sociedade, o aumento dos custos decorrentes destes benefícios incide nos municípios ou nos agentes privados. Dessa forma, o mercado falha para atingir um nível ótimo de atividade.

O nível de reciclagem é determinado pela participação da produção da matéria reciclável em proporção ao total de matéria virgem utilizada no processo industrial. Estimativas dos níveis de reciclagem no Brasil estão apresentadas na tabela 15. Em termos de expansão, a reciclagem das sucatas de aço e vidro declinou nos últimos anos, a de papel ficou estabilizada e presenciou-se um crescimento significativo na de plástico e, principalmente, na de alumínio.

Economia ambiental

Tabela 15
Reciclagem no Brasil: 1997
(%)

	Alumínio	Vidro	Papel		Plástico			Aço
			Escritório	Ondulado	Filme	Rígido	PET	
Nível de reciclagem	61	28	37	60	15	15	21	18

Fonte: Cempre (1997).

Somente nos casos do alumínio e do papel, o nível brasileiro de reciclagem se aproxima da média dos níveis praticados nos países ricos. A expansão do mercado de reciclagem depende basicamente da relação de custos entre a matéria-prima virgem e a matéria-prima secundária, proveniente da sucata.

O valor da matéria-prima virgem resulta do seu custo de extração, da escassez das suas reservas e de seus custos (principalmente de energia) de processamento. O custo do material reciclável, por outro lado, depende do seu custo de coleta, separação, beneficiamento e transporte.

Quanto maior o custo da matéria-prima virgem em relação ao custo de substituição por sucatas, maior será o estímulo econômico para a coleta do resíduo e as possibilidades de absorver os custos de coleta e transporte, como são os casos de alumínio e aço.

Este nível depende também da forma como os resíduos são coletados e transferidos para o processador de matéria-prima. Estas formas determinam o nível de qualidade e, assim, o de aproveitamento dos resíduos. As fontes de material para o reaproveitamento são o lixo urbano coletado por serviços públicos ou catadores, as sobras do comércio e as geradas no próprio processamento de matéria-prima na indústria. Todavia, vale notar que um custo de coleta seletiva, superior ao da coleta convencional, pode se justificar socialmente pelos custos ambientais evitados com o reaproveitamento. Importante será determinar estes custos evitados para, então, definir os custos de coleta compensatórios.

Uma outra forma de ampliar a oferta de matéria para reciclagem do lixo urbano, com menor custo e maior impacto distributivo, são as cooperativas de catadores. Nestas os catadores fazem a triagem de resíduos (papel, vidro, plástico e metais) coletados em depósitos ou locais de entrega voluntária e os vendem geralmente para atacadistas (sucateiros).

Estas cooperativas são alternativas de organização para os catadores de lixão que trabalham dentro dos aterros, pois as cooperativas oferecem instalações sanitárias mais adequadas e outras facilidades para maior segurança e conforto no trabalho.

Uma forma de dinamizar a reciclagem de lixo industrial são as bolsas de resíduos existentes em 12 grandes capitais do país sob a gestão de associações industriais e de órgãos ambientais. Essas bolsas atuam no sentido de aproximar os geradores e recicladores de resíduos industriais e, com isso, dinamizar o mercado de reaproveitamento. Entretanto, sua atuação tem sido limitada principalmente porque as bolsas têm fracassado na redução da volatilidade do mercado de resíduos.

As vantagens de manter fontes seguras de abastecimento e demanda induzem os compradores e vendedores a manter transações sem sua intermediação. Também existe o temor de os grandes geradores de resíduos, ao divulgarem continuamente sua disponibilidade, sofrerem pressões fiscalizadoras dos órgãos ambientais.

A volatilidade de oferta e demanda, devido à pequena escala do setor de reaproveitamento e seus altos custos de triagem e estocagem, é um dos fatores restritivos à expansão do setor e responsável pela sua marcante tendência a concentração e verticalização. Observa-se que existe uma estrutura oligopsônica desde o sucateiro atacadista até as indústrias recicladoras. Estas últimas, exceto no caso do plástico, frequentemente estão integradas a grandes empresas produtoras da matéria virgem e, portanto, com forte poder de mercado.

Esta concentração do setor deve-se, em parte, a outras políticas setoriais de fomento aos investimentos da produção de matéria virgem subsidiada, tanto na forma estatizada quanto na privada. Caso típico, por exemplo, é o do setor de petroquímica para o plástico, do siderúrgico para o alumínio e do aço e o de celulose para o papel.

Tal cenário mostra claramente a necessidade de uma ação conjunta entre o setor privado e o governo para estabelecer instrumentos econômicos capazes de incentivar a dinamização do setor, inclusive alguns penalizadores do consumo de matéria-prima não reciclada, quando os custos ambientais evitados assim justificarem. Ou seja, o reaproveitamento de sucatas não deve ser considerado uma vantagem ambiental inquestionável. O balanço ambiental e energético do ciclo do reaproveitamento em termos de coleta, triagem e transporte é que deve definir o nível desejável a ser estimulado.

Qualquer que seja a sua forma, o IE representa um *preço econômico* das externalidades negativas. No caso de resíduos sólidos, a experiência internacional indica que o uso de IEs está se ampliando, conforme mostra o quadro 10.

142 • Economia ambiental

Geralmente, os custos decorrentes da coleta e disposição final de lixo são cobertos por receitas independentes de tais custos, ou seja, o valor que o consumidor deste tipo de serviço paga por ele não está ligado à quantidade de lixo gerada. Isto é, trata-se de um rateio dos custos que não está necessariamente relacionado com a geração de lixo do usuário. Assim, por unidade a mais de lixo, o custo marginal para o usuário é zero, fazendo com que uma quantidade ineficiente de resíduos seja levada à disposição final.

Quadro 10

Experiências internacionais com instrumentos orientados para o mercado na gestão de resíduos sólidos

Países	Créditos para reciclagem	Cobrança pela disposição em aterro	Cobrança sobre geração de lixo	Impostos sobre produtos	Sistemas depósito-retorno
Alemanha		Tributação específica sobre o lixo doméstico.	Por quantidade de lixo gerado (proposta).		As empresas devem recomprar as embalagens que são utilizadas por seus produtos.
Austrália		Tributo especial para organizar despejo de resíduos sólidos e controlar descargas e emissões.			Para vasilhames de bebidas carbonatadas e cerveja.
Áustria		Taxação para recuperar áreas contaminadas.			
Bélgica		Tributo sobre a disposição de lixo tóxico, cobrado pelo governo federal.	Por quantidade de lixo gerado. Sobre lâminas de barbear: US$ 0,34 /unidade; máquinas fotográficas descartáveis não recidadas: US$ 10,26/ unidade; alguns vasilhames de bebidas: US$ 0,51/litro.	Vasilhames de bebidas, lâminas de barbear e máquinas fotográficas descartáveis não recicláveis.	Para vasilhames de bebidas carbonatadas e cerveja.
Canadá		Tributo especial para organizar despejo de resíduos sólidos e controlar descargas e emissões.	Sobre o lixo de vasilhames não reutilizáveis ou não recicláveis.	Jornais e material promocional (em discussão).	

continua

Propostas de instrumentos econômicos ambientais • **143**

Países	Créditos para reciclagem	Cobrança pela disposição em aterro	Cobrança sobre geração de lixo	Impostos sobre produtos	Sistemas depósito-retorno
Coreia			Sobre itens classificados como danosos ao meio ambiente.		Para garrafas de bebidas alcoólicas (35 won p/ menores de 500 ml; 50 won p/ entre 500 ml -1 l; 100 won p/ mais de 1 l). Para garrafas de bebidas carbonatadas (40 won p/entre 190-300ml; 50 won p/ entre 300-640 ml; 60 won p/ entre 640 ml-1 l; 80 won p/ mais de 1 l). Para embalagens (papel, metal, vidro e PET); para baterias (mercúrio e células oxidadas de prata); para óleo lubrificante; para eletrodomésticos.
Dinamarca		Cobrança de tributos sobre resíduos aterrados.	Sobre embalagens de plástico ou papel no valor de US$ 0,90 por unidade.	Consumo de água, bolsas de plástico ou papel, embalagens de pesticidas e bebidas.	Para vasilhames de bebidas carbonatadas e cerveja.
Estados Unidos	Concessão de créditos, deduções de impostos e concessão de empréstimos ligados à atividade recicladora.	Tributo sobre a disposição de lixo tóxico cobrado pelo governo federal.	Por quantidade de lixo gerado (proposta).		Para vasilhames de bebidas carbonatadas e cerveja.
Espanha		Cobrança de tributos sobre resíduos aterrados.			
Finlândia		Tributo sobre o óleo residual e resíduos radioativos. Existe a cobrança pela coleta e disposição de lixo feita por uma firma particular.		Sobre vasilhames não retornáveis de bebidas carbonatadas.	Para vasilhames de bebidas carbonatadas.

continua

144 • Economia ambiental

Países	Créditos para reciclagem	Cobrança pela disposição em aterro	Cobrança sobre geração de lixo	Impostos sobre produtos	Sistemas depósito-retorno
França		Tributação específica sobre o lixo doméstico.	Por quantidade de lixo gerado (proposta).		
Holanda		Tributação específica sobre o lixo doméstico.	Por quantidade de lixo ou por número de pessoas em uma residência (municipal).	Produtos de embalagem (em discussão).	Para produtos contendo alumínio (proposta).
Irlanda		Instrumento econômico como forma de incentivar a separação de lixo.			
Itália		Tributo especial para organizar despejo de resíduos sólidos e controlar descargas e emissões.		Sacolas de plástico não recicláveis.	
Noruega				Sobre vasilhames não retornáveis de bebidas carbonatadas.	Para vasilhames reutilizáveis.
Reino Unido	Pagamento, por parte das autoridades de gerenciamentos de lixo, aos agentes diretamente envolvidos. Garantia de demanda por produtos reciclados por parte do governo, entre outras.	Sobre resíduos sólidos (em estudo).			Para vasilhames de bebidas (em estudo).
Suécia		Instrumento econômico como forma de incentivar a separação de lixo.		Sobre produtos retornáveis de alumínio ou vidro (0,08 coroa sueca / unid.); vasilhames descartáveis (0,10 coroa sueca /unid.	Para latas de alumínio (depósito de 0,50 coroa sueca).

continua

Propostas de instrumentos econômicos ambientais • 145

Países	Créditos para reciclagem	Cobrança pela disposição em aterro	Cobrança sobre geração de lixo	Impostos sobre produtos	Sistemas depósito-retorno
Suíça				entre 20 e 30 centilitros, 0,15 coroa sueca/unid. de 31 a 70 centilitros, 0,25 coroa sueca/unid. entre 71 e 300 centilitros); fertilizantes (0,60 coroa sueca/quilo de nitrogênio e 1,20 coroa sueca/ quilo de fósforo); pesticidas (8 coroas suecas/ quilo de substâncias ativas contidas). Sobre baterias comercializadas (32 coroas suecas para baterias com mais de 3 kg, as demais são classificadas de acordo com a sua composição: 23 coroas suecas por kg de baterias alcalinas e de mercúrio; 13 coroas suecas por kg de baterias de níquel e cádmio). Produtos de embalagem (em discussão).	
Turquia		Taxa de limpeza ambiental.	Sobre o lixo de residências e não residências e águas residuais.		

Fonte: Chermont e Seroa da Motta (1996).

146 • Economia ambiental

Teoricamente, a alternativa prioritária seria a utilização de uma política denominada preço unitário que reflita o custo marginal do lixo gerado. Neste tipo de sistema, cobra-se uma taxa para cada unidade de lixo. Se tal taxa é composta de forma a considerar tanto os custos privados de coleta e disposição quanto as externalidades associadas, então a quantidade de lixo levada à disposição final seria eficiente. O maior problema que surge no caso do preço unitário é a disposição ilegal de lixo que reduz a eficiência deste sistema de preços.

Assim, outras opções ("de segundo-ótimo") são desenhadas para tentar neutralizar este problema, tais como: taxas sobre matéria-prima virgem, subsídios à reciclagem, sistema depósito-retorno para embalagens, padrões mínimos de uso de reciclados como insumo na produção (*minimum recycled content standards*) e taxa sobre o produto final (*advance disposal fee*).

Estudo recente de Palmer e Walls (1997) analisa detalhadamente estas opções. Estes autores demonstram que o sistema depósito-retorno – onde se paga um adicional na compra do produto e recebe-se este valor de volta quando da devolução da embalagem – resulta em uma quantidade ótima social de lixo levado à disposição final. Nesse caso, não é necessária nenhuma taxação adicional sobre as matérias-primas virgens para se atingir o ótimo social, o que acontece quando apenas se subsidia a reciclagem. Este sistema é comparado com a imposição de padrões mínimos de uso de reciclados como insumo na produção. Neste caso, para que se alcance o ponto eficiente, o uso de padrões para reciclados deve ser combinado com taxa sobre a produção ou sobre o trabalho.

O sistema depósito-retorno apresenta várias vantagens em relação ao uso de padrões mínimos, principalmente no que se refere à sua implementação. Como o custo marginal social de disposição final é o mesmo entre os produtos, o valor do depósito-retorno é único. No caso do padrão mínimo de uso de reciclados, como as funções de produção são diferentes para empresas distintas, exige-se que sejam estabelecidos padrões específicos. Além disso, no caso de padrões mínimos, para se atingir o ótimo social é necessário o uso de uma taxa adicional.

Outro estudo recente, de Palmer e coautores (1997), simula um modelo depósito-retorno para compará-lo com subsídio à reciclagem e com taxação sobre o produto final. Os resultados de tal simulação mostram que o sistema depósito--retorno é mais eficiente que os demais, no sentido de que é o menos custoso. Para uma redução do lixo de 10% é necessário um depósito-retorno de US$ 45 por tonelada para a mesma redução a taxa sobre o produto final deve ser de US$ 85 por tonelada e de US$ 98 no caso de um subsídio à reciclagem. O sistema depósito-retorno é o único que atua aumentando ambos: a reciclagem e a redução na fonte, e por isso é o menos custoso. O subsídio à reciclagem leva ao aumento dela, mas também encoraja o consumo, enquanto a taxa sobre o produto final age no sentido oposto, reduzindo o consumo e, portanto, reduzindo a reciclagem, uma vez que a quantidade de material disponível para ela se reduz.

Apesar de o sistema depósito-retorno aparecer como método mais eficiente para a redução do lixo na fonte e para a reciclagem, existem outros custos associados a ele que não foram considerados no modelo. Tais custos referem-se à administração permanente do recebimento do material e à devolução do depósito. Estes custos podem variar bastante, dependendo de como o sistema é implantado. Dessa forma, tais custos administrativos podem fazer com que outro tipo de instrumento passe a ser preferido, no sentido de ser mais eficiente devido a menores custos. Assim, para que seja definido o uso do sistema depósito-retorno, os custos de administração devem ser calculados para, então, ser avaliada a sua eficiência.

É importante mencionar que uma combinação de subsídio à reciclagem com um imposto sobre produção e depósito-retorno é teoricamente equivalente, pois através de ambos se atinge o ótimo social no que se refere à disposição final. A diferença é que, com a combinação de imposto e subsídio, os custos administrativos são menores, uma vez que não há a necessidade de armazenamento de material e se evitam os custos financeiros da devolução.

Os custos administrativos do depósito-retorno devem ser decrescentes com o volume de retornados e crescentes com a distância entre pontos de coleta e de processamento. Dessa forma, grandes centros urbanos podem obter ganhos de escala na utilização do depósito/retorno em relação a áreas com população mais dispersa. O Brasil apresenta áreas com as duas características e, portanto, a utilização do sistema depósito-retorno deveria ser definida especificamente por região no sentido de garantir a eficiência do sistema.

Os critérios de formulação monetária do IE

Quais seriam, então, os critérios para a formulação monetária do preço de um recurso ambiental quando da aplicação de um IE?

Neste estudo adotamos uma conceituação para IEs na qual um preço econômico poderia ser generalizado em três tipos: preço da externalidade, preço de indução e preço de financiamento. Cada um com um critério distinto que gera valores também distintos.

Preço da externalidade: adota o critério do nível ótimo econômico de uso do recurso quando externalidades negativas – como, por exemplo, os danos ambientais – são internalizadas no preço do recurso tanto nos processos produtivos quanto nos de consumo. Uma vez que este novo preço da externalidade é determinado e imposto a cada usuário, agregado ao seu preço de mercado, cada nível de uso individual se altera, assim como o nível de uso agregado. Os novos níveis, desse modo, refletiriam uma otimização social deste uso, porque agora os benefícios do uso são contrabalançados por todos os custos associados a ele, ou seja, cada usuário paga exatamente o dano gerado pelo seu uso. Este preço da externalidade é chamado na literatura econômica de imposto "pigouviano"[70] e, geralmente, está associado ao "princípio do poluidor/usuário pagador".[71] Para determinar o preço da externalidade precisamos identificar apenas os custos externos negativos que, somados ao preço de mercado, representariam o preço social do recurso.

Preço de indução: adota o critério de custo-efetividade no qual o novo preço do recurso é determinado para atingir um certo nível agregado de uso considerado tecnicamente adequado (e não o ótimo econômico). É determinado de tal forma que o somatório da alteração individual de uso resulte no novo nível agregado desejado. Enquanto no preço da externalidade o nível agregado de uso resulta da determinação do preço imposto, no de indução a determinação depende do nível agregado desejado. Assim, sua determinação tem que ser baseada em simulações da identificação de cada alteração individual esperada diante das variações de preço do recurso, ou seja, temos que conhecer as funções de demanda de cada usuário para, então, observarmos o impacto agregado resultante.

Preço de financiamento: adota o critério de nível ótimo de financiamento no qual o preço é determinado para atingir um certo nível de uso desejado e, também, para obter um nível de receita desejado. Assim, o preço de financiamento está associado a um nível de uso e orçamento predeterminado e não a um nível economicamente ótimo de danos ambientais.[72]

---

[70] Teoricamente, a taxa pigouviana seria o dano ambiental no ótimo econômico da poluição. Tal nomenclatura deve-se ao economista Arthur Cecil Pigou que a formulou pela primeira vez na década de 1920.

[71] Na sua concepção *ex ante,* o usuário percebe o pagamento do dano antes do ato de uso. A sua formulação *ex post* está mais associada à reparação de danos via meios judiciais após seu uso ter gerado o dano.

[72] Na literatura econômica este preço adotaria a "regra de Ramsey", assim denominada em associação ao seu primeiro proponente.

Note que, embora conceitual e monetariamente distintos, os preços ambientais descritos atuam no sentido de induzir uma alteração na demanda individual do recurso, considerando tanto a realidade econômica do usuário quanto um nível agregado de uso ambientalmente desejado.

A adoção de uma ou outra natureza ou formulação de valor de um IE dependerá dos objetivos de política e das restrições legais e institucionais,[73] conforme analisaremos mais adiante.

O caso da gestão de resíduos sólidos

A gestão de resíduos sólidos (GRS) tem por objetivo racionalizar a geração e tratamento de lixo. Como os IEs poderiam, então, ser utilizados no caso brasileiro?

Identificando os objetivos de política

Primeiro, cabe identificar qual o recurso ambiental que se está procurando poupar. Neste caso, a má disposição de resíduos sólidos afeta quase todos os recursos ambientais, tais como: água, ar, solo e florestas. Sendo assim, a gestão poderia atuar elevando os custos de geração de resíduos sólidos para induzir as pessoas a diminuírem sua demanda por serviços de GRS.

A possibilidade da cobrança direta ao usuário gerador de RS, de acordo com o volume da sua geração ou disposição de lixo, seria o instrumento econômico teoricamente mais adequado, pois atuaria diretamente na demanda de GRS. Entretanto, esta cobrança apresenta várias dificuldades para sua implantação.

Note que, nesta cobrança direta, cada usuário dos serviços de GRS pagaria um montante que refletisse exatamente os custos gerados pelo seu lixo. Dois problemas básicos podem ser apontados com tal instrumento:

- ❏ causar disposição ilegal de lixo, uma vez que os agentes irão procurar alternativas que diminuam o seu custo;
- ❏ mesmo sendo possível alterar a taxa de lixo do IPTU, tornando-a equivalente à geração de lixo de cada agente, os custos exigidos para o controle do governo seriam altos demais, tornando o instrumento pouco eficiente na prática.

---

[73] Para o caso, por exemplo, da cobrança da água no Brasil, na nova realidade legal da Lei nº 9.433/97, ver Seroa da Motta et al. (2004).

150 • Economia ambiental

Parece plausível, assim, optar por instrumentos que atuem no sentido de incentivar a redução do uso de materiais geradores de resíduos ou o seu reaproveitamento (reutilização ou reciclagem), ou seja, utilizar impostos ou subsídios nos processos produtivos e de consumo de materiais geradores de resíduos, de forma a incentivar a demanda por material reaproveitado.

Conforme assinalado no item anterior, seguindo a tendência das áreas urbanas nos países mais ricos, verifica-se também no Brasil um aumento da participação do lixo inorgânico em detrimento do orgânico no total do lixo urbano gerado. Neste aumento do componente inorgânico identifica-se a crescente participação dos materiais associados às embalagens.

Além desta crescente participação das embalagens no total do lixo gerado, este componente é também o principal poluente, uma vez que seu tempo de decomposição é bem mais elevado do que a matéria orgânica. Pelo seu formato, as embalagens se tornam depósitos de água onde proliferam doenças, gerando assim custos relacionados à saúde. Outro fator que torna as embalagens um importante foco para estudo é a maior possibilidade de reciclagem e reaproveitamento deste tipo de resíduo, tanto devido à maior facilidade de separar o material, como pelo maior valor de mercado que possui.

Dessa forma, optamos por atuar no uso e reaproveitamento de embalagens na geração de lixo urbano doméstico. Formalizando, podemos definir a geração de lixo como: $W = Q - R$, onde W é a quantidade de lixo urbano gerado por embalagens, Q a quantidade produzida de embalagens e R a quantidade reaproveitada.

Em resumo, o objetivo do instrumento seria aumentar R e/ou reduzir Q para gerar um W menor utilizando um preço para a geração de embalagem para desestimular seu uso e uma valorização da sucata para estimular seu reaproveitamento no processo produtivo.

Note que reaproveitar significa reutilizar ou reciclar uma embalagem descartada (sucata). Ou seja, transformar a sucata em material reutilizável ou reciclado.

Identificando a natureza do instrumento

A utilização de IEs tem como objetivo reduzir o uso de material de embalagem ($\downarrow Q$) e incentivar seu reaproveitamento ($\uparrow R$). Essa redução pode ser conseguida por intermédio de um tributo sobre o uso de embalagens para desestimular seu uso, enquanto o incentivo ao reaproveitamento pode ser um subsídio para estimular esse uso.

A literatura econômica já consagrou a combinação destes dois instrumentos, com a denominação de sistema depósito/retorno.[74] Neste sistema um sobrepreço (depósito) é cobrado de um produto devido a sua embalagem. Este sobrepreço é devolvido (retorno) quando a embalagem é reaproveitada.

Este instrumento pode ser aplicado na fase de comercialização ou no processo produtivo. Na comercialização, o consumidor paga o depósito ao produtor na compra do produto e o recebe de volta ao retornar a embalagem.[75] Na produção, cabe ao fabricante do produto pagar o depósito a uma entidade governamental (uma forma de débito de um tributo) e o reembolso equivalente é retornado ao produtor que realizar o reaproveitamento (uma forma de crédito deste tributo).

Qualquer que seja o esquema adotado, estamos criando uma penalização, com o sobrepreço do depósito, quando da geração de embalagem e um subsídio ao reaproveitamento desta com o retorno deste depósito.

Note que o depósito, ou tributo, sobre a embalagem atua no aumento do preço do produto e, portanto, induz a menor utilização de embalagem para reduzir a sua oneração. Caso o valor deste depósito seja diferenciado pelo material da embalagem, de acordo, por exemplo, com o seu potencial de dano ao ambiente, haverá um incentivo para que o produtor utilize aquela de depósito menor.

Já o retorno, ou subsídio, valoriza a sucata de embalagem, na medida em que esta tem um preço maior se retornada ao processo produtivo, estimulando, assim, o seu mercado. A demanda por sucata cresceria porque o reciclador agora terá vantagens financeiras para comprar maior quantidade, e isto lhe asseguraria o subsídio. A oferta de sucata também cresce porque o consumidor, catador ou sucateiro percebe que o reciclador obtém este subsídio e, portanto, estará disposto a pagar até o valor deste benefício (deduzindo os custos de transação) para obter esta sucata. O mercado atinge, assim, um novo equilíbrio em níveis superiores de quantidade de sucata reaproveitável.

Isto não quer dizer que toda sucata será reaproveitada. Este novo nível de reaproveitamento dependerá das funções de oferta e demanda, isto é, resultará das decisões dos agentes econômicos envolvidos neste mercado quando compararem o novo preço da sucata com os custos de reaproveitamento (triagem, coleta,

---

[74] Ver, por exemplo, Palmer e Walls (1997), Palmer, Sigman e Walls (1997), Seroa da Motta, Ruitenbeek e Huber (1999), Chermont e Seroa da Motta (1996), além de Pearce e Brisson (1994).

[75] Este foi o esquema adotado em vários países, inclusive até recentemente no Brasil, para as garrafas de vidro de refrigerantes e cervejas.

152 • Economia ambiental

transporte e armazenagem). E estes podem variar por quantidade, qualidade, material e local.

Estas questões nos remetem à análise do tipo de tributo ou subsídio que queremos adotar à luz da taxonomia de preços ambientais feita no início deste estudo de caso. Qual será o critério de preço deste depósito ou retorno: preço--dano, preço-indução ou preço-financiamento?

Antes de analisar estes critérios, discutiremos as opções tributárias deste tributo/subsídio.

Opções tributárias

A imposição de um sistema de depósito/retorno como proposto deve evitar altos custos de transação (implementação, fiscalização e adesão) que reduzam sua eficácia econômica e ambiental. Dessa forma, devem-se identificar as barreiras legais e institucionais à sua criação. Parece plausível, então, aproveitar algum mecanismo de cobrança já existente que permita acoplar o instrumento proposto e, assim, evitar a necessidade de novos dispositivos legais e arranjos institucionais.

A Constituição brasileira exige uma lei complementar para criação de um novo tributo no Brasil.[76] A alteração de um tributo já existente exige uma lei ordinária ou medida provisória quando se altera a base de cálculo (ou o fato gerador do imposto) ou a distribuição da receita deste. Ou seja, a administração tributária (os poderes executivos da União, estado ou município) não está livre para alterar um tributo sem aprovação do respectivo Legislativo. Todavia, em alguns casos, como o do IPI,[77] as alíquotas de incidência podem ser alteradas por iniciativa do Executivo, utilizando decretos. Assim, uma opção de execução ágil do sistema depósito/retorno, como o aqui proposto, poderia ser com base nas alterações das alíquotas dos tributos existentes.

Considerando que o estudo visa a uma ação federal e de impacto no setor industrial, o imposto sobre produtos industrializados (IPI) surge como uma opção plausível. Adicionalmente, ele permite uma variação de alíquota mais elástica que os outros impostos – por decreto é permitida uma variação de até 30%. Todavia,

---

[76] Ou uma emenda constitucional, caso haja uma vedação à tributação do fato gerador proposto, como, por exemplo, tributar energia.

[77] Também estão incluídos neste caso, além do IPI, os impostos de importação e de exportação e o IOF.

além de o IPI apresentar algumas limitações, sua extinção está prevista na reforma tributária, conforme analisaremos a seguir.

A opção IPI

O uso do IPI revelou-se pouco efetivo para tributação porque a discriminação de produtos não se adequaria a uma tributação por embalagem e devido a sua característica de imposto de valor agregado. Vejamos uma análise resumida de três estratégias de aumento de tributo do IPI:

- aumentar ou reduzir a alíquota dos produtos[78] com embalagens de acordo com o nível de reaproveitamento de sucata na embalagem utilizada;
- aumentar ou reduzir a alíquota das embalagens de acordo com o nível de reaproveitamento de sucata no seu processo de produção;
- aumentar a alíquota das matérias-primas virgens.

A primeira opção não é possível por decreto, porque a lista de produtos tributáveis pelo IPI não discrimina os produtos por embalagem e a introdução destes significa alteração do fato gerador e, mesmo neste caso, seria bastante difícil abranger todas as combinações produto/embalagem, além de criar uma complexidade na administração do tributo.

A segunda opção não causaria impacto nos custos de produção e, consequentemente, não afetaria o mercado de sucata, porque o IPI é um imposto de valor agregado. Sendo a embalagem um bem intermediário, um aumento da carga de IPI seria crédito para o produtor do bem com embalagem dedutível na carga de IPI das suas vendas.[79] Portanto, apesar de possíveis pequenos ganhos financeiros, esta opção não geraria estímulos de preço.

Embora a discriminação da embalagem seja por material, ela não existe por nível de reaproveitamento, o que implicaria os mesmos problemas apontados na primeira opção para realizar esta discriminação.

Já a terceira opção apresenta a mesma impotência da segunda, além de provocar distorções não desejadas nos setores utilizadores de matéria-prima virgem que não produzem embalagens.

---

[78] Note-se que estamos nos referindo aos produtos que carregam embalagens.
[79] Isto é, as compras geram créditos de IPI e ICMS, a serem deduzidos dos débitos das vendas.

154 • Economia ambiental

No caso de subsídio existe uma opção. As sucatas, exceto as de plástico, são não tributáveis e, portanto, descarta-se um subsídio pela redução de alíquotas. Por outro lado, esta ausência de carga tributária permite a utilização de um mecanismo que pode ser bastante efetivo, denominado crédito presumido.[80]

A transformação de sucatas em material reaproveitado é tributável à semelhança da matéria-prima virgem, pois passa por um processo industrial.

O subsídio via crédito presumido neste caso seria um crédito do IPI que está contido na sucata quando esta foi originalmente produzida (carga de IPI no produto embalagem que gerou este material) e que, por estar sendo retornada ao processo produtivo, seria creditada em favor do reciclador. Embora não se pague IPI por produtos reaproveitáveis, o reciclador receberia este crédito, pago anteriormente na venda da embalagem que virou sucata, para deduzir dos seus débitos de IPI quando vender o material reaproveitado ou o produto que se utiliza deste material.

Uma vantagem deste mecanismo é que o subsídio é dirigido ao reciclador, o elo produtivo com o mercado de sucata e, portanto, não haveria necessidade de criar esquemas específicos para retorno da sucata e seu pagamento. Adicionalmente, sendo um subsídio a ser obtido no caso de maior uso de sucata, existirá uma flexibilidade para ajustar preços e quantidades de acordo com os custos de reaproveitamento de cada local e situação, evitando um tipo de "engessamento" característico de uma imposição legal de retorno. Este mecanismo, entretanto, ao alterar a base de cálculo, requer uma lei ordinária ou medida provisória.

A reforma tributária

A reforma tributária em tramitação no Congresso Nacional, elaborada pelo Ipea e relatada pelo deputado federal Mussa Demes, extingue o IPI e o ICMS (imposto sobre circulação de mercadorias e serviços) para criar em substituição um único imposto sobre o valor agregado, o IVA, e distribui suas receitas entre a União, estados e municípios.[81] A alíquota do IVA seria desdobrada em duas partes, uma federal e outra estadual, e será única para todos os produtos, exceto:

❑ nos casos de isenção para investimentos, cesta básica e exportação;
❑ nos casos de seletividade, onde as alíquotas serão maiores (por exemplo, cigarros, bebidas etc.).

---

[80] Este mecanismo opera no caso de PIS/Cofins para exportação (ver Lei nº 9.363, de 13-12-1996).
[81] Também eliminam-se o ISS, CSLL, Cofins e PIS/Pasep.

Existe, todavia, uma outra proposta de reforma tributária em discussão no Executivo Federal com origem no Ministério da Fazenda. Nesta também o IPI e o ICMS são integrados em um único IVA, embora a seletividade do imposto seja transferida para um novo imposto de consumo (varejo) estadual.

A reforma tributária no Brasil pretende simplificar o sistema e ampliar sua base fiscal. Dessa forma, as considerações das estratégias já discutidas para o IPI continuam válidas no contexto de reforma, ou seja, não há espaço para maior complexidade na aplicação do IVA, conforme se viu na forma de tributo via IPI.

Todavia, o processo de reforma tributária cria um espaço propício para introduzir um imposto específico para embalagem que não seja associado ao valor agregado, isto é, um imposto incidente exclusivamente sobre embalagens. Este imposto seria o depósito/tributo acima proposto.

O mecanismo de crédito presumido de IPI, no cenário de reforma tributária, poderia ser facilmente aplicado com base no novo IVA, desde que se garantisse a isenção do IVA para as sucatas, tal como ocorre atualmente no IPI. Por outro lado, a proposição de tal mecanismo tem que ser avaliada no cenário de reforma tributária. A expectativa de aprovação desta reforma no Congresso Nacional é de que ocorra ainda este ano ou no máximo em 1999. Uma possibilidade seria instituir o mecanismo por medida provisória e atuar no sentido de instituí-lo legalmente nas propostas de reforma tributária.

O Projeto de Lei Gabeira

Outra possibilidade seria atuar no sentido de assessorar na elaboração do substitutivo do Projeto de Lei nº 3.750/97 do deputado Fernando Gabeira que cria o depósito/retorno sobre garrafas e embalagens plásticas no valor de 5% do valor do produto vendido na embalagem.

Cabe ressaltar que, no caso da Lei Gabeira, o depósito que é feito sobre o produto é recolhido pelo produtor e devolvido por este ao consumidor, sendo o governo responsável apenas pela regulamentação e monitoramento da lei.

A adoção da alíquota de 5% não reflete qualquer valor econômico associado ao benefício do reaproveitamento. O legislador utiliza-se deste percentual para evitar a controvérsia de um valor estimado objetivamente e no intuito de atrair o debate para o essencial que é o próprio instrumento em si. O fato de o depósito se ater somente às garrafas e embalagens plásticas, embora simplifique sua aplicação, talvez desperdice a oportunidade legislativa de ampliar o alcance do instrumento.

156 • Economia ambiental

A nossa contribuição neste caso seria apenas de recomendar que os valores estipulados no projeto de lei fossem determinados de forma mais objetiva, de acordo com a metodologia desenvolvida neste estudo.

Resumindo, seriam estes os instrumentos em proposição:

- um crédito presumido (subsídio fiscal) para sucatas associado a um imposto de valor agregado, implementável via projeto de lei ou medida provisória;
- um imposto específico sobre embalagens via projeto de lei ou inserido no projeto de reforma tributária;
- um ajuste no sistema de precificação do depósito/retorno do projeto de lei do deputado federal Fernando Gabeira.

Independentemente disso tudo, reduzir para zero,[82] por decreto, as alíquotas incidentes sobre as sucatas de plástico, à semelhança das sucatas de outros materiais.

Formulação monetária

Tendo definido os objetivos de política e a natureza do instrumento, vamos agora analisar a sua formulação monetária, isto é, o *preço econômico* do reaproveitamento.

Preço da externalidade

O reaproveitamento de embalagens resulta em vários benefícios para a sociedade ao reduzir externalidades associadas a gastos com a coleta e disposição, impactos ambientais e uso de matéria-prima virgem e outros insumos. Por outro lado, resulta em outros gastos associados a triagem, coleta, transporte e estocagem do material reaproveitável.

Estes gastos não são desprezíveis na medida em que o processo ideal seria a coleta seletiva que apresenta altos custos de operação. Logo, a mensuração do benefício líquido social do reaproveitamento representa a externalidade da atividade de reaproveitamento. Entretanto, sua estimativa não é trivial, mas é determinante

---

[82] Caso seja necessária uma lei para reduzir a alíquota para zero, o que seria o caso se o poder competente entendesse que se trata de uma isenção, então a recomendação passa a ser uma redução significativa da alíquota para, por exemplo, 0,01%.

para calcular o nível ótimo de tributo ou subsídio que a sociedade deveria direcionar para esta atividade.

Note-se que a restrição orçamentária da economia para atender a todas as atividades sociais desejadas requer que o subsídio não exceda o preço da externalidade, enquanto um tributo acima deste preço induziria a um nível de atividade menor que o desejado. Em suma, busca-se um nível ótimo (eficiente) na atividade.

Para o reciclador, o reaproveitamento gera benefícios privados ao reduzir os gastos com matéria-prima e outros insumos deduzidos dos custos de reaproveitamento. E este benefício privado é positivo, uma vez que a sucata apresenta preços de mercado positivos, isto é, existem preços pelos quais os recicladores estão dispostos a pagar na aquisição deste material.

O nível de reaproveitamento resulta de quantidade de sucata que pode ser oferecida a este preço. Quanto maior este preço, maior a oferta de sucata. Em suma, o preço dela reflete seu valor privado.

Todavia, este preço de mercado não reflete todo o benefício social do reaproveitamento. O benefício para a sociedade, assim, tem de ser determinado, pois, como é derivado de gastos públicos e danos ambientais, e afeta difusamente a todos, não existe um valor de mercado para ele. É o caso típico de existência de externalidades que representam falhas do mercado em refletir o valor social de um bem ou serviço.

Entretanto, os gastos adicionais para viabilizar o reaproveitamento podem ser elevados. Neste sentido, realizamos um exercício estimativo para avaliar o benefício líquido social do reaproveitamento (BLSR), tal que:

$$BLSR = GCD + CA + GMI - GAR$$

onde:

GCD = gastos atuais e efetivos de coleta, transporte e disposição final de lixo urbano;

CA = danos ambientais resultantes da má coleta e disposição do lixo urbano;

GMI = reduções de custos associados em matéria-prima e outros insumos proporcionados pelo reaproveitamento;

GAR = gastos associados ao reaproveitamento.

Os GCD podem ser estimados com base em informações das empresas de limpeza pública.

158 • Economia ambiental

Para calcular CA, por outro lado, não existem informações disponíveis que permitam uma estimativa consistente dos impactos ambientais. Entretanto, uma estimativa pode ser calculada com base no quanto ainda se precisaria gastar para implementar um sistema ideal de coleta e disposição ideal de lixo que minimizasse estes impactos. Isso significa encontrar um valor que reflita exatamente o montante de gastos públicos exigidos por um sistema ideal de resíduos sólidos necessários para se evitar qualquer dano ambiental.

O cálculo de GMI foi estimado sob duas hipóteses:

❑ *hipótese 1* (preços de mercado competitivos): o preço de mercado atual das sucatas reflete os ganhos líquidos de reduções de custos de produção derivados do reaproveitamento e, assim, representa estes ganhos brutos deduzidos dos custos de reaproveitamento (isto é, preço da sucata = GMI – GAR). Esta hipótese admite que o mercado de sucatas estaria funcionando em perfeita competição – isto é, o valor marginal de GMI iguala-se ao valor marginal de GAR. O grau de concentração é baixo na fase de coleta, mas muito alto na fase atacadista, tendo em vista os elevados custos de transporte e estocagem. Na fase de reciclagem, a concentração varia para cada produto. Isto indicaria um mercado oligopsônico e, portanto, os preços da sucata podem estar abaixo do seu verdadeiro custo de oportunidade.[83] Por isso, na hipótese 2, adotamos estimativas destas reduções para tentar capturar uma estimativa destes custos;

❑ *hipótese 2* (verdadeiro custo de oportunidade): este custo de oportunidade foi calculado com base em estudo recente (Calderoni, 1997) que permite a estimativa de GMI (deduzidos dos custos privados de reprocessamento) em termos destes gastos na atividade de reciclagem por tonelada de material reciclado. As reduções são determinadas para matéria virgem, energia elétrica e água.[84] Todavia, reduções dos montantes calculados somente seriam possíveis caso a sucata

---

[83] Um indicador desta concentração pode ser revelado na volatilidade dos preços da sucata. Ver o anexo 4 relativo a estas estimativas.

[84] Corretamente deveríamos transformar tais gastos em seus respectivos custos sociais. Sendo estes predominantemente energia elétrica e água, gerados de uma base natural em processo de escassez na economia, acreditamos que o seu valor de mercado seja uma subestimativa dos valores sociais. Não se tentou qualquer correção neste sentido, posto que os preços da matéria-prima podem estar superestimados nos casos em que não exista uma escassez acentuada, como no caso dos minerais. De qualquer forma, poder-se-ia também incluir no valor social a redução de poluição evitada pelo reaproveitamento.

fosse colocada para o reciclador na qualidade desejada. Assim, a estimativa de GAR para viabilizar a reciclagem baseia-se nos custos médios atuais de coleta seletiva nas experiências brasileiras.

As estimativas de BSLR são calculadas por peso (tonelada) na hipótese de que esta seria a unidade física mais relevante para custos de coleta e disposição e reaproveitamento.

A tabela 16 apresenta estimativas do preço da externalidade (benefício social líquido do reaproveitamento) para cada material nas duas hipóteses de redução dos ganhos e custos de reaproveitamento. Ver anexo 4 para melhor detalhamento metodológico e análise de vieses.

Tabela 16
Estimativas dos benefícios sociais líquidos do reaproveitamento de sucatas (R$/t de 1997)

| Hipótese | Material | | | | |
	Alumínio	Vidro	Papel	Plástico	Aço
Hipótese 1					
❏ GCD	23,98	23,98	23,98	23,98	23,98
❏ CA	19,02	19,02	19,02	19,02	19,02
❏ GMI-GAR	459,33	39,29	73,52	113,23	36,27
❏ Total	502,33	82,29	116,52	156,23	79,27
❏ Total ponderado	5,58	13,72	50,49	32,98	14,10
❏ Valor médio total ponderado = 117,00					
Hipótese 2					
❏ GCD	23,98	23,98	23,98	23,98	23,98
❏ CA	19,02	19,02	19,02	19,02	19,02
❏ GMI	671,72	120,55	430,71	1.502,02	321,74
❏ GAR	240,00	240,00	240,00	240,00	240,00
❏ Total	474,72	(76,45)	233,71	1.305,02	124,74
❏ Total ponderado	5,27	(12,74)	101,27	275,49	22,18
❏ Valor médio total ponderado = 391,00					

As estimativas de GCD, CA e GAR são constantes para todos os materiais, relativas ao custo médio de uma tonelada de lixo, e o preço econômico é dado pelo valor médio dos valores dos materiais como uma média ponderada pela participação do material na tonelada de lixo urbano em coleta seletiva.

160 • Economia ambiental

Esta uniformização deve-se ao fato de que estas mensurações podem apresentar vieses estimativos não corrigidos. O preço econômico também não será diferenciado por potencial de dano. Nesse caso, a análise é muito mais complexa e traria um componente de disputa aos instrumentos, colocando em risco tanto sua viabilidade política como, se tecnicamente imprecisa, também sua capacidade de assegurar os benefícios almejados caso um tipo de material fosse equivocadamente sancionado. Mesmo admitindo-se, por exemplo, uma variação deste potencial por material, tais diferenças requereriam uma análise de ciclo de vida, na qual os custos ambientais do início do processo produtivo da matéria-prima e insumos até a disposição final do produto teriam que ser avaliados.

Embora tal imprecisão esteja também presente aos componentes estimativos aqui utilizados, estes são mais fáceis de serem ajustados objetivamente em virtude de sua maior simplicidade metodológica.

A variação dos valores de cada material da tabela 16, hipótese 1, por definição, reflete exatamente as respostas do mercado em termos de preço.

As diferenças entre os valores na hipótese 2, por outro lado, são resultantes das estimativas de GMI. Nessa hipótese observam-se para o vidro e o plástico, por exemplo, valores de BLSR bastante distantes dos respectivos valores de mercado. Além disso, o vidro apresenta valores de BSLR negativos, enquanto o do plástico é três vezes maior que o do alumínio – segundo maior valor. Esta divergência não é uma indicação de que o vidro teria maior valor social danoso e que o plástico seria uma opção mais ambientalmente saudável.

Estes valores estão, apenas, mostrando que os altos custos unitários de produção do plástico, se poupados, gerariam maior ganho social por unidade (de peso, neste caso) de produção. Mais ainda, que o subsídio iria ser maior para este material porque tal benefício social não se realiza plenamente pelas forças de mercado.

De qualquer forma, poder-se-ia questionar a validade das mensurações das parcelas estimadas de BLSR. Entretanto, ao optar-se por um preço médio ponderado, os possíveis vieses estimativos passam a afetar todos os materiais igualmente.

Os resultados da tabela 16 mostram que, na hipótese 1, o valor médio foi de R\$ 117/t e na hipótese 2, de R\$ 391/t. Esta divergência pode-se dever a uma superestimativa de GMI e/ou, conforme esperado, às imperfeições de mercado capturadas nos preços privados das sucatas. Estes valores definiriam, contudo, um intervalo de referência para um subsídio ou tributo que refletisse o preço da externalidade.

Assim, o preço da externalidade seria a soma do BLSR com o preço de mercado da sucata. Estes preços de externalidade estão apresentados na tabela 17.

Tabela 17
Preço da externalidade do reaproveitamento
(R$/t de 1997)

Hipótese	Material				
	Alumínio	Vidro	Papel	Plástico	Aço
Preço da sucata	459,33	39,29	73,52	113,23	36,27
BLSR	391,46	391,46	391,46	391,46	391,46
Preço da externalidade	850,79	430,75	464,98	504,69	427,73

Preço de indução

O preço de indução seria aquele que levaria a atividade de reaproveitamento a um nível desejado. Nesse caso podemos atuar tanto no preço da sucata quanto no preço da matéria-prima virgem.

A atuação no preço da sucata teria de ser no sentido de torná-lo mais atrativo que a matéria-prima virgem, ou seja, teríamos que determinar um preço de sucata que induzisse a sua maior coleta e, portanto, a sua maior oferta. Seguindo a natureza do instrumento adotado, isto significaria oferecer um subsídio ao reciclador, de tal forma que este pudesse oferecer este preço aos fornecedores de sucata.

Caso o nível de reaproveitamento desejado fosse de 100%, então tal preço de indução seria igual ao preço da matéria-prima virgem deduzido dos outros gastos relativos ao reaproveitamento. Valores intermediários entre este preço e o preço de mercado da sucata induziriam a níveis abaixo de 100%.

Não havendo qualquer disposição legal que oriente este nível de reaproveitamento desejado e não sendo possível estimar as funções de oferta de sucata,[85] utilizamos a seguinte hipótese: o nível desejado seria aquele atualmente atingido com as latas de alumínio, 61%. Dessa forma, o preço de indução seria o atualmente pago pela lata aos catadores de sucata, em torno de R$ 459/t. Ver anexo 4 para melhor detalhamento metodológico e análise de vieses.

---

[85] Estimar como a quantidade ofertada de sucata varia com o preço, isto é, elasticidades-preço de oferta.

Resolvemos optar pelo preço pago aos catadores no sistema de coleta individual, em vez dos preços pagos na indústria, onde se atribui valor à qualidade da sucata.

Com subsídio que represente um preço de sucata igual a R$ 459/t (referente a dezembro de 1997, em Cempre, 1997), admite-se que o catador terá o mesmo interesse em coletar outras embalagens, como já faz para a lata de alumínio. Certamente haveria aí uma economia de escala na coleta, mas uma deseconomia no armazenamento. No caso do transporte não saberíamos indicar as perdas e ganhos de escala.

Se calcularmos um preço médio ponderado das diversas sucatas, tal como na mensuração do valor médio do BLSR pela participação de cada um na composição do lixo urbano, e somarmos este preço médio ao valor médio ponderado de BLSR, teríamos um preço da externalidade médio de R$ 191 na hipótese 1 e R$ 464 na hipótese 2. Note-se que o preço de indução adotado, R$ 459, está muito próximo do preço médio da externalidade da hipótese 2. Esta coincidência poderia mostrar que essa hipótese 2 não seria uma superestimativa dos benefícios líquidos sociais do reaproveitamento.

Respeitando a natureza do instrumento selecionado, o tributo incidiria sobre as embalagens. Nesse caso, não temos qualquer inferência para identificar um preço que represente algum sinal de mercado, como observado para a lata de alumínio. Para determinar este preço de indução teríamos que modelar a demanda por material de embalagem, matéria-prima virgem e reaproveitada, o que não foi possível no escopo deste estudo.

Preço de financiamento

O preço de financiamento seria aquele que induzisse tanto a um nível de reaproveitamento desejado, como também gerasse um nível desejado de receitas. Portanto, o preço de financiamento seria apenas relevante para o caso de tributo.

Nesse caso, teríamos igualmente que modelar a demanda de material para embalagem, o que não foi possível neste estudo. Adotar, por exemplo, os custos de coleta seletiva por tonelada como um valor de referência do tributo seria impreciso, porque, diante deste tributo, os produtores de embalagem tenderiam a utilizar mais reaproveitados e, assim, não se obteria a receita desejada.

Note que, se estamos somente objetivando o nível de reaproveitamento, o preço de indução será o mais apropriado. Dessa forma, o presente estudo não utilizará a formulação monetária de preço de financiamento, embora este seja extremamente relevante quando se está procurando mecanismos de financiamento para a gestão de resíduos sólidos.

Resumindo, os preços econômicos estimados indicam um intervalo de preços de referência para aplicação de um instrumento fiscal de estímulo ao reaproveitamento e à redução da geração de embalagens. Como estes são subsídios ou tributos *ad valorem*, isto é, valores a serem pagos como subsídio ou cobrados como tributo por unidade de insumo ou produção, temos que transformá-los em alíquotas de impostos, seguindo a natureza dos IEs selecionados.

Formulação fiscal

A partir dos valores monetários identificados do IE, calcularemos as alíquotas dos instrumentos fiscais selecionados neste estudo.

O subsídio será via crédito presumido que está associado a um imposto de valor agregado (IVA) cuja alíquota pode variar para cada produto.

O tributo seria um imposto específico sobre embalagens ou um depósito/retorno a ser implementado pelo projeto de Lei Gabeira a incidir diretamente sobre os preços dos produtos.

Para tal, utilizaremos uma simples formalização matemática no sentido de encontrar relações entre o preço econômico e os preços dos produtos que se está desejando subsidiar ou tributar.

O crédito de sucata do IVA (Siva)

A alíquota do crédito presumido do Siva (C), concedido ao produtor que reaproveita sucata, seria uma proporção (β) da alíquota incidente sobre o produto que origina a sucata reaproveitada (I_A), tal que $C_A = \beta_A \times I_A$, onde β_A é o fator de crédito. O valor do crédito presumido (S) seria então:

$$S = C \times P_s \times Q_s^*$$

(1)

onde P_s é o preço atual da sucata e Q_s^* a quantidade de equilíbrio no mercado de sucata após o subsídio.

Note que I_A é alíquota de IVA incidente sobre o produto que virou sucata, como, por exemplo, a alíquota da lata de alumínio que foi reaproveitada.

Como vimos, o valor máximo de subsídio ao reaproveitamento (S_{max}) deve ser igual ao benefício líquido social do reaproveitamento (BLSR), ou seja,

164 • Economia ambiental

equivale à quantidade reaproveitada (Q_s^*) multiplicada pela diferença entre o preço econômico do reaproveitamento (P_{es}) e o preço de mercado da sucata (P_s). Logo, S_{max} seria:

$$S_{max} = (P_{es} - P_s) \times Q_s^* \qquad (2)$$

Assim, a restrição ambiental exige que o valor do crédito presumido (S) tem de ser menor ou igual a S_{max}, tal que:

$$S = C_A \times P_s \times Q_s^* \leq (P_{es} - P_s) \times Q_s^* \qquad (3)$$

Resumindo, teríamos a alíquota de crédito com restrição ambiental, tal que $C_A = \beta_A \times I_p$, onde β_A é a proporção da alíquota I_A, referente ao IPI incidente no produto que origina a sucata reaproveitada, denominado fator de crédito ambiental. Uma formulação de β_A seria:

$$\beta_A \leq (P_{es} - P_s) / P_s \times I_A \qquad (4)$$

Assim, o valor do crédito presumido seria calculado com base nos preços de referência da sucata, P_s e do valor econômico, P_{es}, a serem legislados e na alíquota oficial de I_A.

Note que, no caso de P_{es} ser um preço de externalidade, $(P_{es} - P_s) = $ BLSR. Mas, quando P_{es} constituir preço de indução, $(P_{es} - P_s)$ terá de ser calculado para cada material.

Observe que se P_{es} e P_s forem iguais, o mercado está socialmente otimizando o uso de sucatas ao igualar seu preço de mercado (P_s) ao seu preço econômico (P_{es}). Da expressão (4) obtemos, portanto, $\beta_A = 0$, e o valor do crédito presumido seria nulo. Logo, quanto maior a imperfeição do mercado, P_s torna-se menor do que P_{es}, e o subsídio ambiental teria de ser também maior ($\beta_A \times I_A > 0$).

Além da imperfeição do mercado de reciclagem, a discrepância entre P_{es} e P_s pode ser causada pelos custos de transação para aquisição de sucata (por exemplo, burocratização) ou a qualidade do material.

O valor do crédito também pode ser definido diante de restrição fiscal. O crédito oferecido (S) é uma contrapartida do imposto pago no produto final que reaproveita a sucata (D) na sua produção, isto é, que gera um débito do IVA. Vale observar que o volume utilizado de sucata (Q_s^*) seria subsidiado no mesmo montante que ele geraria de imposto como de produto final.

Poderíamos adotar uma restrição fiscal para que o total de crédito (S) nunca estivesse acima do respectivo débito (D), isto é, $S \leq D$.

Ou ainda que:

$$C_F \times P_s \times Q_s^* \leq I_r \times P_r \times Q_s^* \qquad (5)$$

onde C_F é agora a alíquota de crédito com restrição fiscal, enquanto I_r e P_r são, respectivamente, a alíquota de IPI e o preço do produto final que utiliza sucata no seu processamento.

Sendo $C_F = \beta_F \times I_r$, onde a proporção β_F da alíquota I_r, agora denominado fator de crédito fiscal, seria:

$$\beta_F \leq P_r / P_s \qquad (6)$$

Note que, na restrição fiscal, o crédito está correlacionado ao preço do produto que reaproveita sucata e não ao preço econômico do reaproveitamento. Embora os fatores de crédito da expressão (6) sejam distintos daqueles da expressão (4), não é possível afirmar qual o sinal dessa diferença.

No caso de um Siva com restrição fiscal, o cálculo do crédito seria determinado com base nos valores declarados em notas fiscais de P_r e no valor de referência de P_s a ser legislado. Não haveria, portanto, necessidade de criar um valor P_{es}, como ocorre no Siva ambiental, e o crédito oferecido seria totalmente desvinculado dos benefícios sociais do reaproveitamento.

Caso a restrição ambiental indique crédito maior do que o da restrição fiscal, a adoção deste valor pela sociedade estaria financiando os benefícios além de geração fiscal do setor. Quando o inverso acontecer – crédito da renúncia fiscal maior – a sociedade, ao adotá-lo, geraria renúncia acima dos benefícios sociais.

Sugerimos que se adotem os dois fatores com procedimento de se utilizar aquele que gerar menor crédito. Assim, a renúncia fiscal jamais superaria os benefícios sociais do reaproveitamento, nem os créditos acima da capacidade fiscal do setor.

Vale observar que o Siva gera um subsídio que cobre todos os tipos de origem de sucata e, portanto, não se restringe somente às de embalagem. Além de mais saudável do ponto de vista ambiental, posto que sua destinação é incerta, seria muito difícil contabilizar em separado as origens de sucata e, caso fosse viabilizada, tal discriminação acabaria por afastar as outras origens do mercado.

166 • Economia ambiental

Neste aspecto o Siva divergirá do ISE que será específico a embalagens, porque nesse caso essa discriminação é possível e evita que produtos que não contribuam, majoritariamente, para o problema de resíduos sólidos sejam eficientemente gravados.

O imposto sobre embalagens (ISE)

Uma carga tributária máxima sobre embalagem ($T_{\max}$), como já discutimos, deve ser igual ou menor que o custo social do não reaproveitamento. Cada embalagem produzida, não reaproveitada, geraria um custo social. Como este custo social equivale ao benefício gerado pelo reaproveitamento, $T_{\max}$ seria equivalente à quantidade produzida de embalagem após o imposto (Q_m^*) multiplicada pelo benefício líquido social do reaproveitamento, equivalente à diferença entre o preço econômico do reaproveitamento (P_{es}) e o preço de mercado da sucata (P_s), tal que:

$$T_{\max} = (P_{es} - P_s) \times Q_m^* \tag{7}$$

Admitindo essa restrição ambiental, a alíquota (E) do imposto (ISE) sobre embalagem poderia ser definida como:

$$T_{\max} = E \times P_m^* \times Q_m^* \leq (P_{es} - P_s) \times Q_m^* \tag{8}$$

Logo, a alíquota ambiental E seria derivada como:

$$E \leq (P_{es} - P_s) / P_m^* \tag{9}$$

Assim, o cálculo da alíquota E dependeria do preço declarado da embalagem P_m^* e de um valor de P_{es} e P_s a serem legislados. Observe que, no caso de P_{es} ser um preço de externalidade, $(P_{es} - P_s)$ = BLSR. Mas, quando P_{es} refletir um preço de indução, $(P_{es} - P_s)$ terá de ser calculado para cada material. Como nem sempre as sucatas são reprocessadas pelo produtor de embalagens, nesses casos um preço de sucata de referência teria de ser definido periodicamente para cálculo da alíquota.

Cabe observar que, quanto maior P_m^*, menor será a alíquota na medida em que estamos impondo um preço econômico igual a todas as embalagens.

Se o ISE for implementado, o fator de crédito, β_F, do Siva com restrição fiscal, da expressão (6), será dado pela relação entre o preço da embalagem e o preço da sucata, e não do produto que utiliza material reciclado no seu processamento.

Lei Gabeira de depósito/retorno

Observe que na Lei Gabeira a alíquota incide sobre o preço do produto utilizador de embalagem. Essa lei se refere especificamente a embalagens plásticas, mas aqui vamos generalizá-la para todos os materiais em foco no estudo.

Esta alíquota máxima, G_{max}, seria dada por:

$$G_{max} = (P_{es} - P_s) \times W_s \qquad (10)$$

onde W_s é o peso da sucata de embalagem. Logo:

$$G_{max} = G \times P_p^* \times W_p \leq (P_{es} - P_s) \times W_s \qquad (11)$$

ou

$$G \leq (P_{es} - P_s) \, W_s / \, W_p \times P_p^* \qquad (12)$$

onde P_p^* e W_p são o preço e o peso do produto que utiliza embalagem.

Assim, o cálculo da alíquota G dependeria do preço declarado do produto com embalagem P_p^* e de um valor de P_{es} e P_s a serem legislados. Observe que, no caso de P_{es} constituir um preço de externalidade, $(P_{es} - P_s)$ = BLSR. Mas, quando P_{es} refletir um preço de indução, $(P_{es} - P_s)$ terá de ser calculado para cada material. Como nem sempre as sucatas são reprocessadas pelo fabricante desses produtos com embalagens, um preço de sucata de referência teria de ser definido periodicamente para cálculo da alíquota.

Observe que agora a alíquota reflete os benefícios sociais do reaproveitamento e, caso amplie-se sua cobertura de embalagens, será distinta para cada tipo de produto variando com P_p^*. Note que, quanto maior P_p^*, menor será a alíquota na medida em que estamos impondo um preço econômico igual a todas as embalagens.

Isso difere da proposta inicial do projeto de lei que imputa um valor para as embalagens plásticas que não está associado ao seu custo social. À primeira vista, tal opção de valoração do legislador poderia parecer associada à capacidade contributiva de cada produtor ou a aspectos distributivos do consumidor, ao

168 • Economia ambiental

impor depósitos maiores, em valores nominais, para produtos de preços mais elevados. Todavia, nem sempre preços altos guardam qualquer relação com a rentabilidade do produtor e a importância do consumo desse produto nas diversas classes de renda.

Entretanto, a opção do legislador ao fixar um percentual, embora menos correlacionada com os verdadeiros custos sociais, é muito mais simples de aplicar que a proposta com base na alíquota G.

Análise dos resultados

As estimativas das alíquotas apresentadas na tabela 18 foram realizadas para alguns materiais com disponibilidade de dados apenas com o objetivo de visualizar uma aplicação prática do Siva, ISE e do depósito/retorno (G) da Lei Gabeira. Ver anexo 4 para maior detalhamento metodológico e análise de vieses.

Note que as alíquotas estimadas na tabela 18 são apenas percentuais a incidir no valor de compra de sucata, no caso do Siva, e no valor de venda de embalagens para o ISE. Dessa forma, os preços das respectivas sucatas e das embalagens determinam a magnitude destas alíquotas.

Tabela 18
Alíquotas por material das propostas de mecanismos fiscais
(%)

Material	Alíquota						
	C_{AX}	C_{AD}	C_F	E_X	E_D	G_X	G_D
Alumínio (caso 1)[a]	85	0	146	6	0	9[g]	0[g]
Alumínio (caso 2)[b]	85	0	18	6	0		
Vidro[c]	996	1.069	116	86	92	14	15
Vidro[d]	996	1.069	300	50	53	3	4
Plástico[e]	346	300	159	22	19	1[h]	1[h]
Papel[f]	532	525	125	34	33		

[a] Valores calculados para o caso do produtor de lata de alumínio.
[b] Valores calculados para o caso do produtor de alumínio primário.
[c] Valores calculados para o caso da cerveja não retornável.
[d] Valores calculados para o caso do pote de maionese.
[e] Valores calculados para o caso da garrafa PET.
[f] Valores calculados para o caso da caixa de papel ou cartão ondulados.
[g] Valores calculados para a lata de refrigerante.
[h] Valores calculados para a garrafa de refrigerante.

As alíquotas com preço de indução, C_{AD}, para o Siva do alumínio seriam zero na medida em que este preço, por definição, seria o seu preço de sucata. Isto quer dizer que os ganhos privados do reaproveitamento desse material, refletidos no seu preço de sucata, já o colocariam em níveis de reaproveitamento desejáveis. No critério ambiental, C_{AX}, já se observam alíquotas positivas, embora menores do que a de outros materiais analisados, porque seu preço de sucata já é bastante elevado em relação aos benefícios sociais líquidos do reaproveitamento, e porque tal magnitude de preço da sucata de alumínio gera alíquotas bastante menores de seu ISE em comparação a outros materiais.

As alíquotas do Siva fiscal do alumínio, C_F, embora positivas, são, no caso 2, também relativamente baixas por conta do seu elevado preço de sucata em relação aos preços da matéria-prima virgem. Nos outros materiais as alíquotas do Siva ambiental são mais elevadas que as do Siva fiscal porquanto seus preços de sucata estão muito abaixo dos da matéria-prima virgem. Consequentemente, esses materiais pagariam maior alíquota que o alumínio. Note que o vidro apresenta as maiores alíquotas Siva ambiental e o ISE captura os menores preços de mercado na sucata.

De qualquer forma, exceto pelo alumínio, as estimativas de C_F são bastante menores do que as de C_A, indicando que o critério fiscal seria o adotado para a determinação do Siva. Portanto, o montante do subsídio Siva seria equivalente a todo crédito de IVA gerado pela quantidade de material reciclado vendido. Observa-se na tabela 18 que os valores de C_A podem chegar, em alguns dos materiais selecionados, a mais de 1.000% do valor das compras de sucata. Ou seja, nestes casos, para garantir um valor econômico a estas sucatas, a sociedade teria de pagar um subsídio até 10 vezes maior que o seu preço de mercado. Isto porque os benefícios privados não seriam suficientes para seu maior reaproveitamento.

A adoção de C_F para o cálculo do Siva significa que o benefício econômico do reaproveitamento não poderia ser totalmente internalizado via este subsídio fiscal.

No caso do depósito/retorno da Lei Gabeira, G, as variações entre materiais se devem à magnitude do preço econômico em relação ao preço do produto embalado. Vale observar, entretanto, que a alíquota de 5% do projeto de lei não guarda qualquer proporção com as alíquotas G estimadas porque neste estudo estamos referenciando um preço econômico do reaproveitamento. Note também que, para alguns materiais, principalmente das embalagens de plásticos, estes percentuais estão abaixo dos 5% previstos no projeto de lei.

170 • Economia ambiental

Estes resultados revelam que o sistema depósito/retorno ou o Siva com ISE seriam opções de incentivo ao reaproveitamento com menor perda fiscal, isto é, menor sacrifício do contribuinte geral ou mais associadas ao princípio do poluidor/usuário pagador. Todavia, são medidas que requerem uma negociação política e legislativa de maior envergadura e, portanto, devem ser visualizadas como medidas de médio prazo. Já o Siva fiscal, embora requerente de matéria legal, pode ser mais assimilável politicamente e, com isso, de mais rápida tramitação no curto prazo.

Conclusões

Nesta seção analisaremos comparativamente as propostas apresentadas, sob alguns aspectos que devem ser contemplados para sua aplicação.

Emprego e renda

Caso o Siva e o ISE ou mecanismo semelhante da Lei Gabeira sejam implantados, com uma restrição fiscal dada pela arrecadação do ISE, o máximo de subsídio oferecido seria de R$ 195,6 milhões, se toda arrecadação de IPI do setor de embalagens fosse utilizada em subsídios, por exemplo, no ano de 1996, que são os dados desagregados mais recentes. Essa arrecadação, se fosse convertida em subsídios, corresponderia a uma renúncia fiscal de somente 1,3% da receita total de IPI.

Essa renda sacrificada significaria, pelo menos no curto prazo, diminuir:

- gastos municipais, reduzindo a respectiva carga fiscal, em gestão de resíduos sólidos;
- custos decorrentes dos impactos ambientais que geralmente são remediados com gastos pessoais ou das receitas fiscais estaduais na forma de gastos de saúde, perdas de enchentes e despoluição.

Observe que constituiria um montante de renda a ser transferido do contribuinte geral somente se o ISE não fosse implementado. Caso contrário não haveria uma renúncia e sim uma transferência de renda dos usuários de embalagem para os fornecedores de sucata e a sociedade como um todo.

Entretanto, para os municípios talvez ocorra no médio prazo uma necessidade de investimentos em coleta seletiva, que encerra custos muito mais elevados, para viabilizar a atividade de reaproveitamento.

Se esta combinação do Siva com o ISE é implementada, é possível que, na medida em que o nível de reaproveitamento não seja total, a arrecadação do ISE exceda o montante de subsídio.[86] Esta receita líquida poderia, então, formar uma fonte de financiamento de coleta seletiva aos municípios. Tal possibilidade teria que ser, entretanto, vislumbrada na época da criação legal do imposto quando da definição dos critérios de distribuição da sua receita.

Em termos de emprego, os fornecedores de sucata estão organizados desde o atacadista, sucateiro, até o catador individual. Os catadores, muitas vezes também organizados em cooperativas, são cidadãos de baixíssima qualificação profissional e que veem nesta atividade uma das poucas oportunidades de trabalho.

Os sucateiros, no entanto, precisam ser capitalizados para fazer frente aos custos de estoque e transporte e, assim, são mais concentrados. De qualquer forma, suas atividades são geralmente informais e pouco registradas.

Mesmo o grau de oligopsonismo do mercado poderia ser reduzido com o Siva e o ISE, na medida em que a presença desses instrumentos seria uma forma de incentivar o reaproveitamento, ampliando o número de agentes produtivos. O setor de embalagens estaria interessado neste movimento porque a carga tributária do ISE no seu produto final seria reduzida na medida em que a utilização do Siva fosse ampliada.

Caso isto venha a ocorrer, as oportunidades de trabalho e remuneração para os catadores seriam ampliadas. Seria possível vislumbrar a atividade de coleta individual de sucata como fonte complementar de famílias de baixa renda, como já ocorre em grande escala na reciclagem de latas de alumínio.

Embora as oportunidades de ocupação de mão de obra não qualificada sejam bastante promissoras, vale observar que a remuneração neste setor de catadores tenderia a não alcançar níveis acima dos vigentes da mão de obra não qualificada dada a estrutura dos mercados de trabalho e de sucata. O enorme contingente da força de trabalho de baixa qualificação no país colocaria um maior poder de controle de mercado na mão dos recicladores que atuariam oligopsonicamente.

Estes ganhos distributivos seriam, contudo, mais limitados com a aplicação do ISE e da Lei Gabeira, posto que estes incidirão fortemente sobre produtos

---

[86] Obviamente o consumo de embalagens se reduziria diante de um novo preço relativo, mas a quantidade reciclada, até por limitações físicas e tecnológicas, não poderia ser igual à produzida.

172 • Economia ambiental

alimentícios e de higiene pessoal que afetam a cesta básica de consumo.[87] Por outro lado, as classes de baixa renda é que se beneficiarão mais com atividade de emprego da coleta de sucata.

Dessa forma, a implementação do Siva garante um ganho distributivo inquestionável via mais emprego e cada vez maior na medida em que o mercado de sucata se desconcentre. Já o mecanismo da Lei Gabeira e o ISE reduzem estes ganhos, embora sejam decisivos para promover a desconcentração do setor e ampliar os ganhos ambientais.

Arranjo político

A proposição do Siva deve ser encaminhada considerando que parte da arrecadação do IPI é destinada aos estados e municípios e, portanto, estas unidades da Federação têm de estar convencidas da importância e do ganho social do subsídio. Conforme visto, estes governos seriam os maiores beneficiados em termos orçamentários no curto prazo.

A opinião pública precisa, todavia, entender que o subsídio e o imposto significam um ganho econômico. Para tal, há que se esclarecerem com competência os efeitos distributivos e ambientais já mencionados junto à mídia. Sempre vale alertar que os benefícios sociais advindos de subsídios a setores privados e aumento de carga fiscal são assuntos difíceis de transmitir à opinião pública.

Do lado federal, não há dúvidas de que o Tesouro Nacional e, principalmente, a Receita Federal têm de ser amplamente esclarecidos sobre os objetivos e procedimentos das propostas. Estes órgãos teriam muito a contribuir no aperfeiçoamento dos instrumentos aqui definidos.

Economicidade

O mecanismo da Lei Gabeira é o mais eficaz ao criar um instrumento que atua tanto como depósito (com o efeito de um tributo) quanto retorno (com o efeito de um subsídio). Como o pagamento do retorno da sucata é feito diretamente a quem coleta, legalmente estaria garantido um preço econômico a esse

---

[87] Esta questão distributiva teria que ser analisada mediante comparação das perdas de bem-estar geradas com os aumentos de preços devidos ao ISE e os ganhos na forma que aqui foram estimados. Tal exercício não foi, entretanto, coberto no escopo deste estudo.

material, independentemente da concentração do mercado comprador, como poderia ocorrer na opção do crédito presumido.

Todavia, as forças de mercado não foram revogadas. Esta compulsoriedade em todo o território nacional forçaria um nível de reaproveitamento em regiões onde o custo de triagem e transporte da sucata pode indicar um benefício social líquido negativo a este preço legal. Certamente existiriam iniciativas de subfaturamento quando os custos de triagem e estocagem determinassem. Igualmente danoso seria que o reaproveitamento incorresse em custos sociais maiores que seus benefícios.

Uma alternativa seria criar critérios de obrigatoriedade por região, que levassem em conta esta viabilidade social, em que pese à complexidade de definir e calibrar estes critérios para que sejam realmente eficazes em evitar tais situações.

Por isso, a proposta do crédito presumido Siva, ao ser mais orientada para o mercado, é mais flexível porque o subsídio pode ser ajustado de acordo com a percepção dos benefícios sociais e será o reciclador a decidir se o subsídio é viável do ponto de vista financeiro ou não, evitando o reaproveitamento ineficiente do ponto de vista social.

Pelo Constituição, um incentivo fiscal pode ser discriminado por estado ou região; logo, o Siva poderia ser calculado com valores de BLSR com base em estimativas regionais, e não a média nacional que se utilizou neste estudo. Mas este incentivo pode também ser oferecido através do ICMS dividindo, portanto, a responsabilidade do incentivo com os estados.

O depósito da Lei Gabeira e o ISE são instrumentos semelhantes, a não ser devido à base fiscal de implementação, que será analisada a seguir.

Implementação

Quanto ao depósito, o projeto de lei o faz incidir no produtor do bem que carrega a embalagem, enquanto o ISE proposto é sobre o produtor de embalagem. A preferência por este último deve-se ao número menor que representa, o que simplifica, portanto, a aplicação do imposto.

Tanto para o Siva quanto para o ISE, a Receita Federal poderá criar procedimentos associados à sua própria rede de arrecadação do IPI a custos marginais desprezíveis.

Além disso, não haveria a obrigatoriedade da compra dissociada da necessidade de reciclagem e, assim, a estocagem seria regulada pela força de mercado. A triagem qualitativa seria induzida pelo preço quando o fornecedor de sucata, catador, empresa pública ou privada percebessem ganhos de preço nesse investimento.

No sistema da Lei Gabeira, a cobrança do depósito e do pagamento ficaria a cargo do setor produtivo. Nesse caso, seria necessário um sistema operativo complexo, não pela parte financeira e contábil, mas, sobretudo, para a circulação e estoque das sucatas retornadas. Entretanto, não se trata de um problema insolúvel. Conforme se salientou anteriormente, os produtores de latas de alumínio no Brasil já têm prática de esquema semelhante em que a fase de coleta apresenta um ótimo desempenho.

Numa escala maior, ao incluir outras sucatas, uma articulação entre o setor varejista e atacadista e a indústria terá que ser promovida para otimizar as fases de transporte e estocagem. Embora não seja um exemplo apropriado para a nossa realidade institucional, articulação semelhante foi implantada com relativo sucesso na Alemanha, onde um esquema de coleta obrigatória de embalagens foi introduzido ver (Keppler e Michaelis, 1994).

Como a geração de embalagens é mais expressiva nos grandes centros urbanos, tal articulação não seria tão difícil de implementar. Todavia, o baixo grau de flexibilidade permitido para ajustar o nível ótimo de reaproveitamento certamente eleva os custos de triagem e estocagem e reduz os benefícios líquidos sociais do reaproveitamento.

Arbitragem

A desconcentração do mercado de sucata também dependerá do controle sobre as arbitragens de preços. Um problema que o Siva e o ISE apresentam é a possibilidade de arbitragem de preços pelos recicladores mediante criação de estoques e/ou importação de sucatas.

Como o valor total do subsídio está relacionado ao valor de compra da sucata (preço vezes quantidade, ver expressão 1), o reciclador estará tentado a utilizar estoques ou importações para depreciar o nível de preço interno das sucatas quando o mercado – por motivos exógenos, taxas de juro ou câmbio e preço relativo da matéria virgem – forçar uma elevação de preço acima do de subsídio.

Não se esperaria uma arbitragem sistemática de preço enquanto o subsídio pagar o preço de mercado da sucata, pois induziria uma redução da oferta de sucata e menos subsídio, e, consequentemente, material reciclado mais caro.

Ademais, estoques ou importações especulativos pelos produtores de matéria virgem podem ocorrer para prejudicar a expansão do mercado de sucata, principalmente no caso em que o reaproveitamento é integrado na produção dessa matéria.

Essa importação pode ser controlada, majorando seus custos de importação ao nível do preço doméstico da sucata após o subsídio. Para tal, poder-se-ia agir de duas formas:

- elevando as tarifas de importação de sucatas de tal forma que coloque seu custo no nível dos preços domésticos;
- utilizando uma tarifa baixa, mas, com um preço de referência para importação equivalente ao preço doméstico da sucata legislada para o subsídio.

Já o estoque especulativo poderia ser controlado com a criação de um mercado futuro de sucatas. Neste, as opções antecipadas de compra e venda seriam uma oportunidade de especulação aberta a todos, sem necessidade de antecipação de pagamento, e, portanto, tenderiam a agir neutralizando arbitragens.[88]

Regulação

Note que os instrumentos propostos foram idealizados num contexto de mercado, principalmente o da Lei Gabeira. Dessa forma, todas as imperfeições de mercado têm de ser corrigidas, não só no mercado de sucatas e embalagens, mas também na fase de coleta de lixo.

Conforme analisamos, a coleta seletiva é uma fase fundamental na cadeia produtiva do reaproveitamento. Seus custos são elevados e sua gestão, legalmente atada ao setor público.

Caso os instrumentos propostos sejam implementados com sucesso, a demanda por sucata se expandirá. Quanto mais eficiente a coleta, melhor e mais barata, menor será a necessidade de subsídio. Dessa forma, no caso em que as empresas públicas de lixo não promovam eficiência, há de se promoverem concessões privadas de coleta seletiva que sejam limitadas a regiões onde a demanda seja suficiente para atrair o capital privado.

Recomendações

Resumindo, o debate sobre o papel do instrumento de preço corrigindo o mercado para uma gestão de resíduos sólidos mais eficiente, dos pontos de vista

---

[88] O fator mais importante de controle de estoques especulativos seria a elevação das taxas de juro, mas isto não é possível de ser realizado discriminando por atividade.

financeiro, social e ambiental, está aberto. Em termos de ações de política, as principais recomendações deste estudo são as relacionadas a seguir.

- Primeiro, abrir consultas ao Ministério do Meio Ambiente para acolher sugestões e acomodar estas propostas nas iniciativas em curso no Congresso e no Conselho Nacional de Meio Ambiente (Conama) para elaboração de um projeto de política nacional de resíduos sólidos. Sendo o Conama um órgão participativo, com representações federais, de estados, municípios e órgãos não governamentais, constituiu-se em lócus privilegiado para avaliar as propostas aqui desenvolvidas.
- Reduzir para zero, por decreto, as alíquotas incidentes sobre as sucatas de plástico, à semelhança das sucatas de outros materiais.
- Tentar atuar no sentido de assessorar na elaboração do substitutivo do projeto de lei do deputado Fernando Gabeira, contribuindo com os resultados deste estudo em termos de valoração do retorno e maior abrangência para cobrir outras formas de embalagem. Dessa forma, introduz-se um mecanismo fiscal próprio para o reaproveitamento.
- Caso essa alternativa de legislação não seja possível ou viável politicamente, instituir por medida provisória, ainda este ano, mecanismos de subsídio por crédito presumido de IPI e a criação de um imposto sobre embalagens. Concomitante e urgentemente, atuar direta e efetivamente no Congresso Nacional, Ministério da Fazenda e Ipea no sentido de introduzir o crédito presumido e o imposto específico de embalagens nas iniciativas de reforma tributária.
- Em qualquer estratégia, atuar nos estados e municípios, secretarias da Fazenda e do Meio Ambiente, para apoio a essas medidas e sua aplicação também ao ICMS ou seus sucedâneos e nas suas iniciativas de legislação de políticas de resíduos sólidos.
- Por último, cabe ressaltar a importância de realizar esforços adicionais de pesquisa para uma avaliação mais precisa dos impactos econômicos e ambientais dos níveis de reaproveitamento resultantes de cada uma destas opções, os quais não puderam ser amplamente mensurados no escopo deste primeiro exercício prospectivo.

Fundamentos e conceitos microeconômicos

O leitor não iniciado em teoria econômica encontrará dificuldades de entendimento nos fundamentos e conceitos econômicos deste livro. Todavia, a compreensão destes é essencial para que o leitor possa assimilar e discernir adequadamente os princípios da economia ambiental. Assim, incentivamos os leitores que não sejam economistas a realizar uma leitura cuidadosa e detalhada desta parte e, quando necessário, recorrer à literatura especializada em teoria microeconômica.

Equilíbrio de mercado

A demanda por um bem ou serviço será função do nível de renda, da estrutura de preferências dos indivíduos e do preço observado. Assim, o consumidor, dada a sua restrição orçamentária e preferências, escolhe a cesta de consumo que maximiza seu bem-estar comparando preços e ganhos de satisfação (utilidade). A curva de demanda individual representa um lócus de utilidade (satisfação) marginal decrescente do consumo de um determinado bem. Ou seja, quanto maior a quantidade consumida deste bem, menor o ganho de bem-estar da unidade adicional consumida. Assim, a curva de demanda de mercado, construída a partir da agregação das demandas individuais, indica que, quando os preços sobem, menores quantidades do bem são consumidas. Isto é, apresentam-se com inclinação para baixo, ou melhor, são negativamente inclinadas.

Por outro lado, a curva de oferta individual apresenta rendimentos decrescentes dos insumos de produção. Ou seja, quanto maior o nível de produção menor a produtividade marginal do fator, mantidos os demais fatores constantes. Assim, a curva de oferta de mercado indica que, quando os preços sobem, maior será a quantidade ofertada. Isto é, apresenta-se com inclinação para cima (positivamente inclinada). Acima da capacidade ótima instalada, os produtores já enfrentam rendimentos decrescentes. Assim, qualquer preço acima do custo variável já reduz os encargos dos custos fixos e, portanto, a curva de oferta de curto prazo será a curva de custo marginal variável. Isto é, quanto custa produzir uma unidade marginal.

O preço de equilíbrio no mercado do bem Z é dado por P_e no gráfico 5 onde uma curva de demanda (D) e uma curva de oferta (S) do bem Z estão representadas. A este preço P_e, note que Z_e unidades de Z são consumidas e produzidas. O mercado tende naturalmente para o equilíbrio neste preço, o que denominaremos de equilíbrio estável, pois qualquer desajuste entre quantidade ofertada e demandada tende a ser corrigido pelo livre sistema de preços.

Observe que a preços maiores que P_e, por exemplo P_h, a quantidade demandada pelos consumidores, Z_{hd}, será menor que a quantidade que os produtores estão dispostos a ofertar, Z_{hs}. Se os produtores insistissem em Z_{hs}, haveria um excesso de oferta porque os consumidores somente estariam dispostos a consumir Z_{hd} a um preço P_h. Assim, haveria um estímulo para as firmas reduzirem sua produção, na medida em que P_h converge para P_e, corrigindo assim este excesso de oferta, até o nível de produção em Z_e onde o mercado não gera excedentes. Em Z_e a disposição a pagar do consumidor se iguala na margem à disposição a ofertar do produtor.

Gráfico 5
Equilíbrio de mercado

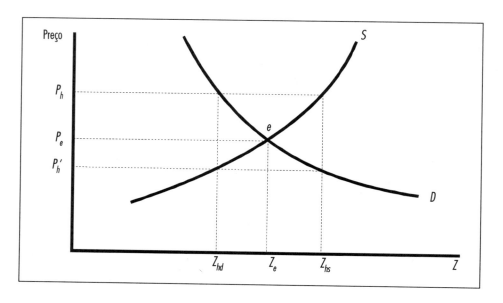

A preços menores que P_e a situação se inverte e são os produtores que querem ofertar menos que os consumidores querem comprar e, portanto, a escassez de bens eleva os preços até P_e. Preços altos desestimulam o consumo e preços baixos o estimulam. Preços altos também estimulam a produção e preços baixos a desestimulam. Movimentos nas curvas de oferta e demanda orientam, assim, a alocação dos recursos de uma economia eliminando excesso e escassez de produção. Entretanto, isso não quer dizer que todos os indivíduos consomem tudo o que gostariam ou que os produtores geram as receitas que gostariam. O mercado apenas tende a um preço de equilíbrio, onde a quantidade demandada é igual à quantidade ofertada, considerando as funções de utilidade e produção, o nível de renda e a disponibilidade de recursos.

Pontos de equilíbrio se alteram quando se alteram as curvas de oferta e demanda, conforme mostra o gráfico 6. A curva de demanda por um determinado bem se move para a direita e para cima, se houver um aumento na renda dos indivíduos ou se houver uma redução do preço de um bem complementar (ou ainda um aumento no preço de um bem substituto) e se desloca para baixo, se houver o inverso nas variações de renda e preço.

A curva de oferta se desloca para cima se houver aumento de custos dos insumos, e para baixo se os preços dos insumos caírem. Mudanças tecnológicas que alterem a função de produção reduzindo o custo unitário, de forma que mais quantidade possa ser produzida com menor custo, deslocam também para a direita e para baixo a curva de oferta.

Gráfico 6
Deslocamentos das curvas de demanda e oferta e alterações nos pontos de equilíbrio

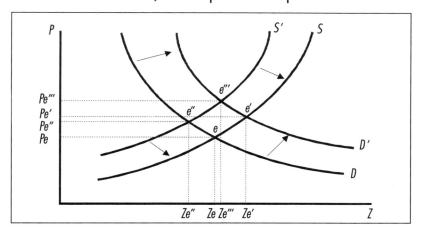

180 • Economia ambiental

A compararação entre diversos pontos de equilíbrio, em diferentes condições de mercado (isto é, variações na renda, nos preços dos bens correlacionados no consumo ou do custo dos insumos), é denominada de *análise estática comparada*. Neste caso, não estamos analisando o processo de ajustamento e sim os resultados finais após os ajustamentos já terem sidos realizados.

Bens públicos e externalidades

A princípio, o uso eficiente dos recursos ambientais não deveria ser problemático se as condições de eficiência fossem obedecidas. Assim, como para qualquer bem de consumo, a alocação ótima dos recursos ambientais poderia ser resolvida, via mercado, sem qualquer intervenção governamental. Para tal, o uso destes recursos deveria ser orientado por preços que representassem suas taxas de substituição no consumo ou transformação em relação aos outros bens da economia. Ou seja, os preços dos recursos ambientais deveriam, na ausência de distorções, refletir seu custo de oportunidade.

Entretanto, observa-se que o uso dos recursos ambientais gera custos e benefícios que não são captados no sistema de mercado. Embora estes recursos tenham valor econômico, não lhes são atribuídos preços adequados. Assim, o custo ou benefício privado deste recurso não reflete o seu custo ou benefício econômico (ou social).

Bens públicos

Primeiramente vamos denominar como bens e serviços privados aqueles em que os direitos de propriedade são de tal forma completamente definidos e assegurados que a permuta com outros bens se realiza livremente através de um mercado. Assim, corrigindo as imperfeições que impedem o livre funcionamento de um mercado como, por exemplo, a ausência de concorrência perfeita na sua produção e na sua comercialização, seria possível aumentar o nível de eficiência do seu uso.

Por outro lado, chamaremos de bens públicos aqueles bens cujos direitos de propriedade não estão completamente definidos e assegurados e, portanto, suas trocas com outros bens acabam não se realizando eficientemente através do mercado. Dessa forma, o sistema de preços é incapaz de valorá-los adequadamente.

Assim, como podemos perceber, a definição dos direitos de propriedade desempenha um papel-chave no funcionamento do sistema de preços e, consequentemente, no processo de valoração dos bens. A indefinição desses direitos de propriedade, como no caso dos bens públicos, advém, sobretudo, de certas características importantes que substanciam o próprio conceito.

Os *direitos de propriedade privada* atribuem a indivíduos ou a organizações os direitos de controlar o acesso a certos recursos ou ativos, incluindo o direito de cobrar por seu uso. Assim, os direitos de propriedade se desenvolvem em estágios:

- ❑ acesso livre/não escassez;
- ❑ acesso livre/escassez;
- ❑ restrições governamentais;
- ❑ direitos plenos de propriedade.

Muitos economistas consideram a poluição um problema que poderia ser resolvido se todos os recursos naturais fossem propriedade privada (individual ou coletiva), de modo que os proprietários tivessem incentivos para administrar esses recursos ambientais adequadamente.

Um *bem público* pode ser aproveitado por inúmeros indivíduos ao mesmo tempo (não rivalidade) e, uma vez que um bem público esteja disponível, negar seu acesso a um consumidor é proibitivamente dispendioso (não exclusão). No outro extremo, um bem privado puro obedece aos princípios de exclusão e rivalidade. Estes últimos tendem a ser eficientemente produzidos pelos mercados.

Um exemplo clássico de um bem *não excludente* seria a defesa nacional, pois a força aérea não pode defender você de um ataque inimigo sem levar em conta o seu vizinho. Neste caso, a não exclusão ocorre sempre que for proibitivamente dispendioso impedir pessoas de aproveitar um bem já disponibilizado. Por outro lado, filmes e refeições são bens excludentes, pois se pode, com um custo relativamente baixo, impedir alguém que não possua ingresso de assistir a um filme ou de entrar em um restaurante se não estiver adequadamente vestido.

Quanto ao princípio da *não rivalidade*, podemos observar que o consumo exaure um bem rival no sentido de que ninguém mais possa consumir a mesma unidade daquele bem. Por exemplo, um filé com fritas. Contudo, podemos assistir ao mesmo programa de televisão sem rivalidade. As transmissões de televisão podem ser captadas, simultaneamente, por vários aparelhos de TV. A proteção policial é outro exemplo de bem não rival, pois podemos estar simultaneamente protegidos de assaltantes.

É difícil coletar um preço pelo uso do recurso quando não há exclusividade de direitos de uso ou de propriedade. Assim, preços não servem para racionar o uso e gerar receitas para sua conservação resultando em exaustão ou degradação.

A determinação de direitos de uso bastante completos e definidos de exclusividade de recursos ambientais, tais como, por exemplo, água, ar e espécies migratórias, é tecnicamente difícil.

Quando exclusividade não é possível, direitos comunitários de propriedade podem ser desenvolvidos através de critérios de uso como, por exemplo, quotas, licenças ou outras regras de uso ou acesso. Embora de difícil aplicação, se estas regras permitem que se comercializem estes direitos, então será possível gerar níveis de preços mais adequados.

A segunda característica é a não rivalidade de uso. Sem rivalidade, um bem pode ser usado por um indivíduo sem que haja necessidade de reduzir a quantidade consumida de outro indivíduo. Por exemplo, o prazer de uma pessoa ao apreciar uma riqueza natural, seja uma catarata, um animal ou mesmo uma floresta, não diminui se outra pessoa está também admirando esta cena.

Assim, o preço do bem não rival será determinado somente pela valoração de cada indivíduo e não pela troca no mercado. O custo marginal da inclusão de um outro consumidor é zero, mas o custo médio por consumidor não. Isto porque a provisão do bem (sua conservação ou manutenção) quase sempre encerra custos elevados.

Nestes casos há que se recorrer a critérios discriminatórios de preços, isto é, que não se baseiam na relação de trocas com outros bens. Provê-los de graça, com custo financiado pelo contribuinte ou, menos ineficientemente, exigir pagamentos, mesmo que uniformes, aos verdadeiros usuários.

Os bens não rivais, entretanto, podem se tornar rivais em um determinado nível de uso quando ocorre congestionamento. Por exemplo, do serviço de telefonia, tráfego em ruas e estradas e mesmo visitação a sítios naturais. Nestes casos, também há que se recorrer à discriminação de preços, embora o custo marginal de uso possa ser estimado em termos intertemporais, considerando os custos marginais de longo prazo quando da ocorrência do congestionamento.

Externalidades

O uso dos recursos ambientais assemelha-se muito ao uso dos bens públicos. Para discutirmos isso, elaboremos um pouco o conceito de *externalidade*.

As externalidades estão presentes sempre que terceiros ganham sem pagar por seus benefícios marginais ou perdem sem serem compensados por suportarem o malefício adicional. Assim, na presença de externalidades, os cálculos privados de custos ou benefícios diferem dos custos ou benefícios da sociedade.

Note que, quando o preço da externalidade for estabelecido adequadamente, não será possível mais melhorar o bem-estar de um indivíduo sem reduzir o bem-estar de outro. Externalidades positivas, *benefícios externos*, deveriam ter preços positivos por representarem benefícios não apropriadamente pagos. Por exemplo, uma empresa desenvolve um método de produção ou administração de baixo custo que é absorvido gratuitamente por outra empresa. Ou quando um fazendeiro preserva uma área florestal que favorece gratuitamente a proteção do solo de outros fazendeiros.

Externalidades negativas, *custos externos*, deveriam ter preços negativos por significarem perda de utilidade. Exemplos de externalidades negativas são inúmeros, principalmente aqueles de cunho ambiental. Um exemplo seria a degradação ou exaustão de recursos ambientais decorrentes das atividades de produção e consumo de certos bens que prejudicam a saúde humana e a produção de outros bens que também destroem a fauna e a flora. São justamente esses tipos de deseconomias externas que serão objeto específico de nosso interesse daqui por diante.

Externalidades são, assim, manifestações de preços ineficientes. E estas manifestações são decorrentes geralmente de direitos de propriedade não completamente definidos, como foi discutido no caso dos bens públicos. Assim, a observação dos princípios de não exclusividade e não rivalidade impede que certos bens sejam transacionados em mercados específicos e, portanto, impossibilitando a transformação do seu valor em preços. O mercado valora adequadamente o bem em questão se o sistema de preços funcionar livremente e, para tanto, temos que trabalhar com bens que obedeçam aos princípios básicos da rivalidade e da exclusividade.

Dessa forma, a eficiência econômica exige que se assinale o "preço correto" aos recursos ambientais. Internalizando os custos (benefícios) ambientais via preços das externalidades nas atividades de produção ou consumo, é possível obter uma melhoria de eficiência com maior nível de bem-estar. Assim, a demanda por recursos ambientais poderia ser induzida via preços. Um imposto sobre o uso do recurso ambiental serviria para este fim desde que refletisse o custo marginal ambiental gerado por este uso. Esta é a proposta da taxa pigouviana, assim denominada devido a Pigou[89] que foi o seu primeiro proponente. Diante deste sobrepreço, os preços relativos dos bens internalizariam a externalidade e, assim, estariam restauradas as condições ótimas de alocação de recursos. Conforme am-

---

[89] A. C. Pigou (1879-1959).

184 • Economia ambiental

plamente analisado no capítulo 1, a estimativa de custos ou benefícios ambientais é complexa e específica para cada caso. Tais características impedem que uma taxa pigouviana seja institucionalmente viável.

Entretanto, note que com a especificação dos direitos completos de propriedade dos recursos ambientais seria possível uma negociação entre a parte afetada e a parte geradora da externalidade. Os termos da negociação poderiam ser com base nos custos e benefícios da externalidade percebidos pelas partes. Aqui vamos considerar os direitos que são assegurados não somente por propriedade, mas também pelo direito completo de compensação. Ou seja, a parte afetada negativamente tem legalmente assegurada uma compensação equivalente as suas perdas por conta das externalidades negativas.

Por exemplo, o desmatamento de uma área por um fazendeiro A gerando para o fazendeiro B um custo de erosão do solo equivalente a uma perda de produção agrícola ΔM. Assim, se o fazendeiro B tem direitos legais de compensação, então ele estaria disposto a aceitar o montante ΔM equivalente à perda da produção agrícola, para permitir este desmatamento como uma forma de compensação. Por outro lado, se o direito de compensação não existe ou o direito de desmatar é assegurado ao fazendeiro A, restaria ao fazendeiro B pagar até ΔM ao fazendeiro A para que cessem estas externalidades.

Quando estas negociações são possíveis, os preços da externalidade emergem e norteiam uma alocação eficiente dos recursos, independentemente daqueles a quem os direitos de propriedade são assegurados. Este processo é denominado *solução de mercado coasiana*, devido ao trabalho seminal nesta área de Robert Coase,[90] e tem sido objeto da escola dos economistas institucionalistas ou economia das leis. Esta corrente estuda o papel das instituições na definição dos direitos de propriedade e suas repercussões na alocação eficiente dos recursos. Nestes casos, taxas pigouvianas não seriam necessárias, pois o próprio mercado atingiria soluções ótimas sem uso de instrumentos fiscais.

Todavia, soluções coasianas não estão livres de problemas de eficiência. Primeiro, porque, embora o ponto de equilíbrio coasiano independa de "a quem" os direitos são assegurados, os efeitos distributivos (pagamento ou compensações) trocam de sinal em cada caso. Segundo, quando pagamentos ou compensações são realizados alteram-se as restrições orçamentárias originais e, consequentemente,

---

[90] Prêmio Nobel de 1992. Ver texto seminal em Coase (1960).

os efeito-renda e efeito-substituição resultantes determinam novos pontos de equilíbrio distintos. Terceiro, estruturas imperfeitas de mercado podem gerar compensações não ótimas. Por último, a magnitude dos custos de transação para impor os direitos reduz também o pagamento ou compensação líquida e, portanto, resulta em distintos pontos de equilíbrio.

Esta última restrição é de suma importância para a questão dos recursos ambientais. Devido ao caráter difuso do problema ambiental, observa-se um número elevado de partes afetadas e geradoras de externalidades. Não somente é difícil avaliar a causalidade entre cada fonte de degradação com o efeito ambiental geral, como também o valor econômico dos recursos ambientais, conforme será discutido mais adiante, não se resume somente a *valores de uso*, mas inclui igualmente *valores de não uso* que afetam a sociedade como um todo. Assim, soluções coasianas acabam gerando altos custos de transação que podem resultar em pontos de equilíbrio muito próximos à total degradação ou exaustão.

A solução do tipo coasiana seria, contudo, a base das compensações judiciais em relação a danos ambientais. As dificuldades institucionais de julgar o mérito, definir o valor e impor as sanções têm encerrado custos de transação elevados que não permitiram que tal prática fosse satisfatória em termos de eficiência econômica.

Dessa forma, em certos casos onde custos de transação são elevados, a solução mais comumente utilizada na tentativa de assinalar preços negativos ao uso dos recursos ambientais é mediante um sobrepreço ou cobrança pela sua utilização. Todavia, na inviabilidade de utilizar impostos pigouvianos, a sociedade decidiria *a priori*, segundo critérios ecológicos ou políticos, seu nível desejado de uso dos recursos e uma forma de sobrepreço seria utilizada para atingir este nível. Ou, alternativamente, este nível total desejado de uso seria partilhado entre os usuários que poderiam negociar entre si estes direitos de uso. Em ambas as opções o nível total de uso seria respeitado e um preço por este uso seria assinalado que, embora não induza a um ótimo social, garanta eficiência para atingir o nível de uso desejado.

As implicações destas opções de remover externalidades, para que a demanda de recursos ambientais possa induzir uma alocação mais eficiente destes recursos, são extensas e não serão aqui discutidas em maior profundidade. Sugerimos aos interessados consultar a bibliografia para literatura adequada. O que nos interessa finalmente apreender desta análise é que, na ausência de preços adequados para os recursos ambientais, a alocação eficiente destes recursos não pode ser realizada. Se pelo lado dos instrumentos de demanda antes discutidos, a valoração econômica não pode ser plenamente utilizada, no caso de projetos que alteram a oferta de recursos ambientais, ao gerarem custos ou benefícios ambientais, o analista será obrigado a valorar estes recursos de forma a medir as variações de bem-estar que seus usos acarretam. Estes serão os casos onde o analista terá que realizar uma análise de custo-benefício de ações governamentais que resultarão em ganhos ou perdas ambientais no uso de recursos ambientais não alocados via mecanismos de mercado. Ou seja, determinar o valor econômico do meio ambiente em decisões de investimento que alteram o nível de eficiência e equidade da economia. Somente assim os recursos públicos poderão ser utilizados para garantir o bem-estar social.

Valorando variações de bem-estar

Determinar o valor econômico de um recurso ambiental é estimar o valor monetário deste em relação aos outros bens e serviços disponíveis na economia. Quando a disponibilidade de um bem ou serviço ambiental derivado de um recurso ambiental é alterada, a valoração desta variação deverá, então, mensurar as variações de bem-estar em que esta alteração de disponibilidade resultou.

Quando a variação da disponibilidade de um recurso altera seu preço de equilíbrio, então há que se medir a variação de bem-estar resultante. Para tal, emprega-se o conceito de *excedente do consumidor.*

O excedente do consumidor representa um excesso de satisfação (bem-estar) que o consumidor percebe ao pagar por um bem um valor menor que estaria disposto a pagar. Esta medida pode ser obtida com base na curva de demanda ordinária, conceito marshalliano do excedente do consumidor, ou com base em curvas de demanda compensadas, conceito hicksiano[91] do excedente do consumidor. Assim, para variações não marginais há que se identificarem as respectivas curvas de demanda.

---

[91] Sir John Hicks, Prêmio Nobel de Economia de 1956, que desenvolveu a teoria ordinal de utilidade em que se baseia toda a teoria microeconômica aqui discutida.

O gráfico 7 identifica as curvas de oferta e demanda do bem X. Observando esse gráfico, vemos que o excedente do consumidor seria dado pela área abaixo da curva de demanda que está acima da curva da linha de preço. Note neste gráfico que quando a curva de oferta se desloca para baixo, o novo preço de equilíbrio P_2 é menor que o preço de equilíbrio anterior P_1 e que as quantidades de equilíbrio alteram-se também aumentando de Q_1 para Q_2. O excedente em P_1 é a área E e o excedente em P_2 é a área E mais a área P_1ABP_2.

A variação do excedente do consumidor, quando ocorre uma redução no preço de equilíbrio ou um aumento na quantidade demandada,[92] será, então, a área P_1ABP_2. Dois efeitos podem ser observados. Primeiro, o consumidor, neste novo ponto de equilíbrio, consome mais $(Q_2 - Q_1)$, sendo o efeito representado pela área P_1ACP_2. E segundo, o consumidor agora paga menos pela quantidade anteriormente consumida Q_1 cujo efeito é representado pela área ABC. Observe que, no caso de um aumento no preço ou uma redução na quantidade, a variação será a mesma área P_1ABP_2 com sinal negativo. Assim, no caso de variações não marginais, além da receita líquida gerada na provisão de ΔQ, os benefícios (ou custos) associados a ΔQ também incluem as parcelas referentes ao excedente do consumidor.

Em analogia ao excedente do consumidor, é possível definir o *excedente do produtor* como a área abaixo da linha de preço e acima da curva de oferta que representa o montante dos lucros intramarginais. No gráfico 7, em P_1 o excedente do produtor seria a soma das áreas L_1 e L_2 e, em P_2, a soma das áreas L_2, L_3 e L_4. A variação do excedente do produtor seria, no caso de uma redução de preço, a diferença entre as áreas L_1 e (L_3+L_4) e, no caso de um aumento de preço, a diferença entre (L_3+L_4) e L_1. Observe que o sinal destas variações dependerá da inclinação da curva de oferta nestes preços, ou seja, da elasticidade de oferta.

Embora o excedente do produtor seja análogo ao conceito do excedente do consumidor, discute-se a validade de considerar variação de lucro intramarginal como variação de bem-estar, principalmente porque estes tendem a zero no longo prazo. De qualquer forma, a mensuração do excedente do produtor será equivalente à variação do lucro.

---

[92] No caso de bens normais e superiores.

Gráfico 7
Os excedentes do consumidor e do produtor

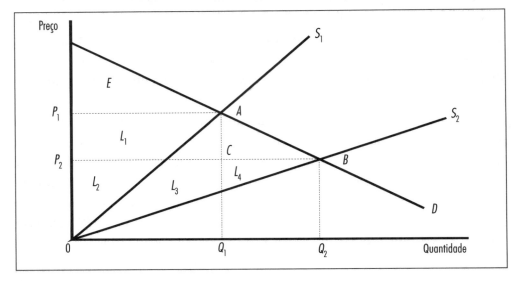

Quanto mais alterações de outros preços ocorrem em decorrência da alteração do preço de X, devido ao efeito renda discutido anteriormente, o valor do excedente do consumidor marshalliano torna-se dependente do caminho ou ordem em que estes preços são alterados. Se alguns preços se reduzem mas outros sobem, existe a possibilidade de que a redução do preço de X não gere uma melhoria de bem-estar. Para garantir que a melhoria efetivamente ocorra, o efeito renda teria que ser negligível. Assim, a utilização do excedente do consumidor como medida de bem-estar seria mais apropriada se fosse associada diretamente ao nível de utilidade. Este será o conceito do excedente do consumidor hicksiano.

Referências bibliográficas

ADAMS, C. et al. Valoração econômica do Parque Estadual do Diabo. *Conservation Strategy Fund*, São Paulo, 2003.

ADGER, N. et al. Towards estimating total economic value of forests in Mexico. *Centre for Social and Economic Research on the Global Environment*, Norwich, 1994. (CSERGE Discussion Paper GEC, 94-21).

ALMEIDA, O. T.; UHL, C. Identificando os custos de usos alternativos do solo para o planejamento municipal da Amazônia: o caso de Paragominas (PA). In: MAY, P. (Ed.). *Economia ecológica*. Rio de Janeiro: Campus, 1995.

ANDERSEN, L. A. *Cost-benefit analysis of deforestation in the Brazilian Amazon*. Rio de Janeiro: Ipea, jan. 1997. (Texto para Discussão, 455).

_____ et al. *The dynamics of deforestation and economic growth in the Brazilian Amazon*. Cambridge: Cambridge University Press, 2002.

ANDRADE, T. A. *Aspectos distributivos na determinação de preços públicos*. Rio de Janeiro: Ipea, 1998.

ARROW, K. J. et al. Report of the N. O. A. A. on contingent valuation. *Federal Register*, v. 58, n. 10, p. 4601-4614, 1993.

ATKINSON, A. B. *Lectures on public economics*. New York: MacGraw-Hill, 1980.

BARBIER, E. B.; AYLWARD, B. A. Capturing the pharmaceutical value of biodiversity in a developing country. *Environmental and Resource Economics*, v. 8, p. 157-181, 1996.

BARRETT, C. B.; LYBBERT, T. J. Is bioprospecting a viable strategy for conserving tropical ecosystems. *Ecological Economics*, v. 34, p. 293-300, 2000.

BAUMOL, W. J.; OATES, W. E. *The theory of environmental policy*. Cambridge: Cambridge University Press , 1988.

BNDES. *Cadernos de infraestrutura*: saneamento ambiental. Rio de Janeiro, 1997.

BOHM, P. Public investment issues and efficient climate change policy. In: SHIBATA, H.; IHORI, T. (Eds.). *The welfare state, public investment, and growth*. Tokyo: Springer--Verlag, 1998.

BRESSERS, H. T.; SCHUDDEBOOM, J. *A survey of effluent charges and other economic instruments in Dutch environmental policy*. OECD, 1996.

BROOKSHIRE, D. S.; RANDALL, A.; STOLL, J. R. Valuing increments and decrements in natural resource service flows. *American Journal of Agricultural Economics*, v. 62, n. 3, 1980.

CADIOU, A.; TIEN DUC, N. *The use of pollution charges in water management in France*. Paris: OECD, 1995.

CALDERONI, S. *Os bilhões perdidos no lixo*. Tese (Mestrado) – USP, São Paulo, 1997.

CANSIER, D.; KRUMM, R. Air pollutant taxation: an empirical survey. *Ecological Economics*, n. 23, p. 59-70, 1997.

CARTWRIGTH, J. The politics of preserving natural areas in Third World states. *The Environment*, v. 5, n. 3, p. 102-123, 1995.

CEMPRE. *Fichas técnicas*. São Paulo, 1997.

CHAPUY, P. *Evaluation de l'efficacite et le l'éfficience des systemmes de redevance de polltion de l'eau*: etude de cas da la France. Paris: Direction de L'Environment, OECD, 1996. ms.

CHERMONT, L.; SEROA DA MOTTA, R. *Aspectos econômicos da gestão integrada de resíduos sólidos*. Rio de Janeiro: Dipes/Ipea, maio 1996. (Texto para Discussão, 416).

COASE, R. The problem of social cost. *The Journal of Law and Economics*, v. 3, n.1, p. 1-44, Oct. 1960.

CONTRERAS, H.; HAZIN, L. S. *The wastewater effluent charge in Mexico*. Background paper for the UNEP – Compendium of Case Study Analysis on the Use and Application of Economic Instruments in Latin America. Feb. 1996. ms.

CRH. *Simulação pela cobrança pelo uso da água*. São Paulo, out. 1997. (Relatório, versão preliminar).

DINIZ, M. B. *Resíduos sólidos*: uma abordagem da economia ambiental dos métodos de tratamento. Tese (Mestrado) – Caen, Fortaleza, 1997.

ECHEVERIA, J.; HANRAHAN, M.; SOLÓRZANO, R. Valuation of non-priced amenities provided by the biological resources within the Monteverde Cloud Forest Preserve. *Ecological Economics*, v. 13, p. 43-52, 1995.

FEARNSIDE, P. Environmental services as a strategy for sustainable development in rural Amazônia. *Ecological Economics*, v. 20, p. 53-70, 1997.

FERNANDEZ, J. C. Projeto de implantação da cobrança pelo uso e poluição da água dos mananciais do Alto Paraguaçu e Itapicuru. Salvador. *Superintendência de Recursos Hídricos*, jul. 1996. (Relatório).

FERRAZ, C.; SEROA DA MOTTA, R. Economic incentives and forest concessions in Brazil. *Planejamento e Políticas Públicas*, n. 18, dez. 1998.

FISHER, A. C. *Resource and environmental economics*. Cambridge: Cambridge University Press, 1984.

FREEMAN, A. M. *The benefits of environmental improvements:* theory and practice. Baltimore: The John Hopkins University Press, 1979.

FULLERTON, D. Environmental levies and distorcionary taxation: comment. *American Economic Review*, n. 87, 1997.

GILLIS, M. Forest concessions management and revenue policies. In: SHARMA, N. *Managing the world's forests:* looking for balance between conservation and development. Dubuque, Iowa: Kendall/Hunt Publishers, 1992.

GRAY, J. A Forest concession policies and sustainable forest management of tropical forests. In: *Workshop on forest policies and sustainable development in the Amazon*. Rio de Janeiro: FBDS, 1997.

HANEMANN, W. M. Contigent valuation and economics. In: WILLIS, K. G.; CORKINDALE, J. T. (Eds.). *Environmental valuation:* new perspectives. Wallingford: CAB International, 1995.

HANLEY, N.; SHOGREN, J. F.; WHITE, B. *Environmental economics*: in theory and practice. New York: Oxford University Press, 1997.

HORTON, B. et al. *Evaluating non-users willingness to pay for the implementation of a proposed national parks program in Amazonia:* a UK/Italian contingent valuation study. 2002. (CSERGE Working Paper ECM, 02-01).

HOWE, C. W. Taxes versus tradable discharge permits: a review in the light of the U.S. and European experience. *Environmental and Resource Economics*, n. 4, p. 151-169, 1994.

HUBER, Richard M. ; RUITENBEEK, Jack; SEROA DA MOTTA, R. *Market based instruments for environmental policymaking in Latin America and the Caribbean*: lessons from eleven countries. Washington, DC: The World Bank, 1998. (Discussion Paper, 381).

IBGE. *Pesquisa Nacional de Saneamento Básico*. Rio de Janeiro, 1992.

IPT/CEMPRE. *Pesquisa Ciclosoft*. São Paulo, 1994.

_____. *Lixo municipal*: manual de gerenciamento integrado. São Paulo, 1995.

KACZMAREC, B. The use of economic instruments in water management in France. In: *Proceedings of the Workshop on the Use of Economic Instruments in Environmental Policies in China*. Beijing, 1996.

KELMAN, J. Gerenciamento de recursos hídricos. In: SIMPÓSIO BRASILEIRO DE RECURSOS HÍDRICOS, 12., Vitória. *Anais...* 16-20 nov. 1997. v. 1, partes I e II.

KEMPER, K. E. *O custo da água gratuita*. Stockholm: Linkoping, 1997.

KEPPLER, G.; MICHAELIS, P. Economic incentives for packaging waste management: the dual system in Germany. In: CURZIO, A. Q. et al. (Eds.). *The management of municipal solid waste in Europe*. Amsterdam: Elsevier, 1994.

KNAZAWA, M. T. Water subsidies, water transfers, and economic efficiency. *Contemporary Economic Policy*, v. 12, Apr. 1994.

KRAMER, R. A.; MERCER, D. E. Valuing a global environmental good: US residents'willingness to pay to protect tropical rain forests. *Land Economics*, v. 73, n. 2, p. 196-210, 1997.

LAFFONT, J. J. Regulation, moral hazard and insurance of environmental risks. *Journal of Public Economics*, v. 58, n. 3, 1995.

LANNA, A. E.; PEREIRA, J. S. *Sacuarema* – Sistema de Apoio a Cobrança pelo Uso da Água e de Recursos do Meio Ambiente. Porto Alegre: Instituto de Pesquisas Hidráulicas/ UFRS, 1997. ms.

MALER, K. G.; WYZGA, R. E. *Economic measurement of environmental damage*. Paris: OECD, 1976.

MARKANDYA, A. The valuation of health impacts in developing countries. In: SEROA DA MOTTA, R. (Ed.). *Environmental economics and policy making in developing countries.* Cheltenham: Edward Elgar, 2001.

McAFEE, R. P.; McMILLAN, E. J. Auctions and bidding. *Journal of Economic Literature*, v. 25, June 1987.

McNEELEY, J. A. Assessing methods for setting conservation priorities. Investing in biological diversity. *The Cairns Conference.* Paris: OECD, 1997.

_____; MILLER, W. V.; REID, R. A. *Conserving the world's biological diversity.* Switzerland: IUCN, 1991.

MENDELSOHN, R.; BALICK, M. J. The value of undiscovered pharmaceuticals in tropical forests. *Economic Botany*, v. 49, n. 2, p. 223-228, 1995.

MENDES, F. E.; SEROA DA MOTTA, R. *Instrumentos econômicos para o controle ambiental do ar e da água*: resenha da experiência internacional. Rio de Janeiro: Ipea, maio 1997. (Texto para Discussão, 479).

MENDONÇA, M. J.; DIAZ, M. C.; NEPSTAD, D.; SEROA DA MOTTA, R.; ALENCAR, A.; GOMES, J. C.; ORTIZ, R. The economic cost of the use of fire in the Amazon. *Ecological Economics*, v. 49, n. 1, p. 89-105, 2004.

METCALF, G. E. Environmental levies and distorcionary taxation: Pigou, taxation, and pollution. *NBER, Working Paper 7917*, 2000.

NORDHAUS, W. D.; BOYER, J. Requiem for Kyoto: an economic analysis of the Kyoto Protocol. *The Energy Journal*, p. 93-133, May 1999. (Special Issue).

_____. *Warming the world:* economic models of global warming. Cambridge and London: MIT Press, 2000.

OECD. *OECD environmental performance reviews*: Germany/Paris, 1993.

_____. *Managing the Environment:* The Role of Economic Instruments. Paris, 1994.

_____. *Environmental Taxes in OECD Countries.* Paris, 1995.

ORTIZ, R.; SEROA DA MOTTA, R.; FERRAZ, C. A estimação do valor ambiental do Parque Nacional do Iguaçu através do método de custo de viagem. *Pesquisa e Planejamento Econômico*, v. 30, n. 3, p. 335-382, 2000.

PALMER, K.; WALLS, M. Optimal policies for solid waste disposal: taxes, subsidies and standards. *Journal of Public Economics*, n. 65, p. 193-205, 1997.

_____; SIGMAN, H.; WALLS, M. The cost of reducing municipal solid waste. *Journal of Environmental Economics and Management*, n. 33, p. 128-150, 1997.

PARRY, I. W. H.; WILLIAMS, R. C.; GOULDER, L. H. When can carbon abatement policies increase welfare? The fundamental role of distorted factor markets. *Journal of Environmental Economics and Management*, v. 37, n. 1, p. 52-84, Jan. 1999.

PEARCE, D. W. An economic approach to saving the tropical forests. In: HELM, D. (Ed.). *Economic policy towards the environment*. Oxford: Blackwell, 1991. p. 239-262.

_____. *Economic values and the natural world*. London: Earthscan Publications Limited, 1993.

_____; MORAN, D. *The economic value of biodiversity*. Earthscan: London, 1994.

_____; BRISSON, I. Using economic incentives for the control of municipal solid waste. In: CURZIO, A. Q. et al. (Eds.). *The management of municipal solid waste in Europe*. Amsterdam: Elsevier, 1994.

_____. Valuing statistical lives. In: SEROA DA MOTTA, R. (Ed.). *Environmental economics and policy making in developing countries*. Edward Elgar: Cheltenham, 2001.

PERRINGS, C. A. et al. Biodiversity conservation and economic development: the policy problem. In: _____. *Biodiversity conservation*: problems and policies Dordrecht: Kluwer Academic Publ., 1995.

PETERS, C. M.; GENTRY, A. H.; MENDELSHON, R. O. Valuation of an Amazonian rainforest. *Nature*, n. 339, p. 655-656, 1989.

PHILLIPS, O. L.; MEILLEUR, B. A. Usefulness and economic potential of the rare plants of the United States: a statistical survey. *Economic Botany*, v. 52, n. 1, p. 57-67, 1998.

PINDYCK, R. S.; RUBINFELD, D. L. *Econometric models and economic forecasts*. 3. ed., New York: McGraw-Hill, 1991.

PLANAGUA. *Gestão de recursos hídricos na Alemanha*. Projeto Planagua. Cooperação Técnica Brasil-Alemanha, GTZ, ago. 1997.

RAMSEY, J. B. *Bidding and Oil Leases*. J. A. I. Press: Greenwich CT, 1980.

RANDALL, A. *Resource economics*: an economic approach to natural resource and environmental policy. 2. ed. New York: John Wiley & Son, 1987.

RAUSSER, G. C.; SMALL, A. A. *Bioprospecting with patent races*. 1999. ms.

Referências bibliográficas

REPETTO, R. Shifting taxes from value added to material inputs. In: CARRARO, C.; SINISCALCO, D. *Environmental Fiscal Reform and Unemployment*. Dordrecht: Kluwer Academic Publishers, 1996.

_____; GILLIS, M. *Public policies and the misuse of forest resources*. Cambridge: Cambridge University Pres, 1988.

RIOS, B. M.; QUIROZ, J. *The market for water rights in Chile*: major issues. The Washington, D. C.: The World Bank, 1995. (World Bank Technical Paper, 285).

RÓVERE, E. *Domestic actions in developing countries to advance development priorities wile slowing down climate change*: a climate of trust report. Brazil case study. Sept. 2000.

RUDAS, G.; RAMÍREZ, J. M. Water pollution taxes in Colombia. Background paper for the Unep. In: SEROA DA MOTTA, R. *Compendium of case study analysis on the use and application of economic instruments in Latin America*. [s.l.] 1996. ms.

RUITENBEEK, H. J. The rainforest supply price: a tool for evaluating rainforest conservation expenditures. *Ecological Economics*, v. 6, p. 57-78, 1992.

SEROA DA MOTTA, R. Recent evolution of environmental management in the Brazilian public sector: issues and recommendations. In: EROCAL, D. (Ed.). *Environmental management in developing countries*. Paris: OECD, 1991.

_____. *Indicadores ambientais:* aspectos ecológicos, de eficiência e distributivos. Rio de Janeiro: Dipes/Ipea, fev. 1996. (Texto para Discussão, 399).

_____. The role of economic criteria in biodiversity management. In: *Proceedings of the Biodiversity Monitoring Project*. Pirinópolis: Ibama-GTZ, 1997.

_____. *Utilização de critérios econômicos para a valorização da água no Brasil*. Rio de Janeiro: Dipes/Ipea, abr. 1998a. (Texto para Discussão, 556).

_____. Application of economic instruments for environmental management in Latin America: from theoretical to practical constraints. *OAS Meeting on Sustainable Development in Latin America and the Caribbean*: Policies, Programs and Financing, Washington, DC, Oct. 30, 1998b.

_____. *Manual para valoração econômica de recursos ambientais*. Brasília: Ministério do Meio Ambiente, dos Recursos Hídricos e da Amazônia Legal, 1998c.

_____. *Integrating Brazilian national priorities and policies in global environmental sigues*. Fondazione Eni Enrico Mattei, 1999. (Nota di Lavoro 50).

196 • Economia ambiental

_____. Tributación ambiental, macroeconomía y medio ambiente en América Latina: aspectos conceptuales y el caso de Brasil. *Serie Macroeconomía del Desarrollo,* Santiago: Cepal, n. 7, 2001.

_____. Social and economic aspects of CDM options in Brazil. In: BARANZINI, A.; BUERGENMEIER, B. (Eds.). Climate change: issues and opportunities for developing countries. *International Journal of Global Environmental Issues,* v. 2, n. 3/4, 2002a. (Special issue).

_____. *Estimativa do custo do desmatamento na Amazônia.* Rio de Janeiro: Ipea, 2002b. (Texto para Discussão. 910).

_____; E. C. FERRAZ. Estimating timber depreciation in the Brazilian Amazon. *Journal of Environment and Development Economics.* v. 5, parts 1 and 2, Feb. and May 2000.

_____; MAY, P. *Loss in forest resource values due to agriculture land conversion in Brazil.* Rio de Janeiro: Ipea, 1992. (Texto para Discussão, 248).

_____; MENDES, F. E. Instrumentos econômicos na gestão ambiental: aspectos teóricos e de implementação. *Economia Brasileira em Perspectiva* – 1996. Rio de Janeiro: Ipea/Dipes, 1996.

_____; SAYAGO, D. E. *Propostas de instrumentos econômicos ambientais para a redução de lixo urbano e o reaproveitamento de sucatas no Brasil.* Rio de Janeiro: Ipea, 1998. (Texto para Discussão, 608).

_____; YOUNG, C.; FERRAZ, C. A. *Clean development mechanism and climate change:* cost-effectiveness and welfare maximization in Brazil. Rio de Janeiro: Ipea/Dipes, Aug. 1998. ms.

_____; RUITENBEEK, J.; HUBER, R. Market based instruments for environmental policymaking in Latin America and the Caribbean: lessons from eleven countries. *Journal of Environment and Development Economics,* v. 4, n. 2, 1999.

_____; OLIVEIRA, J. D.; MARGULIS, S. *Proposta de tributação ambiental na atual reforma tributária brasileira.* Rio de Janeiro: Ipea, 2000. (Texto para Discussão, 738).

_____; ORTIZ, R.; FREITAS, S. Health and economic values for mortality and morbidity cases associated with air pollution in Brazil. *Ancillary benefits and costs of greenhouse gas mitigation.* Paris: OECD/RFF, 2000.

_____; ALBAN, T.; SAADE, L.; FERES, J. G.; NAUGES, C.; SAADE, A. *Economic instruments for water management:* the cases of France, Mexico and Brazil. Cheltenham: Edward Elgar Publishing, 2004.

SIMPSON, R. D.; CRAFT, A. B. *The social value of using biodiversity in new pharmaceutical product research, resources for the future.* Washington, 1996. (Discussion Paper, 96-33).

_____; SEDJO, R. A. *Investments in biodiversity prospecting and incentives for conservation.* 1996. (Discussion Paper, 96-14 – Resources for the Future).

_____; REID, J. W. Valuing biodiversity for use in pharmaceutical research. *Journal of Political Economy,* v. 104, n. 1, p. 163-185, 1996.

SOLOW, A.; POLASKY, S.; BROADUS, J. On the measurement of biological diversity. *Journal of Environmental Economics and Management,* v. 24, p. 60-68, 1993.

STARRET, D. A. *Foundations of public economics.* Cambridge: Cambridge University Press, 1988.

STONE, S. Evolution of the timber industry along an aging frontier: evidence from the Eastern Amazon. *Forthcoming in World Development,* 1997.

THAME, A. C. M.; ASSIS, R. B.; CAMOLESE, J. E. Desafios da gestão de recursos hídricos através dos comitês de bacias hidrográficas – o caso do Piracicaba, Capivari e Jundiaí. In: SIMPÓSIO BRASILEIRO DE RECURSOS HÍDRICOS, 12., Vitória. *Anais...* 16-20 nov. 1997. v. 1.

TIETENBERGER, T. *Environmental and natural resource economics.* 4. ed. New York: Harper Collins College Publishers, 1996.

TORRAS, M. The total economic value of Amazonian deforestation, 1978-1993. *Ecological Economics,* v. 33, p. 283-297, 2000.

UNCTAD. *Greenhouse gas market perspectives.* New York and Geneva: United Nations Foundation, 2001.

VINCENT, J. R. Rent capture and the feasibility of tropical forest management. *Land Economics,* v. 66, n. 2, 1990.

WEITZMAN, M. L. On diversity. *Quarterly Journal of Economics,* v. 107, p. 363-406, 1992.

WILLIS, K. G.; CORKINDALE, J. T. (Eds.). Environmental valuation: new perspectives. Wallingford: CAB International, 1995.

WUNDER, S. Value determinants of plant extractivism in Brazil. Rio de Janeiro: Ipea, 1999. (Texto para Discussão, 682).

ZYLICZ, T. Markeatable permits for synergistic pollutants, environmental and behaviour program. Boulder: University of Colorado, 1989. ms.

Anexo 1

Alguns problemas econométricos envolvem variáveis dependentes contínuas com um determinado número de observações limitado a um valor constante, como em nosso estudo de caso, a *DAPp*, assim como a *DAPm*, é a variável dependente contínua com vários registros limitados inferiormente a zero. Diz-se que a variável dependente é censurada (*censored*) quando as informações referentes às variáveis independentes estão disponíveis para todos os registros onde a variável dependente é limitada. Chama-se de amostra truncada (*truncated*) quando as variáveis independentes estão indisponíveis para aqueles casos em que a variável dependente é limitada.

Chamam-se *censored regression models* os modelos econométricos onde a variável dependente é censurada. Eles são também conhecidos por modelos Tobit, em referência a James Tobin, o autor que primeiro formulou o problema (*Econometrica*, v. 26, p. 24-36, 1958). Modelos desse tipo, quando estimados por mínimos quadrados, produzem coeficientes tendenciosos e inconsistentes.[93]

Intuitivamente, a solução de problemas do tipo Tobit envolve a separação da amostra em subamostras, uma onde a variável dependente é limitada ou censurada e outra onde a variável dependente é maior que o valor onde a amostra é censurada. Formalmente:

$$y_i^* = \beta' x_i + \varepsilon,$$
$$y_i = 0 \; if \; y_i^* \leq 0$$
$$y_i = 0 \; if \; y_i^* > 0$$

---

[93] Para verificação desses resultados ver, por exemplo, Pindyck and Rubinfeld (1991).

A partir destas subamostras são calculadas duas funções (log) de verossimilhança distintas e os coeficientes são obtidos através da maximização destas funções conjuntamente. Neste sentido, e apenas neste, o modelo Tobit é semelhante aos modelos Probit e Logit,[94] onde a variável dependente é uma variável dicotômica (sim ou não, 0 ou 1, por exemplo). Nos modelos Probit e Logit o procedimento de estimação dos coeficientes também consiste na divisão da amostra e no cálculo das funções de verossimilhança.

A principal diferença entre os modelos Tobit, Probit e Logit é que o primeiro é adequado quando a variável dependente for contínua e censurada, enquanto os dois últimos deverão ser aplicados quando a variável dependente for dicotômica.

---

[94] O modelo Probit está associado à função de distribuição acumulada normal, enquanto o modelo Logit associa-se à função de distribuição acumulada logística.

Anexo 2

A tabela a seguir apresenta os coeficientes das regressões Tobit usados e os valores médios das variáveis dependentes para as medidas agregadas e por classe de renda.

	Coeficientes		Médias das variáveis dependentes					
Variável	DAPp	DAPm	Todas as faixas	Renda maior do que R$200	Renda maior do que R$400	Renda maior do que R$1.000	Renda maior do que R$2.000	Renda maior do que R$4.000
DAPp		0,6325	2,58	2,75	3,09	4,08	5,96	5,86
Idade1	−0,1122	−0,0730	38,29	37,58	36,89	36,26	37,04	38,67
RendaR	0,0017	0,0008	1.026,78	1.141,10	1.442,50	2.197,48	3.304,35	5.000,00
P18	−1,2438							
DummyVEm		2,4089	0,08	0,08	0,09	0,10	0,20	0,17
DummyVUm		1,9678	0,11	0,11	0,11	0,12	0,08	0,08
DummyVE	4,5806		0,08	0,08	0,09	0,13	0,19	0,15
DummyVU	5,5936		0,13	0,12	0,11	0,14	0,08	0,08
Constante	3,5900	−0,0279						

Anexo 3

Data /agosto/2002	1. Sáb. 2. Dom. 3. 2ª f 4. 3ª f	Nº processamento: |__|__|__|
Início: ____ Fim: ____ Dur.: ____ min	Bairro/vila:	Nº qst (por pesquisador) : |__|__|
Checador:	Pesquisador:	Nº pesquisador : |__|__|
Crítica:	Codificador:	Nº ponto : |__|__|

APRESENTAÇÃO: Bom(a) dia/tarde/noite. Meu nome é ... Eu sou entrevistador/a da...

Nós estamos fazendo uma pesquisa, você poderia responder a algumas perguntas?

Nº distrito : \|__\|__\|__\|

FILTRO 1: Você mora aqui em São Paulo?	**FILTRO 2:** Você mora nessa casa?	**P1. SEXO:**
SE SIM – prossiga SE NÃO – não aplique o questionário	SE SIM – prossiga SE NÃO – não aplique o questionário	1 masculino 2 feminino

FILTRO 3: No domicílio em que você reside, há relógio regularizado de água? 1 sim   2 não – não aplique o questionário

FILTRO 4: E você recebe mensalmente a conta de água? 1 Sim   2 Não – não aplique o questionário

P2. IDADE (ANOTE)	1. 16 e 17 anos	2. 18 a 24 anos	3. 25 a 34 anos
|__|__|	4. 35 a 44 anos	5. 45 a 59 anos	6. 60 anos ou mais

P3. Até que ano da escola você estudou?	1. Nunca foi à escola	2. 1ª a 3ª série – primário incompleto	3. 4ª série – primário completo
|__|__|	4. 5ª a 7ª série – ginásio incompleto	5. 8ª série – 1º grau completo	6. 2º grau incompleto
	7. 2º grau completo	8. Superior incompleto	9. Superior completo ou mais

P4. Você faz algum trabalho remunerado? (SE NÃO TRABALHA) **Qual é a sua ocupação principal, você: só estuda, é aposentado/a, é dona de casa ou está desempregado?**

1. Sim, está trabalhando	2. Só estuda	3. É aposentado/a
4. É dona de casa	5. Está desempregado/a	6. Outras (anote):

P4a. (SE TRABALHA) **No seu trabalho (principal) você é** (mostre o **CARTÃO trabalho principal** e leia as alternativas):

1. Funcionário/a público/a	2. Assalariado/a com carteira assinada	3. Assalariado/a sem carteira assinada
4. Conta própria regular (paga ISS)	5. Conta própria temporária (bico free lancer)	6. Autônomo universitário (profissional liberal)
7. Empregador (mais de 2 empregados) ou	8. Auxiliar de família s/ remuneração fixa?	9. Outras (anote):

P5. Qual é o seu vínculo com o chefe da família?
1. é o próprio/a   2. esposa   3. filho/a   4. sogra/mãe   5. sogro/pai   6. irmão/irmã
7. outros (especifique)_____

P6. (*mostre cartão de renda*) Somando o seu salário e outras rendas com os salários e as rendas das pessoas que moram com você, de quanto foi aproximadamente a renda familiar em sua casa no mês passado?

1   2   3   4   5   6   7 Não tiveram renda
8 Não sabe/NR

P7. Em média, quanto, em reais, a família, somando todos que moram nesta casa, gasta por mês com:

Alimentação:	R$	Lazer:	R$
Moradia:	R$	Conta de água:	R$
Transporte:	R$	Conta de luz:	R$
Educação:	R$		

P8. Você já ouviu falar no Parque do Morro do Diabo? (*se sim*) Você já visitou o parque do Morro?

1. sim, já ouviu falar e já visitou   2. sim, já ouviu falar mas nunca visitou
3. nunca ouviu falar

(*todos*) ENTREGUE CARTÃO CONCEITO 1 E LEIA CONCEITO JUNTO COM O ENTREVISTADO
O Parque Estadual do Morro do Diabo é a última grande área de Mata Atlântica existente no interior do estado de São Paulo, na região do Pontal do Paranapanema. Além disso, é a maior reserva de árvores de peroba-rosa do estado, e é um dos últimos locais onde existem animais ameaçados de extinção, como o mico-leão-preto, a onça-pintada, a onça-parda e a anta. O parque tem uma área de 360 km^2, ou seja, cerca de 36.000 campos de futebol, e representa cerca de 2% do que resta do total da Mata Atlântica no estado de São Paulo.

P9. Pensando neste parque, você acha que ele deve ser preservado ou você acha que o Parque Morro do Diabo não tem muito motivo para ser preservado?

1. deve ser preservado 2. não tem muito motivo para ser preservado
3. não sabe

P10. Por quê? (EXPLORE E ESCLAREÇA)

P11. Considerando seus gastos e das pessoas que moram com você, com educação, saúde, alimentação, lazer e transporte e, supondo que o governo estadual com certeza utilizaria a verba para a preservação do Parque do Morro do Diabo, quanto a mais por mês, em reais, você estaria disposto a pagar em sua conta de água para preservar esse parque?

R$ _____ (ANOTE O VALOR EXATO)   (SE ZERO OU NADA PULE PERGUNTA P12)

Outras respostas (ANOTE):_____

P.11a Qual o principal motivo para você ter essa disposição de pagar a mais ____ *(leia valor citado na P11)* **_____ para o PARQUE ESTADUAL DO MORRO DO DIABO ser preservado?**

P.11b. Qual destas frases representa melhor o motivo para você ter disposição de pagar esse valor para preservar esse parque? (MOSTRE CARTÃO 11b E LEIA ALTERNATIVAS JUNTAMENTE COM O ENTREVISTADO/A) (RESPOSTA ÚNICA – SE DISSER 2 OU MAIS ALTERNATIVAS, PEÇA PARA QUE ESCOLHA APENAS UMA)
> 1. Pela pura existência dos animais e plantas que lá vivem, mesmo que isso não traga nenhum benefício atual e futuro para você ou para sua família, e mesmo que não gere nenhum valor econômico para a sociedade ou para a economia do país;

206 • Economia ambiental

2. Você, sua família e todos os seres humanos podem ser beneficiados, mesmo que seja só no futuro. Isso porque a preservação possibilita, não só que os cientistas possam estudar e fazer descobertas importantes para a medicina, como também preservar a água e manter o clima do local equilibrado; ou

3. Você e sua família podem desfrutar tendo lazer no campo, ao ar livre, e podendo ir passear nesse parque se ficar preservado.

4. Outros (especifique) (espontâneo) _____

5. Não sabe (espontâneo)

P12. *(Só para quem não quer pagar nenhum valor a mais)* **Por que você não pagaria nenhum valor a mais na conta de água para preservar o Parque Estadual do Morro do Diabo? (EXPLORE E ESCLAREÇA)**

(PARA TODOS) E, sabendo ainda que (MOSTRE CARTÃO CONCEITO 2 E LEIA CONCEITO JUNTO COM O ENTREVISTADO), junto com o Parque do Morro do Diabo, a Serra do Mar faz parte do conjunto da Mata Atlântica que, na época do descobrimento do Brasil, cobria 82% do estado (204.500 km^2). Hoje resta apenas 7% deste total. Mesmo assim, a Mata Atlântica que sobrou tem um grande número de espécies de animais e plantas, número maior até (por área) que a própria Amazônia. Muitos destes animais e plantas estão ameaçados de extinção. Do total de 202 espécies de animais brasileiros ameaçados de extinção, 171 espécies (85%) vivem na Mata Atlântica.

P13. Sabendo disso, quanto a mais (<u>além do que você está disposto a pagar para o PARQUE ESTADUAL DO MORRO DO DIABO</u>), em reais, você estaria disposto a pagar em sua conta de água para preservar essas áreas de Mata Atlântica no estado de SP, considerando seus gastos e das pessoas que moram

com você com educação, saúde, alimentação, lazer e transporte, e supondo que o governo estadual com certeza utilizaria a verba para a preservação?

R$ _____ (ANOTE O VALOR EXATO)   (SE ZERO OU NADA PULE PERGUNTA P14)

Outras respostas (ANOTE):_____

<u>ATENÇÃO: SE O ENTREVISTADO DISSER QUE ALTERA O VALOR DADO AO PARQUE ESTADUAL DO MORRO DO DIABO (P11) PREENCHA O ESPAÇO ABAIXO MAS NÃO MEXA NA RESPOSTA DA P11</u>

R$ _____ (ANOTE O VALOR EXATO DADO PARA A MATA ATLÂNTICA)

R$ _____ (ANOTE O NOVO VALOR DO PARQUE ESTADUAL DO MORRO DO DIABO)

P.13a Qual o principal motivo para você ter essa disposição de pagar a mais ___*(leia valor citado na P13)* ____ para a MATA ATLÂNTICA ser preservada? **(EXPLORE E ESCLAREÇA)**

P.13b. Qual destas frases representa melhor o motivo para você ter disposição de pagar esse valor a mais para preservar todas as áreas que ainda existem da Mata Atlântica no estado de SP: (MOSTRE CARTÃO 13b E LEIA ALTERNATI-VAS JUNTAMENTE COM O ENTREVISTADO/A) (RESPOSTA ÚNICA – SE DISSER 2 OU MAIS ALTERNATIVAS, PEÇA PARA QUE ESCOLHA APENAS UMA)

1. Pela pura existência dos animais e plantas que lá vivem, mesmo que isso não traga nenhum benefício atual e futuro para você ou para sua família, e mesmo que não gere nenhum valor econômico para a sociedade ou para a economia do país;

2. Você, sua família e todos os seres humanos podem ser beneficiados, mesmo que seja só no futuro. Isso porque a preservação possibilita, não só que os cientistas possam estudar e fazer descobertas importantes para medicina, como também preservar a água, manter o clima da região equilibrado e outros benefícios importantes para o futuro ou

3. Você e sua família podem desfrutar tendo lazer no campo, ao ar livre, na serra e na praia se a Mata Atlântica do estado de São Paulo ficar preservada.

4. Outros (especifique) (espontâneo) _____

5. Não sabe (espontâneo)

P14. *(Só para quem não quer pagar nenhum valor a mais)* **Por que você não pagaria nenhum valor a mais na conta de água para preservar todas as áreas que ainda existem da Mata Atlântica no estado de SP? (EXPLORE E ESCLAREÇA)**

P15. Você diria que se interessa muito, um pouco ou não se interessa por temas relacionados ao meio ambiente e/ou à ecologia?

1. se interessa muito   2. se interessa um pouco   3. não se interessa

P16. De *um* a *cinco*, sendo que *cinco* quer dizer que é muito importante a preservação do meio ambiente no Brasil e *um* que não é importante, qual a importância que você dá hoje à preservação do meio ambiente no país? *(mostre cartão 16)*

1   2   3   4   5   6 não sabe

P17. Na sua opinião, o <u>governo brasileiro</u> se preocupa ou não se preocupa com a preservação do meio ambiente no país? *(se se preocupa pergunte)* **Se preocupa muito ou um pouco?**

1. se preocupa muito   2. se preocupa um pouco   3. não se preocupa
4. não sabe

P18. E <u>você pessoalmente</u> diria que se preocupa ou não se preocupa com a preservação do meio ambiente no país? *(se se preocupa pergunte)* **Você se preocupa muito ou um pouco?**

1. se preocupa muito   2. se preocupa um pouco   3. não se preocupa
4. não sabe

P19.   Qual seria a principal coisa que <u>você faz</u> para preservar o meio ambiente? (EXPLORE E ESCLAREÇA)

P20.   Qual seria a principal coisa que você <u>poderia fazer</u> (além do que você costuma fazer) para preservar o meio ambiente?

P21. Na sua opinião, quem é o <u>principal responsável pela preservação</u> do meio ambiente no Brasil, o governo federal, os governos estaduais, os governos municipais, a população em geral ou as ONGs (associações, entidades, organizações não governamentais sem fins lucrativos)? E em 2º lugar?

	1º lugar	2º lugar
a) Governo federal	1	1
b) Governos estaduais	2	2
c) Governos municipais	3	3
d) População em geral	4	4
e) ONGs	5	5
f) Outras respostas *(anote)*:	6_____	6_____
g) Não sabe	7	7

210 • Economia ambiental

P22. Você, sendo parte da população, estaria disposto ou não a: *(ler cada frase lentamente e assinalar a resposta correspondente no quadro abaixo)*

ATENÇÃO PARA O RODÍZIO	SIM	NÃO	TALVEZ depende do quê? (ANOTE)
1. Assinar abaixo-assinado reivindicando para o governo uma ação em relação à preservação do meio ambiente no Brasil?	1	2	3
2. Participar de grupos ecológicos que lutam pela preservação do meio ambiente?	1	2	3
3. Participar de manifestações/passeatas para alertar os governos da importância da preservação do meio ambiente?	1	2	3
4. Conversar com amigos e parentes para conscientizá-los sobre a importância da preservação do meio ambiente?	1	2	3
5. Dedicar algumas horas por mês para atividades educativas pela preservação do meio ambiente?	1	2	3

P23. Considerando-se uma nota de *um* a *cinco*, sendo que *cinco* significa que no Brasil não existe destruição do meio ambiente e *um* que significa que existe muita destruição do meio ambiente, qual é na sua opinião o nível de destruição ambiental hoje no Brasil? *(mostre cartão 23)*

1   2   3   4   5   6 não sabe

P24. Por que você deu essa nota? (EXPLORE E ESCLAREÇA)

P25. Você conhece, mesmo que só de ouvir falar, algum parque ecológico ou alguma área de preservação ambiental aqui no estado de São Paulo? *(respostas espontâneas e múltiplas – explore até 3)* **Mais algum?**

1º

_____

Outras:_____
Não conhece nenhum

P26. As áreas de preservação e parques ecológicos são reservas naturais e são protegidos por lei contra a destruição ambiental. Você sabia disso?

1. sim, sabia   2. não sabia

P27. E você é a favor ou contra que existam essas reservas ecológicas, que são áreas de preservação ambiental protegidas por lei que ninguém pode mexer, nem ao menos derrubar uma árvore? (se a favor ou contra: totalmente ou em parte?)

1 Totalmente a favor   2 a favor em parte   3 nem a favor, nem contra
4 em parte contra   5 totalmente contra

P28. Por que você é (ler resposta da P27)? (EXPLORE E ESCLAREÇA)

| | | | | _____
| | | | | _____
| | | | | _____

P.29. Para terminar, gostaríamos de saber qual a dificuldade de compreensão desse questionário que você acabou de responder. Você diria que é um questionário (LEIA ATÉ INTERROGAÇÃO):

1. De fácil compreensão   ou   2. de difícil compreensão?   3. não sabe

Nome do entrevistado:
_____ **Telefone:**_____

Endereço do entrevistado: _____

_____

Muito obrigado por suas opiniões

TERMO DE RESPONSABILIDADE DO/A ENTREVISTADOR/A

Declaro que as informações por mim coletadas atendem ao padrão de qualidade:
(1) O/a entrevistado/a enquadrou-se dentro do perfil exigido pelas cotas;
(2) as informações são verdadeiras e foram corretamente anotadas no questionário;
(3) o questionário foi revisado cuidadosamente e todos os campos estão devidamente preenchidos;
(4) tenho conhecimento que pelo menos 25% do material por mim coletado será verificado em campo para controle de qualidade;
(5) não reproduzi nem deixei questionários ou qualquer material de campo com entrevistados ou terceiros.

Anexo 4

Este anexo técnico apresenta o detalhamento metodológico e a análise de vieses estimativos do texto principal.

Benefício líquido social do reaproveitamento (BLSR)

O BLSR é calculado como:

$$BLSR = GCD + CA + GMI - GAR$$

onde:
GCD = gastos atuais e efetivos de coleta, transporte e disposição final de lixo urbano;
CA = danos ambientais resultantes da má coleta e disposição do lixo urbano;
GMI = reduções de custos associados em matéria-prima e outros insumos proporcionados pelo reaproveitamento;
GAR = custos associados ao reaproveitamento.

Cálculo de GCD

O valor GCD é calculado como o custo médio de coleta ou disposição multiplicado pela sua cobertura de serviço (percentual da população atendida).

O valor médio da coleta de lixo é de R$ 25,00/t (BNDES, 1997). A estimativa usada para coleta é uma média brasileira para cidades com mais de 1 milhão de habitantes. Consideramos esse parâmetro populacional, porque as cidades maiores geram maior quantidade de lixo e enfrentam maiores restrições com a

214 • Economia ambiental

sua coleta e disposição. Como a proporção da população urbana brasileira com acesso ao serviço de coleta de lixo em 1995 era de 69,2% (Diniz, 1997), o custo de coleta em relação ao lixo total gerado é de R$ 17,30/t.

O lixo gerado pode ser disposto da seguinte maneira:

❏ aterro sanitário com custo de R$ 13,00/t (Calderoni, 1997);
❏ aterro controlado com custo de R$ 6,00/t (segundo informações obtidas na Comlurb);
❏ lixão com custo de R$ 0,00/t (segundo informações obtidas na Abrelp);
❏ incineração com custo de R$ 29,39/t (Calderoni, 1997);
❏ usina de reciclagem com custo de R$ 24,00/t (segundo informações obtidas na Comlurb).

O percentual do lixo que vai para cada tipo de disposição final supracitado corresponde, respectivamente, a: 24,1%, 22,6%, 50,8%, 0,2% e 2,3% (Seroa da Motta, 1996). O custo efetivo (em relação ao lixo gerado) será o valor da disposição final por tonelada multiplicado pelo percentual que é coletado e pelo percentual para cada tipo de disposição.

O custo do transbordo é de R$ 5,00/t (Calderoni, 1997). Mas o transbordo está diretamente ligado à quantidade coletada e como não existem dados sobre quanto da coleta acaba sendo levado a estações de transferência, consideraremos que todo lixo coletado precisa de transbordo. Assim, o custo de transbordo do lixo coletado em relação ao total do lixo gerado é de R$ 3,46.

A tabela A1 apresenta os gastos efetivos com coleta, transporte e disposição final de lixo urbano para cada material em relação ao total de lixo gerado.

Tabela A1
Gastos efetivos com a gestão de resíduos sólidos

GCD	R$/t
Coleta	17,30
Total coleta	17,30
Aterro sanitário	2,17
Aterro controlado	0,63
Lixão	0,00
Incineração	0,04
Usina de reciclagem	0,38
Total disposição final	3,22
Transbordo	3,46
Total transbordo	3,46
Total GCD	23,98

Fontes: BNDES (1997); Diniz (1997); Calderoni (1997); e informações junto à Companhia Municipal de Limpeza Urbana (Comlurb) e Associação Brasileira de Limpeza Pública (Abrelp).

Cálculo de CA

Uma vez que não foi possível calcular *CA* diretamente pelos impactos ambientais causados pela má coleta e disposição do lixo, utilizamos uma *proxy* do déficit de gastos em serviços de gestão de resíduos sólidos, ou seja, quanto precisaria ainda ser gasto para que o lixo seja todo coletado e disposto de forma a evitar tais danos ambientais.

Se a coleta atendesse a todas as residências, ou seja, se todo o lixo gerado fosse efetivamente coletado, teríamos, de acordo com os dados antes citados, um custo de R$ 25/t. Os gastos efetivos representam R$ 17,30, como registra a tabela A1, e indicam a necessidade de gastar mais R$ 7,70/t para estender o atendimento a todos os usuários, reduzindo, assim, os danos ambientais relativos ao lixo que permanece nas ruas e sem qualquer tipo de tratamento.

Em relação à disposição final, consideramos aterros sanitários a melhor opção para o destino do lixo. Portanto, os custos necessários ao tratamento integral do lixo dessa forma refletem os danos ambientais que poderiam ser evitados. Afinal, ainda há muita controvérsia quanto à incineração. Trata-se de método de tratamento muito caro e que exige a existência de aterros para o resíduo resultante. Dessa forma, os gastos necessários seriam de R$ 13/t – o custo de aterro sanitário – mas, considerando que atualmente já se despendem R$ 3,22 com disposição final, ainda seria necessário o gasto de R$ 9,78/t, que representa a outra parcela da estimativa dos custos ambientais (*CA*).

Como aqui estamos considerando que todo o lixo está sendo coletado, o transbordo deve atendê-lo integralmente, como se explicou antes. Assim, com um custo de R$ 5/t, ainda falta o gasto de R$ 1,54/t para que se minimizem os danos ambientais. A tabela A2 mostra as parcelas desse déficit que serão uma aproximação estimativa dos danos ambientais.

Tabela A2
Déficit de custos de gestão de resíduos sólidos no Brasil

CA	R$/t
Coleta	7,70
Disposição final	9,78
Transbordo	1,54
Total CA	19,02

Cálculo de GMI

O cálculo do GMI seguiu duas hipóteses, descritas a seguir.

Hipótese 1: Consideramos o preço da sucata, que já nos fornece na verdade não só o GMI, mas também o GMI deduzido do GAR. Como o preço da sucata é muito volátil, calculamos a média dos preços mensais disponíveis nos relatórios do Cempre, conforme mostrado na tabela A3. Cabe ressaltar que algumas discrepâncias de preços observadas na tabela podem estar acontecendo em decorrência das próprias fontes de dados para esses relatórios que nem sempre conseguem obedecer a um painel fixo. Alguns podem ter sido relatados por catadores e outros por sucateiros, o que pode levar a valores bastante diferentes. Mas, devido à falta de informações mais específicas, não tivemos outra fonte alternativa para determinar esse valor.

Tabela A3
Preço médio da sucata
(R$ de 1997)

Mês	Papelão	Papel branco	Latas de aço	Alumínio	Vidro incolor	Vidro escuro	Plástico rígido	PET	Plástico filme
Dez. 1995	92,32	104,79	43,23	277,00	37,49	33,37	117,76	99,89	101,85
Fev. 1996	62,80	56,87	34,59	193,13	46,78	33,97	82,62	104,26	71,79
Jun. 1996	65,23	81,35	36,91	583,17	47,35	36,68	93,76	116,28	86,04
Ago. 1996	59,28	92,74	28,10	478,99	44,19	58,19	111,29	120,93	106,84
Out. 1996	63,42	80,46	37,23	466,14	42,36	35,28	101,89	143,06	89,01
Fev. 1997	63,22	75,27	32,78	591,23	69,66	37,46	123,51	156,88	120,58
Abr. 1997	61,64	99,45	28,99	393,77	21,23	16,93	92,02	112,51	72,14
Jun. 1997	57,92	82,02	31,27	484,76	29,22	26,87	92,11	109,59	97,70
Ago. 1997	68,53	65,92	30,42	539,91	19,21	18,58	87,36	130,56	78,57
Out. 1997	62,27	74,22	29,19	494,44	39,21	37,43	165,87	168,03	101,19
Fev. 1998	61,42	86,30	66,31	550,05	70,94	61,89	130,69	197,59	152,38
Média	65,28	81,76	36,27	459,33	42,51	36,06	108,99	132,69	98,01

Fonte: Informativo do Cempre. Os valores foram atualizados para dezembro de 1997, pelo IGP.

Como pode ser observado na tabela A3, em alguns casos temos mais de um tipo de cada material. A tabela A4 apresenta, assim, a média destes preços por material.

Tabela A4
Preço médio da sucata por material
(R$/t)

Material	GMI-GAR
Alumínio	459,33
Vidro	39,29
Papel	73,52
Plástico	113,23
Aço	36,27

Os valores da tabela A4 são, então, os valores de GMI deduzidos do GAR para a hipótese 1.

Hipótese 2: Neste caso o valor de GMI são os custos evitados com energia elétrica, matéria-prima e água, quando há o reaproveitamento dos materiais em foco no estudo.

O uso de materiais recicláveis como insumo na produção permite que se economize nos gastos com outros insumos, tais como energia elétrica, matéria-prima e água. A parcela de materiais não reciclados representa então uma perda econômica, pois gasta-se mais produzindo a partir de matéria-prima virgem.

Calderoni (1997) fornece a quantidade de alumínio, vidro, papel, plástico e aço que foi produzida e não reciclada no ano de 1996. Além disso, apresenta também os valores em reais que se perderam, por insumo, graças à parcela não reciclada de cada um dos materiais citados anteriormente. Esses dados estão apresentados na tabela A5.

A partir deles calculamos as perdas econômicas por tonelada como o valor perdido do insumo dividido pela quantidade não reciclada para cada material. Tais valores estão também apresentados na tabela A5.

Tabela A5
Custos de produção evitados com o reaproveitamento
(R$/t)

Material	Energia elétrica	Matéria-prima	Água
Lata de alumínio: ❑ não reciclada –19.800 t ❑ perde EE – 12,1 milhões ❑ perde MP –1,2 milhão	611,11	60,61	
Vidro: ❑ não reciclado – 519.280 t ❑ perde EE – 12 milhões ❑ perde MP – 50,6 milhões	23,11	97,44	

continua

218 • Economia ambiental

Material	Energia elétrica	Matéria-prima	Água
Papel: ❏ não reciclado – 3.960.000 t ❏ perde EE – 504,1 milhões ❏ perde MP – 729,5 milhões ❏ perde água – 472 milhões	127,30	184,22	119,19
Plástico: ❏ não reciclado – 1.980.000 t ❏ perde EE – 380,2 milhões ❏ perde MP – 2.593,8 milhões	192,02	1.310,00	
Lata de aço: ❏ não reciclada – 492.000 t ❏ perde EE – 90,2 milhões ❏ perde MP – 60 milhões ❏ perde água – 8,1 milhões	183,33	121,95	16,46

Fonte: Estimativas com base em Calderoni (1997).

A economia de energia elétrica que poderia ser obtida com a reciclagem de alumínio é alta porque sua produção é eletrointensiva. Tal economia chega a 95% do total requerido para a produção a partir de matéria-prima virgem.

A economia de água é relevante apenas para o papel e para o aço. Para os demais materiais, os gastos com matéria-prima virgem não são muito diferentes dos gastos com material reciclado.

Somando os valores para cada material, obtemos os seguintes valores para o GMI, para a hipótese 2, como mostra a tabela A6.

Tabela A6
Valor de GMI
(R$/t)

Material	GMI
Alumínio	671,72
Vidro	120,55
Papel	430,71
Plástico	1.502,02
Aço	321,74

Cálculo do GAR

O GAR, no caso da hipótese 2, é o valor médio das experiências de coleta seletiva realizadas no Brasil, pois estamos considerando que esse tipo de coleta viabilizaria o reaproveitamento dos materiais em questão.

Segundo a pesquisa Ciclosoft (IPT/Cempre, 1994), o custo médio da coleta seletiva é de R$ 240,00/t (GAR). A composição do lixo observada nessas experiências, desconsiderando o que foi encontrado de rejeito (materiais não passíveis de reaproveitamento), encontra-se na tabela A7.

Tabela A7
**Composição do lixo urbano
na coleta seletiva**

Material	%
Alumínio	1,11
Vidro	16,67
Papel	43,33
Plástico	21,11
Aço	17,78

Fonte: IPT/Cempre (1994).

Cálculo do BLSR

Na tabela A8 estão apresentadas as estimativas nas duas hipóteses para o valor de GMI.

O valor para cada material de BLSR foi ponderado pela participação de cada material no lixo conforme as ponderações da tabela A7. Somando esses valores, temos o valor médio total ponderado para as duas hipóteses.

Tabela A8
**Estimativas de BLSR
(R$/t de 1997)**

Hipótese	Material				
	Alumínio	Vidro	Papel	Plástico	Aço
Hipótese 1					
GCD	23,98	23,98	23,98	23,98	23,98
CA	19,02	19,02	19,02	19,02	19,02
GMI-GAR	459,33	39,29	73,52	113,23	36,27
Total	502,33	82,29	116,52	156,23	79,27
Total ponderado	5,58	13,72	50,49	32,98	14,10
Valor médio total ponderado = 116,86					

continua

Hipótese	Material				
	Alumínio	Vidro	Papel	Plástico	Aço
Hipótese 2					
GCD	23,98	23,98	23,98	23,98	23,98
CA	19,02	19,02	19,02	19,02	19,02
GMI	671,72	120,55	430,71	1.502,02	321,74
GAR	240,00	240,00	240,00	240,00	240,00
Total	474,72	(76,45)	233,71	1.305,02	124,74
Total ponderado	5,27	(12,74)	101,27	275,49	22,18
Valor médio total ponderado = 391,46					

Preço da lata de alumínio

O preço da lata de alumínio foi considerado no preço de indução. Optamos por usar o preço pago aos catadores no sistema de coleta individual cuja sucata não estaria fortemente associada à qualidade. Para tal, o preço da tabela A3, dos relatórios Cempre, seria o mais apropriado. O preço utilizado foi a média de R$ 459,33/t.

De acordo com os dados fornecidos pela Associação Brasileira de Alumínio (Abal), o preço da sucata de alumínio, calculado como média dos últimos 17 meses (outubro de 1996 a fevereiro de 1998), pago pelos seus associados, foi maior, em torno de R$ 833,00. Essa diferença pode ser explicada por dois motivos:

❏ este deve ser o preço pago pela indústria aos sucateiros e não o preço pago por estes últimos aos catadores;

❏ esse valor pode estar considerando a qualidade da sucata, ou seja, determinadas indústrias compram apenas sucata limpa e de altíssima qualidade, e normalmente de sucateiros já cadastrados e que pelos motivos citados cobram um preço mais alto pela sucata que vendem.

As alíquotas de Siva, ISE e depósito/retorno

A alíquota do crédito presumido do Siva foi definida como:

$$C_A = \beta_A \times I_r$$

onde:

β_A é o fator de crédito ambiental.

Levando em consideração a restrição ambiental, temos que:

$$\beta_A \le (P_{es} - P_s)/ P_s \times I_r$$

onde:
P_{es} é o preço econômico do reaproveitamento;
P_s é o preço da sucata;
I_r é o imposto incidente sobre o produto que origina a sucata reaproveitável.

Caso se opte por uma restrição fiscal, o crédito do Siva passa a ser:

$$C_F = \beta_F \times I_r$$

onde β_F é o fator de crédito fiscal.
Nesse caso teremos:

$$\beta_F \le P_r / P_s$$

onde P_r é o preço do produto final que utiliza sucata no seu processamento.
A alíquota do imposto sobre embalagens (ISE) foi definida como:

$$E \le (P_{es} - P_s) / P^*_m$$

onde P^*_m é o preço declarado da embalagem.
A alíquota de depósito/retorno no caso da Lei Gabeira foi definida como:

$$G \le (P_{es} - P_s) W_s / W_p \times P^*_p$$

onde:
W_s é o peso de sucata de embalagem;
W_p é o peso do produto que utiliza embalagem;
P^*_p é o preço do produto utilizador de embalagem.

O cálculo dessas alíquotas foi realizado para alguns materiais com disponibilidade de dados, com o propósito de visualizar uma aplicação prática do Siva, ISE e do depósito/retorno da Lei Gabeira.

Note que as alíquotas estimadas são apenas percentuais incidentes sobre o valor de compra de sucata, no caso do Siva, e sobre o valor de venda de emba-

222 • Economia ambiental

lagens, no ISE. Dessa forma, os preços das respectivas sucatas e das embalagens determinam a magnitude dessas alíquotas.

A incidência dos mecanismos fiscais de Siva e ISE propostos pode obedecer a três casos gerais de cadeia produtiva:

❑ caso 1 – a empresa que processa sucata é a própria produtora de embalagens;
❑ caso 2 – a empresa que processa sucata é a produtora de matéria virgem para embalagem;
❑ caso 3 – a empresa que processa sucata vende o seu produto reciclado para uma segunda firma que é a produtora de matéria virgem, e esta então vende o insumo para a empresa de embalagens.

No primeiro caso, a empresa que recebe o Siva também paga o ISE. Nos outros dois, as firmas que recebem o Siva não são as mesmas que pagam o ISE. Graças à disponibilidade de dados, somente foi possível calcular o caso 1, que estima as embalagens de alumínio, vidro, plástico e papel, e o caso 2, apenas para o alumínio.

Além disso, para todos os casos, fizemos os cálculos considerando o preço de externalidade (P_{esx}) e o preço de indução (P_{esd}). A tabela A9 apresenta os valores de P_{esx}, P_{esd}, P_s, P_r, P_m e I_r necessários para o cálculo do Siva, do ISE e do depósito/retorno, que se encontram na tabela A10.

Alumínio

Caso 1: Estamos supondo aqui que a empresa que compra a sucata é a mesma que produz as embalagens, portanto P_r (preço do produto final que utiliza sucata no seu processamento) e P_m (preço declarado da embalagem) são iguais.

A partir dos dados da tabela A9, podemos calcular as alíquotas máximas do Siva, do ISE e do depósito/retorno, que estão apresentados na tabela A10.

Caso 2: Agora estamos supondo que a empresa que compra a sucata – a que recebe o crédito – produz o insumo da indústria de embalagens. Esta última então é a empresa que pagará o ISE. Nesse caso, o P_r é diferente do P_m, pois P_r é o preço do alumínio primário e P_m é o preço da lata de alumínio. Os valores do fator de crédito e as alíquotas do Siva e do ISE, considerando este P_r, se encontram na tabela A10.

Tabela A9
Valores de P_{esx}, P_{esd}, P_s, P_r, P_m e I_r

Variável	Alumínio	Vidro	Plástico	Papel
P_{esx} (R$/t)	850,79[a]	430,75[a]	504,69[a]	464,98[a]
P_{esd} (R$/t)	459,33[b]	459,33[b]	459,33[b]	459,33[b]
P_s (R$/t)	459,33[b]	39,29[b]	113,23[b]	73,52[b]
P_r (R$/t)	6.745,86[c]	455,05[f]	1.800,00[i]	1.151,87[l]
P_m (R$/t)	6.745,86[c]	455,05[f]	1.800,00[i]	1.151,87[l]
P_r (R$/t)	1.667,57[d]	785,27[g]		
P_m (R$/t)	6.745,86[c]	785,27[g]		
P_p (R$/t)	1.775,96[n]	1.003,34[o]	881,67[q]	
P_p (R$/t)		4.353,23[p]		
I_r (%)	10[e]	10[h]	10[k]	8[m]
I_r (%)		15[i]		
W_s (g)	16[r]	220[s] e 150 g[t]	5.050[u]	
W_p (g)	366 g	598[s] e 402[t]	2.155[u]	

[a] Soma de BSLR (tabela A8, hipótese 2) com preço da sucata (tabela A4).
[b] Valor calculado na tabela A4.
[c] Preço da lata de alumínio, segundo informações da Abal.
[d] Preço médio do alumínio primário, segundo informações da Abal.
[e] Alíquota do IPI para latas de alumínio, segundo a Tipi.
[f] Preço médio da garrafa one-way, segundo informações da Abividro.
[g] Preço médio do pote de maionese, segundo informações da Abividro.
[h] Alíquota do IPI para garrafas de vidro, segundo a Tipi (usada para cerveja não retornável).
[i] Alíquota do IPI para embalagens, superior a 0,33 litro mas não superior a um litro (usada para o pote de maionese).
[i] Preço da garrafa PET, informado pelo setor de refrigerantes.
[k] Alíquota do IPI para garrafas plásticas, segundo a Tipi.
[l] Preço médio das caixas, acessórios e chapas, segundo anuário estatístico da ABPO.
[m] Alíquota do IPI para caixas de papel ou cartão, ondulados, segundo a Tipi.
[n] Calculado a partir do preço de varejo da lata de refrigerante.
[o] Calculado a partir do preço de varejo da garrafa de cerveja não retornável.
[p] Calculado a partir do preço de varejo do pote de vidro de maionese.
[q] Calculado a partir do preço de varejo da garrafa PET de refrigerante.
[r] Peso da lata de refrigerante.
[s] Peso da garrafa de cerveja descartável.
[t] Peso do pote de maionese.
[u] Peso da garrafa de refrigerante PET.

Vidro

Consideramos dois tipos de embalagem no caso do vidro: a garrafa de cerveja não retornável e o pote de maionese, conforme os dados fornecidos pela Associação Técnica Brasileira das Indústrias Automáticas de Vidro (Abividro).

224 • Economia ambiental

Como citado anteriormente, para o vidro e os demais materiais só calcularemos o caso 1. Os valores necessários para o cálculo das alíquotas se encontram na tabela A9.

A partir dos valores da tabela A9, calculamos o valor do fator de crédito e das alíquotas do Siva, do ISE e do depósito/retorno, para a garrafa de cerveja não retornável e para os potes de maionese, que estão apresentados na tabela A10.

Tabela A10
Fator de crédito e alíquota do Siva e do ISE

Siva	Alumínio[a]	Alumínio[b]	Vidro[c]	Vidro[d]	Plástico[e]	Papel[f]
β_{Ax}	8,52	17,04	99,64	66,43	34,57	66,56
β_{Ad}	0,00	0,00	106,91	71,28	30,57	65,60
β_F	14,69	3,63	11,58	19,99	15,90	15,67
C_{ax}	85%	85%	996%	996%	346%	532%
C_{ad}	0%	0%	1.069%	1.069%	306%	525%
C_F	146%	18%	116%	300%	159%	125%
ISE						
E_x	6%	6%	86%	50%	22%	34%
E_d	0%	0%	92%	53%	19%	33%
Dep./retorno						
G_x	9%		14%	3%	1%	
G_d	0%		15%	4%	1%	

Obs.: β_{Ax}, C_{ax}, E_x e G_x – preço de externalidade; β_{Ad}, C_{ad}, E_d e G_d – preço de indução.
[a] Valores para o caso 1, considerando a lata de alumínio.
[b] Valores para o caso 2.
[c] Valores para a garrafa de vidro de cerveja não retornável.
[d] Valores para o pote de vidro de maionese.
[e] Valores para a garrafa PET.
[f] Valores para caixas de papel ou cartão ondulados.

Plástico

Para o plástico, só conseguimos obter os dados para a garrafa PET (Tereftalato de polietileno). A tabela A9 apresenta os dados necessários para o cálculo das alíquotas.

A partir dos valores da tabela A9, calculamos o valor do fator de crédito e das alíquotas do Siva, do ISE e do depósito/retorno, para a garrafa PET, que está apresentado na tabela A10.

Papel

Para o cálculo do valor da embalagem do papel, utilizamos os dados de faturamento e vendas de caixas, acessórios e chapas fornecidos pela Associação Brasileira de Papel Ondulado (ABPO). Os valores necessários ao cálculo da alíquota do Siva e do ISE estão apresentados na tabela A9.

A partir dos valores dessa tabela, calculamos o valor do fator de crédito e das alíquotas do Siva e do ISE, para caixas de papel ou cartão ondulados, que está apresentado na tabela A10.